Phänomen-Verlag

Enjoy your Evolution!

Silvio Wirth

Integrales Tantra

Phänomen-Verlag

Bibliografische Information Der Deutschen Bibliothek:

Die Deutsche Bibliothek verzeichnet diese Publikation in der Deutschen Nationalbibliografie; detaillierte bibliografische Daten sind im Internet über http://dnb.ddb.de abrufbar.

Silvio Wirth
Integrales Tantra
EAN 978-3973194-142

Phänomen-Verlag Norina Ebele Hamburg
Web: www.phaenomen-verlag.de
E-Mail: kontakt@phaenomen-verlag.de

Satz & Gestaltung: Phänomen-Verlag

Inhalt

Danksagung

Dass dieses Buch geschrieben werden konnte, ist der Inspiration und Unterstützung vieler wunderbarer Menschen zu verdanken.

Ich danke meinen tantrischen Lehrern:

Meinem ersten Tantra-Meister Andro, der den linkshändigen Tantra-Pfad verkörpert wie kaum ein anderer. Helmut Poller für seine tiefgründigen Belehrungen über buddhistisches Tantra und die Nichtdualität. Edgar Hofer für seinen humorvollen Umgang mit dem ernsten Thema Kundalini-Energie. Und Aba Aziz Makaja und den Menschen von Komaja für das Vorleben eines tantrischen Wegs, der reiche Früchte trägt.

Dank und Respekt an Ken Wilber für seine große Vision und an alle, die das integrale Wissen in die Welt bringen.

Besonderen Dank meiner Familie, meinen Kindern Anna und Robin, die während des Schreibens auch viel auf ihren Vater verzichten mussten.

Schließlich möchte ich Mara, meiner Frau und tantrischen Gefährtin, für einfach alles danken. Ohne sie wäre ich nicht der, der ich heute bin. Danke für die vielen Jahre des gemeinsamen weltlichen und spirituellen Wegs und für die Liebe, die sich zwischen uns immer wieder frisch entfalten kann.

Dieses Buch ist der Erinnerung an meinen Vater Adam Wirth (1933-2011) gewidmet, ohne den ich nicht der wäre, der ich heute bin.

Vorwort

Die traditionelle Spiritualität, als ein Bemühen zu letztendlicher Wirklichkeitserkenntnis, folgt in vielen Varianten der Empfehlung ‚Meide die Vielen und suche das EINE'. Seit der Entdeckung des ‚allzu Offensichtlichen' lange vor dem Beginn unserer modernen Zeitrechnung – als einer Absolutheit oder Leerheit (oder Gott), aus der alle Formen und Manifestationen entstehen und wieder vergehen – wurde die Verwirklichung dieses ‚Seinsgrundes' als das letztendliche Ziel jedes Erkenntnisstrebens angesehen. Die Welt der Erscheinungen galt demgegenüber als illusionär und bestenfalls als hinderlich oder schlimmstenfalls als schlecht und böse auf dem Weg zur endgültigen Befreiung und Erlösung.

Doch dann geschah, kurz nach Beginn unserer Zeitrechnung, eine Revolution, bei der Praktizierende immer tiefer in die Leerheit des Seinsgrundes eindrangen und erkannten, dass Form und Leerheit nicht verschieden, sondern zwei Seiten ein und derselben Münze sind, als die zwei Seiten oder Aspekte einer nicht-dualen Wirklichkeit. Daraus entwickelte sich in kurzer Zeit eine neue Form von Spiritualität und Erkenntnisstreben, die nun nicht mehr die Vielen mied, um das Eine zu finden, sondern – im Gegenteil – die Vielen, d. h. die gesamte Manifestation in ihrer Fülle und Vergänglichkeit, als einen Ausgangspunkt nahm zur Verwirklichung einer Seins- und Erkenntnisweise, die sowohl die manifeste als auch die unmanifeste Seite der Existenz (an)erkennt, würdigt, lebt und feiert, mit all der Freude und all dem Leid, welches damit verbunden ist. Diese Revolution, die nicht-duale oder tantrische Revolution, dauert bis heute an, und wir finden in unserer Zeit sowohl Menschen, die auf dem traditionellen Erkenntnisweg unterwegs sind und zuerst nach der Erfahrung des Seinsgrundes streben, als auch Menschen, die im weitesten Sinn tantrisch orientiert sind und die Welt der Formen und Erscheinungen als ihren Ausgangspunkt zur Selbst-, Welt- und Seinserfahrung nehmen.

Beide Wege haben ihre Stärken und auch ihre Fallen. Bei der Orientierung hin zur Absolutheit kann die Welt der Formen und das ganz normale Leben aus dem Auge verloren werden, mit Konsequenzen von Ignoranz und Unwissenheit gegenüber einer sich entwickelnden Welt, einschließlich der eigenen persönlichen Bedingtheiten und Beschränkungen mit denen die Welt und das Leben wahrgenommen werden. Durch Beispiele vieler spiritueller Lehrer oder ‚Erwachter' ist deutlich geworden, dass die Erfahrung des Seinsgrundes oder der Absolutheit nicht automatisch zu Einsichten und Erkenntnissen über die relative und bedingte Welt führt, und daher wenden sich moderne Lehrer verstärkt auch dem Studium der Wissenschaft und eigener (auch therapeutischer und biografischer) Selbstreflektion zu, in dem

Bemühen einer nicht-dualen Erkenntnis, die sowohl die Leerheit als auch die Formen umfasst.

Der tantrische Weg nimmt die Welt der Formen und Erscheinungen direkt als seinen Ausgangspunkt, um bei deren Durchdringung auf dasjenige zu stoßen, was allem Vergänglichen zugrunde liegt. Dabei werden oft gerade die schwierigen oder „saftigen" Bereiche menschlicher Existenz wie Sexualität, Ernährung, Beziehung, Konflikt, schwierige Emotionen, Macht/Ohnmacht oder Geld als besondere Gelegenheiten und Herausforderungen verstanden, um die Verkörperung des Absoluten im Relativen zu meistern. Was ist, so könnte die tantrische Fragestellung lauten, eine Spiritualität, Lebenspraxis oder ein Erkenntnisweg letztendlich wert, wenn er sich nicht in den zutiefst menschlichen, und gerade auch konfliktreichsten Erfahrungsbereichen wie Beziehung und Sexualität bewährt?

Die mutige Untersuchung und Antwort auf diese Frage ist der tantrische Weg, und wie man ihn gehen kann, ohne sich dabei in der Welt der Formen und Erscheinungen zu verlieren, erläutert dieses Buch. Die dabei zugrunde gelegte Landkarte ist die integrale Theorie und Praxis, wie sie von Ken Wilber und anderen in den zurückliegenden Jahrzehnten entwickelt wurde, als ein Hilfsmittel und Ausgangspunkt zu Sichtung und Beschreibung der Fülle tantrischer Erfahrungen, sowohl aus den Traditionen als auch aus der Lebenspraxis des Autors. Dabei werden im besten Sinne eines entwicklungsgemäßen „transzendiere und bewahre" sowohl die Schätze der tantrischen Traditionen gehoben, als auch auf deren Begrenzungen im Lichte heutiger Erkenntnisse hingewiesen. Daran schließt sich eine ebenso gründliche wie lebensnahe Erörterung eines zeitgemäßen integralen Tantra als Teil einer Lebenspraxis an, unter Einbezug all dessen, was ein menschliches Leben menschlich, aber auch herausfordernd macht – wie z. B. Emotionen, Ethik, Sexualität, Beziehungen, Arbeit, Kunst und der Alltag insgesamt.

Was mir am tantrischen Weg generell, und speziell an diesem Buch sehr gefällt ist die unbedingte Hinwendung zum Leben in allen seinen Formen, Erscheinungen, Schwierigkeiten und Freuden. Dahinter steht eine unbedingte Lebensbejahung, gepaart mit einer Experimentierfreude und dem Verlangen, aktiv gestaltend am Spiel des Lebens teilzunehmen. Dies entspricht dem, was poetisch als ‚schöpferischer Impuls' und technisch als ‚Selbstorganisation' beschrieben wird, als die unbändige Kraft und Freude des EINEN zur Erschaffung der Vielen, die dieses Universum von Anbeginn an antreibt. In der völligen Durchdringung und intensiven Durchlebung unserer Körperlichkeit, Emotionen und Gedanken kommt dasjenige besonders zum Leuchten, was bereits von Anbeginn an alle Manifestation trägt, als ein müheloses sich Zeigen des allzu Offensichtlichen. Dieser Weg ist, wie alle radikalen, d. h. an die Wurzel des Seins greifenden Wege, nicht ohne Gefahren, und die Anzahl derer, die, besonders aus der „anything-goes"

Generation unserer Zeit, auf einer seiner Stationen stecken geblieben sind, ist Legion. Umso erfreulicher ist es, mit diesem Buch einen wirklichen Wegbegleiter für das Abenteuer eines integralen Tantra in der Hand zu haben, als einer faszinierenden und aufregenden Möglichkeit der von Ken Wilber formulierten Aussage „Lebe dein endliches Selbst und ruhe in der Unendlichkeit“ auf eine lebendige, lust- und liebevolle Weise Ausdruck zu verleihen.

Michael Habecker, *Integrales Forum*

Einleitung

Seit sich Tantra Ende des letzten Jahrhunderts im Westen ausgebreitet hat, ist einige Verwirrung entstanden, was es denn überhaupt ist: Für den einen ist es eine Art erotischer Massage, für den anderen eine Liebesschule für Paare und für einen Dritten vielleicht Kamasutra-Sex mit Räucherstäbchen. Ab und zu hört man vielleicht, dass sich hinter dem Tantra ein tiefsinniger spirituell-yogischer Weg verbirgt, der in Indien und Tibet gelehrt wurde. Manche haben auch von den Einweihungen des Dalai-Lama ins *Kalachakra*-Tantra erfahren und fragen sich, ob es sich bei der Praxis tibetischer Mönche wirklich um dieselbe Sache handelt wie das, was man in einschlägigen Workshops in Seminarhäusern lernen kann, oder um ganz verschiedene Dinge, die nur aus Versehen den Namen miteinander teilen?

Ich möchte die Zusammenhänge beleuchten und ins rechte Licht rücken. Ich hoffe, dieses Buch trägt dazu bei, dass manche Vorurteile über Tantra – sei es jetzt das ursprüngliche indische oder auch das moderne *Neo-Tantra* – relativiert werden können. Es gibt leider bisher nur wenige Bücher, die sich sowohl mit der tantrischen Tradition als auch mit den zeitgenössischen Tantra-Varianten ausführlich beschäftigen, ohne das eine oder das andere abzuwerten oder zu ignorieren. Dieses Buch soll diese Lücke schließen und einen großzügigen Überblick über das ganze Tantra ermöglichen.

Ich werde den Weg des Tantra als einen Pfad der Energie skizzieren, dessen zentrales Unterfangen es ist, mithilfe der Erweckung verborgenen Energien des Körpers zu einem dauerhaften höheren Bewusstseinszustand zu kommen. Tantra ist sogar noch mehr: ein Weg, der in allen Formen und Erscheinungen das Erwachen zum *Einen Geschmack* möglich macht. Dann werde ich die verschiedenen Unterpfade vorstellen, die dieser Weg im Lauf der Jahrhunderte angenommen hat, und eine Synthese vorschlagen, die einen zeitgemäßen tantrischen Weg für den Westen vorschlägt: das integrale Tantra.

Integrales Tantra bedient sich respektvoll der alten Methoden des klassischen Tantra und Yoga und erweitert und ergänzt sie mit westlichen, neotantrischen Methoden. Ich unternehme damit einen weiteren ambitionierten Versuch, die Methode und Weisheit der tantrischen Schulen systematisch für den westlichen Menschen von heute anzupassen und dabei fundiert vorzugehen. Tantra soll auf diese Weise zu einem ganzheitlichen und attraktiven Weg für unsere Zeit werden, der Liebe, Sexualität und Intimität einschließt (ohne sie zu überbetonen).

Einige Bemerkungen zu Aufbau und Sprache dieses Buches

Integrales Tantra wird hier verstanden als eine Synthese der verschiedenen Tantra-Methoden, deren Rahmen die integrale Theorie Ken Wilbers bildet. Im ersten Teil werde ich klassisches und modernes Tantra sowie die integrale Theorie ausführlich besprechen. Dabei ist meine wiederkehrende Fragestellung, in welcher Form Tantra als Weg für Menschen von heute tauglich ist. Ich hoffe auch, zeigen zu können, das Tantra weit mehr als nur der ‚Pfad der Sexualität' ist, sondern von Anfang an und bis heute als ein vielseitiger Ansatz zur menschlichen Weiterentwicklung verstanden werden kann.

Im zweiten Teil werde ich zum Kern der Sache kommen und Ideen zu einer ganzheitlichen und zeitgemäßen Tantra-Praxis vorstellen, geordnet nach verschiedenen ‚Modulen' oder Lebensbereichen wie Körper, Spiritualität, Psychodynamik etc.

Ich hoffe, es ist mir gelungen, trotz der vielen Fachbegriffe, die bei einem solchen Unterfangen nicht fehlen können, den Leser nicht zu sehr mit Jargon zu überfordern. Ich habe mich mit Sanskritbegriffen zurückgehalten; sie werden den Text hier und da aber doch sehr prägen. Dabei habe ich versucht, die gebräuchlichste Schreibweise zu nutzen, die im Westen gut lesbar ist, wie etwa ‚Shiva' statt ‚Siva'. Auf Sonderzeichen habe ich verzichtet. Indologen und Sanskrit-Kenner mögen mir das nachsehen.

Der Verständlichkeit halber habe ich mich entschieden, in der Regel die männliche Form zu wählen. Ich bitte hier um Verständnis. Selbstverständlich ist das integrale Tantra ein Weg, der sich auch an Frauen richtet, die ich in keinster Weise ausschließen möchte.

Über mich

Wie sieht ein freudvoller, reichhaltiger Wachstumsweg heute aus, der einen mit seinem ganzen Dasein annimmt und transformiert? Diese Frage hat mich lange beschäftigt und führt durch meine eigene Geschichte, in der ich viele Erfahrungen mit den unterschiedlichsten tantrischen Wegen machen durfte.

Ich habe mich schon als Siebzehnjähriger zum Tantra hingezogen gefühlt, Bücher gelesen und erste Übungen versucht. Als 25-jähriger Psychologie-Student habe ich eine dann eineinhalbjährige Tantra-Lehrer Ausbildung im Institut von Lucian Loosen gemacht, die für mich den Grundstein gelegt hat. Im Rahmen dieser Ausbildung habe ich mit Andro einen Lehrer kennengelernt, dessen stark sexuell-transformativer Ansatz mir intensive persönliche Erfahrungen ermöglicht hat. Zur selben Zeit traf ich im ZEGG, einer auf persönliches Wachstum, gesellschaftspolitischen Aktivismus und „freie" Liebe ausgerichtete Lebensgemeinschaft, auf eine Kulturidee, die mich in den folgenden Jahren entscheidend prägen sollte.

Ich verzichtete auf eine sich abzeichnende Karriere als akademischer Psychologe und widmete mich nach bestandenem Diplom dem Aufbau der Lebensgemeinschaft *Noyana* mit Menschen, mit denen ich mich durch Freundschaft, erotische Bezüge und schicksalshafte Begebenheiten eng verbunden fühlte. Heute lebe ich in einem Wohn- und Lebensprojekt mit 30 Erwachsenen und 15 Kindern im brandenburgischen Lübnitz.

Mein tantrischer Weg führte mich in viele Richtungen weiter. Ich habe verschiedene Schulen des Neo-Tantra kennengelernt und im Jahre 2001 das Institut *Secret of Tantra* gegründet, das seither meine zentrale Wirkungsstätte ist. Mit meiner Frau und Gefährtin Mara Fricke-Wirth leite ich tantrische Seminare, Jahrestrainings und Ausbildungen. Seither hat sich mein Verständnis von Tantra durch die Beschäftigung mit den tiefgründigen traditionellen Wegen deutlich erweitert. Es gibt drei Männer, die ich zurzeit als meine tantrischen Lehrer ansehe:

- Edgar Hofer, dessen Kundalini-Energie nach intensiver Tantra-Praxis in Indien erwacht ist und der sich seither als Autor unter dem Pseudonym OWK mit Fragen rund um Kundalini und Erwachen beschäftigt.
- Aba Aziz Makaja, der in Kroatien lebt und eine umfassende Synthese aus Theosophie, Yoga, tantrischer Praxis und christlichen Impulsen, die er Komaja nennt, ins Leben gerufen hat und einem großen Kreis von Schülern vermittelt.
- Helmut Poller, der mich seit 2004 in buddhistischem *Vajrayana* unterrichtet.

Seit einigen Jahren hat sich bei mir, auch durch die Beschäftigung mit Ken Wilber und der integralen Theorie, ein neues Ideal gebildet: Eine Form des Tantra, die den evolutionären Impuls aufnimmt und ein theoretisches Fundament hat, das auch Vorstellungen aus anderen Ansätzen integriert. Die integrale Theorie passt auf diese Weise hervorragend mit den überzeugenden tantrischen Methoden zusammen. Tantra könnte damit aktualisiert und sein Potenzial auf die wichtigen Transformationsvorgänge unserer Zeit ausgerichtet werden. Diese Vorgehensweise und Aktualisierung des Tantra soll damit die traditionelle spirituelle Lehre und Praxis, modernes Neo-Tantra und den integralen Zugang miteinander verbinden. Ich schreibe dieses Buch also, weil ich nach 17 Jahren intensiver Praxis des Neo-Tantra, aber auch des traditionell hinduistischen Tantra-Yoga und buddhistischen Tantra überzeugt bin, dass die Methoden des Tantra von großer Kraft sind und auch immer wieder Freude machen.

Obwohl „ein Gramm Praxis ist mehr als tausend Tonnen Theorie“ ein typisch tantrischer Satz ist, sollen im ersten Teil dieses Buches die Grundlagen für die Praxis des integralen Tantra gelegt werden. Ich werde mich zuerst mit der Frage beschäftigen: „Wozu denn überhaupt integrales Tantra?“ Dann unternehme ich einen Streifzug durch die Welt des klassischen Tantra, seiner Geschichte und Philosophie, Modelle und Methoden. Schließlich werde ich erklären, was heutzutage im Westen unter Tantra verstanden wird und worin sich dieses „neue“ Tantra vom „alten“ Tantra unterscheidet. Wer aber hauptsächlich an Praxisvorschlägen interessiert ist, kann auch gleich zum zweiten Teil vorblättern und den Theorieteil später zum besseren Verständnis lesen.

Teil I: Theorie des integralen Tantra

1. Was ist integrales Tantra?

Das integrale Tantra strebt an, die spirituelle Idee des ursprünglichen Tantra in einem zeitgemäßen Rahmen neu zu beleben und zu aktualisieren. Die vielfältigen Wahrheiten des traditionellen Tantra sollen einerseits gewürdigt und gleichzeitig den Erfordernissen der *heutigen* Zeit angepasst werden. Unsere Kultur hat sich seit dem ersten Auftauchen des traditionellen Tantra sehr gewandelt und stellt andere Anforderungen an den Einzelnen. Unsere Selbst-Bewusstheit und unsere geistige und soziale Komplexität sind seit dem 4. Jahrhundert immens gewachsen; allein dies mag als ein triftiges Argument für ein Tantra-Update gelten. Denn vieles, was für Inder und Tibeter vor 1000 Jahren nützlich war, ist es für uns heute nicht mehr.

Die Erkenntnisse der integralen Theorie, auf die ich noch zu sprechen kommen werde, bieten den psychologischen und philosophischen Hintergrund für ein solches Update. Tantrische Praxis wird auf diese Weise zu einem zuverlässigen und nachhaltigen Wachstumsweg, der den ganzen Menschen von heute mit einbezieht: Erfolge und ein inneres Weiterschreiten sind nicht dem Zufall überlassen, sondern folgen einer präzisen und praxiserprobten Landkarte. Was integrales Tantra letztlich beabsichtigt:

- Die Entwicklung der Fähigkeiten, sich selbst anhand guter zeitgenössischer Landkarten des Bewusstseins durch vielseitige spirituelle Praxis lebenslang weiterzuentwickeln, und zwar hin zu innerer Transformation und höheren, transpersonalen Stufen der Selbstentwicklung.
- Die Entdeckung der heiligen Dimension in der Körperlichkeit und Erotik.
- Die Verwirklichung tiefer Liebe und Herzöffnung und ihre Umsetzung in einem spirituellen Zusammenhang, sei es nun im Zölibat oder in einer tantrischen Beziehung mit einem oder mehreren Menschen.

Eigenschaften des traditionellen Tantra

Tantra ist von seinen indischen Ursprüngen her ein außergewöhnlicher spiritueller Pfad, dessen Ziel die vollständige Befreiung und Transformation des gewöhnlichen Bewusstseins ist. Tantra bedeutet wörtlich „Gewebe", „Textur" oder „Webstuhl", womit auch „Prinzip" oder „Lehre" gemeint ist.

Der Begriff leitet sich von den beiden Wörtern *tanoti* („spannen, ausdehnen") und *trayati* („Befreiung") ab.

Es gibt eine tantrische Tradition, die hinduistisch geprägt ist, und ein buddhistisches Tantra. Die traditionellen Tantras beider Richtungen gelten als schnelle, aber auch riskante Wege, und wenden sich an Praktizierende, die hohe Ziele anstreben und Befreiung vom Leiden, dauerhaftes Glück und Erleuchtung erreichen wollen. Die tantrische Sichtweise ist dabei so geerdet und lebensnah, dass praktisch alles, was einem widerfährt, als Mittel für den spirituellen Weg genutzt werden kann.

Unter Tantra wird heutzutage eine große Menge von Kulten, Rituallehren und Praktiken zusammengefasst, die sich beginnend mit dem 4. Jahrhundert n. Chr. in Südasien verbreitet haben. Unter diesem Namen finden wir mystische Bewusstseinsschulen und sexuelle Praktiken wie blutrünstige Kulte und zölibatäre Traditionen. Aufgrund der Geheimhaltung der tantrischen Inhalte ist der ursprüngliche tantrische Pfad im Westen nur schwer zugänglich. Einige Charakteristiken des traditionellen Tantra sind trotz allem erwähnenswert und machen das spezifisch Tantrische aus. Dazu gehören:

1. Experimenteller Ansatz

Im Gegensatz zu vielen anderen Lehren, darin aber dem Zen und dem Tao ähnlich, ist im Tantra die Erfahrung und das persönliche Experiment wichtiger als Dogmatismus und philosophische Spekulation. Damit geht meist eine kritische Einstellung gegenüber orthodoxen Glaubenssystemen, Philosophien und Moralauffassungen einher.

2. Magisches Universum

Tantrische Schriften zeichnen eine Landkarte der Welt voller magischer Analogien und vertreten die Auffassung, dass der Mensch einen Mikrokosmos darstellt, in dem dieselben Regeln wie im Makrokosmos gelten; sie zeigen daher ein großes Interesse an Ritual, Symbolmagie, Astrologie, Alchimie, experimentellen Methoden und doppeldeutigen Textformulierungen. Spirituelle Verwirklichung führt nach dieser Auffassung zu einer Vielzahl okkulter Kräfte, im Indischen *siddhi* genannt.

3. Geheimwissen und das Guru-Prinzip

Traditionelles Tantra ist immer Geheimwissen, das innerhalb von Übertragungslinien von Lehrer zu Schüler weitergegeben wird. Die tantrischen Schriften werden als Offenbarungen von Gottheiten oder vergöttlichten Meistern angesehen und sind ihrem Inhalt nach für Uneingeweihte kaum verständlich. Darin ähneln sie den europäischen alchimistischen oder mystischen Texten des Mittelalters.

4. Positive Einstellung zu Körper, Weltlichkeit und Sexualität

Die Haltung zum menschlichen Körper ist in der Regel positiv: Er soll gepflegt, gestärkt und gemeistert werden. In vielen Schriften wird auch die Sexualität in die Praxis miteinbezogen. Sexuelle Energie ist für die Tantriker eine wichtige Grundsubstanz, die weise genutzt werden sollte, um den spirituellen Prozess zu unterstützen, anstelle sie durch bloße Lustabfuhr zu verschwenden. Da Tantra nicht zwischen Geistigkeit und Weltlichkeit unterscheidet, steht weltlicher Erfolg und sinnliche Freude nicht im Widerspruch zur Ausübung der Lehren, sondern sind fast schon ein Maßstab dafür, dass sie richtig verstanden und angewendet werden.

5. Feinstofflicher Körper

Tantrische Schriften beruhen auf einem inneren Modell des feinstofflichen menschlichen Körpers und beschreiben Wege zur Energiegewinnung und -kanalisierung. Sie zielen ab auf die Befreiung und Erleuchtung durch die Aktivierung einer außergewöhnlichen Kraft, die im menschlichen Körper schläft. Im Hinduismus wird hier von der *Kundalini* gesprochen, die mit *Shakti*, dem weiblichen Prinzip, gleichgesetzt wird. Im tibetischen Buddhismus spricht man von *tummo*, dem inneren Feuer. Aus der ursprünglichen Tantra-Tradition hat sich als Nebenzweig der Weg des Hatha-Yoga entwickelt, der, in einer vereinfachten Form als Gesundheits- und Antistress-Programm, zurzeit viele Millionen Anhänger hat.

6. Nichtdualität

Kennzeichnend für das traditionelle Tantra der Hochphase (nach dem 9. Jahrhundert) ist eine nichtduale Sichtweise. Damit meine ich, dass weder die materielle noch die spirituelle Welt als absolut gesehen werden – eher sind sie beide nur Manifestationen einer höheren Realität. Diese Realität ist aber nichts anderes als unsere allgegenwärtige wahre Natur. Das Göttliche ist nicht in irgendeiner jenseitigen Sphäre, sondern durchdringt unsere alltägliche Welt. So begründet sich auch das hohe Vertrauen in den Pfad, der typisch für die traditionellen Tantriker ist: der feste Glaube, mit diesem schnellen Pfad die Erleuchtung noch vor dem physischen Tod zu finden.

7. Polarität

Das Absolute wird, wenn auch ungeteilt, im Tantra oft als göttliche Polarität, als Vereinigung einer männlichen und einer weiblichen Gottheit angesehen. In vielen Richtungen wird dem weiblichen Aspekt dabei eine besondere Verehrung entgegengebracht.

Kritische Aspekte

Neben den vielen großartigen, aus heutiger Sicht bahnbrechenden Erkenntnissen der tantrischen Traditionen können wir auch einige problematische Punkte beobachten, in denen die Praxis noch in alten konventionellen Modellen feststeckt.

Das klassische Tantra beruft sich auf traditionelle hinduistische bzw. buddhistische Modelle, die z.T. außerordentlich anspruchsvoll sind. Sie lassen sich aus unterschiedlichen Gründen jedoch nicht eins zu eins in unsere Lebenswirklichkeit übertragen. In den tantrischen Schriften stehen wahre Goldnuggets dicht neben vorurteilsbedingter indischer Ritualistik und Folklore. Beide Lehren sind aufgrund der strengen Geheimhaltungspraxis der Traditions-Bewahrer für den westlichen Menschen kaum zugänglich und erfordern es, dass man sich auf einen mittelalterlich anmutenden, fremdartigen Kontext einlassen muss.

Daher werde ich immer wieder den Versuch unternehmen, verschiedene Elemente der tantrischen Tradition, die nicht ohne Weiteres in ein modernes Weltbild zu integrieren sind, aus Sicht des integralen Tantra kritisch zu diskutieren und im Zweifelsfall zu modifizieren. Diese Arbeit ist meiner Kenntnis nach im Rahmen des tantrischen Weges bisher noch nicht systematisch geleistet worden.

Neo-Tantra

Was seit Ende des 20. Jahrhunderts im Westen unter dem Namen Tantra gelehrt wird, ist im Wesentlichen ein Zweig, der eher vage Bezüge zum ursprünglichen Tantra-Wissen hat. Diese neue Variante, manchmal auch Neo-Tantra genannt, stellt die erotische Praxis in den Vordergrund und hat Formen wie erotische Massage, ganzheitliche Liebestechniken für Paare und therapeutische Gruppensettings hervorgebracht. Der hauptsächliche Inspirator des Neo-Tantra war der indische Mystiker Osho Rajneesh.

Die reichhaltige Synthese von Methoden aus Ost und West, aus Therapie, Yoga, Massage und Meditation bietet, wie wir sehen werden, eine gute Grundlage für eine fundierte integrale Lebens-Praxis. Es geht den Neo-Tantrikern einfach gesagt um die Befreiung, Humanisierung und Spiritualisierung von Sexualität, was ich äußerst begrüßenswert finde. Auch die Betonung auf Sex, Liebe und Beziehungszufriedenheit entspricht der Motivationslage vieler Menschen, die diesbezüglich etwas für sich tun wollen. In der Tantra-Szene finden wir öfters Übergänge zu offenen Beziehungsexperimenten und „freier Liebe". Das integrale Tantra versucht diese Impulse aufzunehmen, wobei klare ethische Maßstäbe ergänzt werden, die im Neo-Tantra nicht immer klar gesetzt sind.

An manchen Punkten stößt das Neo-Tantra allerdings an Grenzen. Aus der traditionellen Richtung ist öfters zu hören, dass der Sex zu sehr betont wird, und die Praxis auf diese Weise Gefahr läuft, bestenfalls ein kamasutrisches Spiel ohne tiefere Konsequenzen zu werden. Ein weiterer Nachteil des Neo-Tantra ist, dass die Schüler selten zu einer systematischen Alltags-Praxis bereit sind. Oft wird der hedonistische Aspekt des Tantra überbetont und das Potenzial dieser hochenergetischen Arbeit nicht ausgeschöpft. Beim Weg des integralen Tantra ist die regelmäßige Alltagspraxis eine ganz entscheidende Komponente. Wie wir sehen werden, übt das integrale Tantra auch die systematische Willensschulung, die beim Neo-Tantra sehr oft ganz fehlt oder sogar negativ bewertet wird.

Integrale Lebenspraxis

Integrales Tantra integriert neben diesen klassischen Aspekten aber auch jüngste Erkenntnisse aus der integralen Theorie, unter anderem die sogenannte *Integrale Lebenspraxis* von Ken Wilber. Obwohl ich später genauer darauf eingehen werde, möchte ich schon hier ein paar Aspekte hervorheben. Ganz allgemein ist die *Integrale Lebenspraxis* eine Anwendungsmethode der integralen Theorie mit dem Anspruch „Körper, Geist und Seele […] sowie Selbst, Kultur und Natur miteinander zu kombinieren"[1] um so effektiv wie möglich auf dem Pfad der persönlichen Transformation voranzukommen.

Mit dem integralen Tantra führe ich die Idee aus, die spirituellen Wege integral zu informieren. Wie es das *Integrale Forum* formulierte: *„Wichtig ist, dass eine aufgeklärte Schule der Spiritualität die ewigen Wahrheiten der Prämoderne rehabilitiert, sie aber von konformistischen Strukturen befreit. Sie bewahrt das Beste aus Tradition, Moderne und Postmoderne und kann so zur Beendigung der bestehenden – auch spirituellen – Kulturkonflikte beitragen."*[2]

Wichtigste Kennzeichen eines *integralen Tantra*

Ich habe mich einige Jahre damit beschäftigt, welche Gütekriterien eine Lehre erfüllen soll, damit man von einem *integralen Tantra* sprechen kann. Ich denke, ein solcher Weg sollte die tantrische Tradition ernst nehmen und anwenden und andererseits voll integral informiert sein. Etwas ausführlicher formuliert sollten folgende sieben Punkte erfüllt sein:

---

1. Wilber (2007) S. 52.
2. http://if.integralesforum.org/.

1. Integrales Tantra soll weitestgehend auf die tantrische Tradition zurückgreifen. Das setzt eine gewisse Kenntnis der tantrischen Tradition bei den Lehrern voraus und bedeutet auch, dass die traditionellen Methoden, die im Tantra üblich sind und auch heute noch zeitgemäß sind, geübt werden. Das gilt fast uneingeschränkt für die Elemente Hatha-Yoga, Pranayama und Meditation. Weitere Kernelemente im Tantra sind, wie wir feststellen werden, die Arbeit mit der Kundalini-Energie, die Lehre von den subtilen Körpern und verschiedene Formen der Meditation. Ferner stehen dem tantrischen Praktizierenden ein ganzes Arsenal kraftvoller Methoden wie Mantra, Yantra und Mandala, Gottheits-Praxis, Nyasa und verschiedene Formen von Ritualen zur Verfügung. Das integrale Tantra hat auch den Anspruch, was Körperlichkeit, Selbsterkenntnis, Liebe, Sexualität und Beziehung angeht, nicht hinter die Errungenschaften des Neo-Tantra zurückzufallen. Keineswegs soll neo-hindustische Prüderie durch die Hintertür wieder eingeführt werden.

2. Integrales Tantra soll die integral-evolutionären Modelle als geistigen Hintergrund einbeziehen. Dazu müssen die neuen integralen und die klassischen tantrischen Modelle zusammengeführt werden.

3. Integrales Tantra sollte sich an den Modulen der Integralen Lebenspraxis orientieren. Das soll sicherstellen, dass die Praxis alle Lebensbereiche abdeckt und zu nachhaltigen Fortschritten bei denen führt, die sich wirklich auf den spirituellen Weg machen.

4. Vom integralen Standpunkt aus geschaut, gibt es, wie sicherlich in anderen spirituellen Traditionen auch, eine Reihe von Elementen und Praktiken, die nicht zeitgemäß erscheinen oder nicht auf der Höhe der wissenschaftlichen Erkenntnisse sind. Die kontroversen Punkte müssen diskutiert und gegebenenfalls angepasst werden.

5. Das integrale Tantra ist offen für eine geeignete wissenschaftliche Begleitung, sowohl durch geeignete psychologische Tests als auch durch eventuelle gehirnphysiologische Messungen und Biofeedback-Methoden etc. Dazu kommen qualitative Verfahren (Interviews, Selbstbeschreibungen, biographische Verfahren) und Publikationen, die die Erfolge mess- und handhabbar machen. Aus der Interpretation der Ergebnisse soll eine konsequente Optimierung der Methoden erfolgen. Die Entwicklung und Systematisierung dieser Verfahren steckt noch in den Anfängen.

6. Das integrale Tantra strebt den Kontakt, den Austausch und die Vernetzung mit aufgeschlossenen Tantra-Instituten an sowie mit Organisationen und Schulen, die die integrale Idee weiterentwickeln wollen.

7. Wichtig ist, dass auch die Art der Vermittlung auf eine respektvolle humanistische Weise geschieht und integrale Gütekriterien der Lehrer- und Schülerschaft, die wir in Kapitel 7 diskutieren werden, erfüllt.

Das integrale Tantra ist somit ein Versuch, die Methode und Weisheit der tantrischen Schulen systematisch für den westlichen Menschen von heute anzupassen. Tantra wird zu einem ganzheitlichen Weg für unsere Zeit, der Liebe, Sexualität und Intimität einschließt. Insbesondere versteht sich diese Idee auch als Beitrag, das Image des Tantra im Westen zu verbessern. Tantra ist ein Weg voller Würde und Tiefe und muss heraus aus der Schmuddelecke, in die es in der Betrachtung vieler Zeitgenossen leider geraten ist.

Das integrale Tantra hat den Anspruch, mithilfe der integralen Navigationskarte einen Weg zu finden, der die Transformationskraft, die Disziplin und die Würde der traditionellen Schulen mit der Modernität, Weltoffenheit und Lebensfreude der neo-tantrischen Institute verbindet. Im integralen Tantra wird besonders Körperarbeit, Meditationspraxis, Sexualität und Beziehung betont. Jedoch können in dieser umfassenden Synthese auch andere Bereiche des Menschlichen zeitweise im Fokus der Praxis stehen.

Das integrale Tantra soll in erster Reihe eine Anleitung zur Praxis sein, deren Ziel eine möglichst systematische und vielseitige Weiterentwicklung des Menschen ist. Die Praktizierenden haben die Möglichkeit, sich schon in wenigen Jahren geistig, emotional, moralisch und auch körperlich in hohem Maße weiterzuentwickeln. Die Entwicklungsrichtung geht hin zu größerer körperlicher und geistiger Kraft, emotionaler Stabilität, ausgewogeneren Urteilen, einem stärkeren Willen, einer intensiveren und bewussteren Sexualität, größerer Liebes- und Beziehungsfähigkeit. Gleichzeitig verfolgt das integrale Tantra die Absicht, den Praktizierenden stärkere Erfahrungen der Lebensenergie zu vermitteln und sie mit den außergewöhnlichen Zuständen vertraut zu machen, die man als subtil, kausal und non-dual beschreiben kann.

Es gibt viele Wege zu umfassendem Bewusstsein und Erleuchtung: Die einzelnen Pfade sind für verschiedene Persönlichkeits-Typen unterschiedlich gut geeignet. Der tantrische Weg wendet sich in erster Reihe an leidenschaftliche Menschen, die ein starkes Interesse sowohl an spirituellen als auch an weltlichen Dingen haben, und die ihre Kraft und Lebendigkeit gerne in ihren Wachstumsweg einbringen wollen.

2. Beiträge der integralen Theorie

Die integrale Weltsicht ist von entscheidender Bedeutung, die tantrische Idee mit der Moderne und Postmoderne, in der wir leben, zu versöhnen. Sie bildet das philosophische Gerüst dieser neuen Form der ewigen tantrischen Weisheit. Aus diesem Grund halte ich es für sinnvoll, zuerst in die wichtigsten Begriffe und Sichtweisen der integralen Theorie einzuführen, bevor wir zu den tieferen Schichten der tantrischen Lehre vordringen. Wer sich jetzt gleich ins tantrische Abenteuer stürzen will, kann weiterblättern und das Kapitel zu einem späteren Zeitpunkt lesen, wenn die ersten Verständnisfragen aufgetaucht sind.

Die integrale Theorie ist eine evolutionäre und mehrperspektivische Weltanschauung, die eine umfassende, ausgewogene und ganzheitliche Sicht des Menschen und der Welt entwickelt, indem sie versucht,

- prä-moderne, moderne und postmoderne Weltsichten,
- östliche und westliche Ideologien sowie,
- spirituell/religiöse Einsichten und wissenschaftliches Denken

zu integrieren. Die ihr zugrunde liegenden Prämissen sind:

1. Es gibt eine fortlaufende Evolution und Höherentwicklung im biologischen, sozialen und auch geistigen Bereich.
2. Alle Ereignisse des Kosmos haben sowohl eine messbare Außenseite als auch eine (manchmal nur keimhafte) fühl- und erlebbare Innenseite. Die Naturwissenschaft beschäftigt sich mit der Außenseite, die Geisteswissenschaft mit der Innenseite. Beides hängt miteinander zusammen (wo es ein Außen gibt, da gibt es auch ein Innen).

Der zentrale Autor der modernen integralen Bewegung ist der amerikanische Philosoph Ken Wilber. Wilbers Vorgehensweise ist, dass er Fachwissen aus unterschiedlichen Bereichen, wie Psychologie, Religion, Spiritualität, Soziologie und Naturwissenschaft, in einem einzigen, konsistenten Modell ordnet und klassifiziert.[3] Er ist der Ansicht, dass kaum jemand, der eine Meinung oder auch Erkenntnis äußert, völlig falsch liegt. Meistens sind nämlich Meinungen oder Erkenntnisse Teilwahrheiten und

3. In seinem Buch *Integrale Psychologie* (Wilber 2001) hat Ken Wilber in einem Kraftakt sondergleichen über 100 verschiedene individuelle und soziale Entwicklungstheorien aus den unterschiedlichsten Fachbereichen gegenübergestellt und daraus eine Meta-Theorie abgeleitet.

Aspekte eines größeren Zusammenhanges. Diese größeren Zusammenhänge unserer Existenz und unseres Erkennens hat Wilber nun in einer „Landkarte von allem“ zusammengefasst, dem sogenannten *AQAL*-Modell („All Quadrants All Levels“), dessen Aspekte (Quadranten, Ebenen, Linien, Zustände und Typen) ich nun kurz vorstellen werde.

Die vier Quadranten

Der erste Aspekt der integralen Theorie besteht in der Erkenntnis, dass jeder Sachverhalt mindestens vier Perspektiven erlaubt, die nicht weiter reduziert werden können. Es gibt immer eine Innen- und Außenperspektive, ebenso wie es immer eine individuell/singuläre und kollektive/plurale Perspektive gibt.

Wenn wir nun die Unterscheidung innen/außen auf einer horizontalen Achse darstellen und die Unterscheidung individuell/kollektiv auf einer vertikalen, haben wir die möglichen Perspektiven in eine Ebene mit vier Quadranten eingeteilt (s.u.). Das sind vier Sichtweisen auf dasselbe Ding, die miteinander parallel gehen, aber nicht aufeinander reduzierbar sind: Im Uhrzeigersinn sehen wir links oben beginnend individuell-innerlich, individuell-äußerlich, kollektiv-äußerlich und kollektiv-innerlich. Jedes Phänomen hat stets diese vier Aspekte oder Dimensionen: Es ist, als ob man durch ein Prismenglas schaut. Nehmen wir als Beispiel eine Situation aus dem Fußball, um dies zu illustrieren:

Die erste Perspektive ist meine Innenperspektive auf mich als erfahrenden und empfindenden Spieler, und damit meine Emotionen, meine Selbstbeschreibungen, Empfindungen, Kenntnisse, Ideale und Sorgen und alle interne Bedeutung, die ich diesem Spiel und meinem Verhalten gebe. Man nennt dies die innerlich-individuelle Perspektive. Wir finden diese Perspektive auch bei der Phänomenologie, bei der Bewusstseinsforschung im Allgemeinen und wenn wir unser Innenleben beschreiben.

Die zweite generelle Perspektive beschreibt das, was ich, wie von außen beobachtet, tue: Mein Verhalten im Spiel, das, was mein Körper und mein Nervensystem während des Fußballspielens tatsächlich tut. Man nennt dies die äußerlich-individuelle Perspektive. Zu diesem Es-haften Bereich gehört auch die Forschung der Neurologie, der Behaviorismus, aber auch z.B. die äußerliche Perspektive auf die Grundbausteine unserer Existenz als individuelle „Atome“.

Drittens gibt es die kollektive Innensicht oder auch die innerlich-sozio-kulturelle Perspektive: Die Erfahrung des gemeinsamen Spielens mit anderen, des Team-Gefühls, und damit auch die Werte und Codes die das Fußballspiel zu einer bestimmten Form von sozialer Erfahrung machen. Die Philosophen Foucault und Habermas bevorzugen in ihren Untersuchungen ganz allgemein diesen Quadranten.

Zuletzt gibt es noch die äußerliche sozio-kulturelle Perspektive: Die Spielzüge, die vorher abgestimmt wurden, das von außen beobachtbare Gruppenverhalten der Spieler, die tatsächlichen Spielregeln und die von außen beobachtbaren Beziehungen der Spieler zueinander, das Stadion, die Werbung, die Institution, die das Spiel austrägt, ein finanzieller Hintergrund, ein System aus Spielern, Fans und Unterstützern usw. Die Systemtheorie wird zum Teil hier in diesen Quadranten zugerechnet, aber auch die Arbeiten von Karl Marx, und vieles andere mehr.

	INNEN	AUßEN
OBEN	OBEN LINKS Psyche / Bewusstsein **ICH** subjektiv introspektiv erfassbar	OBEN RECHTS Körper / Verhalten **ES** objektiv empirisch erfassbar
UNTEN	UNTEN LINKS Kultur / kollektiv **WIR** intersubjektiv hermeneutisch erfassbar	UNTEN RECHTS Systeme / Institutionen **ES (plural)** interobjektiv systemtheoretisch erfassbar

Grafik 1: Die vier Quadranten

Da es sich dabei also um grundsätzliche Perspektiven handelt, finden wir diese Quadranten nun nicht nur beim Fußball oder in unserem Alltag, sondern z.B. auch in der Wissenschaft oder anderen Bereichen unserer Kultur. Unterschiedliche Wissenschaften haben bisher in der Regel unterschiedliche Quadranten in den Fokus ihrer Bemühungen gestellt, meistens, indem sie die anderen Quadranten mehr oder weniger ignorierten. So wäre die Psychologie eine Wissenschaft, die oben links bevorzugt, Medizin oben rechts,

Anthropologie unten links und Politik unten rechts. Wilbers Modell lässt nun diese ganzen Wissensformen nebeneinander existieren und versucht Querverbindungen aufzuzeigen.

Ebenen

Ein weiterer Aspekt der integralen Theorie ist die jeweilige Entwicklungsebene oder Entwicklungsstufe, von der aus ein Mensch seine Welt erfährt und sein Leben lebt. Wie Eltern und manche Psychologen wissen, durchläuft etwa ein Neugeborenes in den Jahren bis zu seinem Erwachsenendasein eine Reihe bestimmter Entwicklungsstufen. Doch endet die Entwicklung hier nicht, sondern kann bei dem Erwachsenen unter Umständen weitergehen.

Das Entwicklungsmodell *Spiral Dynamics*

Ein bekanntes Modell, das diese allgemeine Entwicklung des Menschen und der Kultur beschreibt, heißt Spiral Dynamics und wurde von den Forschern Clare Graves, Don Beck und Chris Cowan entworfen. Graves entwickelte ursprünglich ein sich spiralförmig entwickelndes Stufenmodell der menschlichen Werte-Entwicklung. Später wurde deutlich, dass die Werte-Entwicklung mit der Identität und Gesamtentwicklung eines Menschen in engem Zusammenhang steht. Aus diesem Grund ist das Modell auch dazu geeignet, den Entwicklungsschwerpunkt eines Menschen oder einer Kultur zu beschreiben. Graves´ Arbeit wurde dann von Don Beck und Chris Cowan weiterentwickelt und von Ken Wilber in seine integrale Synthese aufgenommen. Es ist das vielleicht eingängigste und pragmatischste Stufenmodell, das uns heute zur Verfügung steht.

Spiral Dynamics ist ein Modell, das sowohl die individuelle Entwicklung (in dem Quadrantenmodell oben links) als auch die Entwicklung von kulturellen Weltsichten (in dem Quadrantenmodell unten links) beschreibt. Der Einzelne kann sich dabei in der Regel so weit entwickeln wie die Kultur, in der er sozialisiert wird. Sich darüber hinaus zu entfalten ist dann nur mit persönlicher Anstrengung möglich.

Graves erkannte, dass sich Bewusstsein in ‚Stufen' entwickelt, und wie jede neue Stufe durch die vorherigen beeinflusst und geformt wird. Jede Stufe oder Welle hat eine eigene Weltsicht, eigene Werte, Strukturen und Technologien. Wie Jahresringe um einen Baum legen sich die neuen Schichten außen an und bilden das dominierende und bestimmende kulturelle Schema von Werten und Weltsichten, bei Beck und Cowan „Werte-Mem" oder einfach „vMem" genannt. Die nun eingeschlossene Schicht wird im Idealfall integriert, oft aber auch bekämpft und abgespalten.

Weil wir uns im integralen Tantra immer wieder auf *Spiral Dynamics* beziehen werden, stelle ich nun eine kurze Zusammenfassung der Stufen dieses Entwicklungsmodells vor. Jeder Stufe werden dabei bestimmte Farben zugeordnet, um die Identifikation und Arbeit mit dem Modell zu erleichtern.

Farbe	Dominanter Wert	Stärken und Schwächen
Türkis	Allverbundenheit	Holistisch-integrales Wahrnehmen, kosmisches Vertrauen
Gelb	Zusammenschau	Systemischer Blick, lebenslange Entwicklung, elitär
Grün	Verbundenheit	Konsens-und Integrationsfähigkeit, Narzissmus
Orange	Freiheit, Rationalität	Forschen, Leistungsdenken, Materialismus
Blau	Wahrheit, Ordnung	Ordnung schaffen, Zukunft sichern, Intoleranz, Dogma
Rot	Macht	Impulsiver Selbstausdruck, Freiheitsdrang
Purpur	Sicherheit	Natürliche Zyklen, verzauberte Welt, Zugehörigkeit
Beige	Existieren	Instinkte, Überlebenswille

Grafik 2: Übersicht über die Farben und Werte von Spiral Dynamics

1. Beige: die archaische Stufe

Beige ist das Bewusstsein des erwachenden Menschen aus dem Dämmerschlaf des Unbewussten. Auf dieser Stufe geht es um den Drang nach Überleben – um Nahrung, Wasser und Schutz vor Kälte und Gefahr. Wir finden diese Stufe heute nicht mehr als dominante Farbe bei erwachsenen Menschen, aber doch als Grundlage allen Lebens.

2. Purpur: die magisch-animistische Stufe.

Das purpurne Mem ist die Weiterentwicklung von Beige und entsteht zu dem Zeitpunkt, an dem die Menschen versuchen, gemeinsam in Stammeskulturen für das Überleben zu kämpfen und Sicherheit zu gewährleisten. Die Werte dieses Mems liegen in der Blutsverwandtschaft, der Verehrung von Geistern und Ahnen; hier heißt es: Nimm` deinen Platz in der Sippe ein und opfere dich für sie, respektiere die heiligen Rituale, Orte und Tabus!

Typische Produktionsweisen dieses Mems sind das Jagen und Sammeln, Viehzucht, früher Ackerbau. Im purpurnen Mem entstehen wichtige Innovationen wie die Sprache, das Feuer, Pfeil und Bogen. Loyalität und Naturverbundenheit werden zu den positiven Eigenschaften dieser Weltsicht gezählt, während die (für uns heute) negativen Aspekte in Fügsamkeit, Aberglaube und rituellen Gewaltexzessen anderen Stämmen, aber auch der Natur gegenüber bestehen. Wie wir sehen werden, neigt das sehr viel später auftauchende, postmoderne ‚grüne' Mem dazu, die purpurfarbene Weltsicht (oft aus Unkenntnis) zu idealisieren. Gerade bei den Hippies und Ökos der grünen Postmoderne wird dieses purpurfarbene Mem heute reaktiviert und manchmal idealisiert. In der individuellen Entwicklung des Menschen tritt diese Entwicklungsstufe etwa mit dem 2. Lebensjahr auf.

3. Rot: Stufe der Machtgötter

Mit dem aufkommenden Individualbewusstsein entsteht eine starke Gegenbewegung gegen die purpurnen Stammesregeln, getragen von einzelnen, starken, rücksichtslosen, meist männlichen Individuen, die egozentrische Werte in den Vordergrund setzen. Hier heißt es nun: Folge deinen Impulsen! Der Stärkere gewinnt! Vertraue nur dir und sonst keinem! Kämpfe aggressiv und ohne Gewissen! Bei kriminellen Jugendlichen, Gangs und sich bekriegenden Horden ist das rote Mem ebenso am Werk wie historisch bei der Entstehung der frühen Imperien.

Die Qualitäten, die Rot einbringt und die von aufgeklärten, postmodernen Menschen oft nicht genug integriert wurden, sind: Ich-Stärke, Individualität, Initiative. Die Pathologien dieses Mems wie Gewalt, Krieg und Rücksichtslosigkeit liegen auf der Hand. Das Mem emergierte etwa vor 10000 Jahren, die wichtigsten Produktionsweisen sind Ackerbau, Handel, Handwerk, aber auch Plünderung und Eroberung. Herausragende historische Beispiele wären etwa Dschingis Khan oder Kleopatra; heute kann man dieses Mem bei prä-konventionellen Künstlern wie manchen Gangsta-Rappern oder Rockmusikern finden.

4. Blau: Die mythische Stufe

Vor ca. 3000 Jahren erschien als neue Stufe, die wieder das Kollektivistische betonte, das blaue Mem. Die von einem nicht zu hinterfragenden Gott offenbarten Regeln und Gesetze ordneten die sozialen Verhältnisse – was zu großen kulturellen Innovationen und zum Aufbau strukturierter großer Staaten führte. Das blaue Mem ist in unserer Kultur in den Bereichen von Religion und Militär, aber auch in konservativen Kreisen der Politik und in autoritär geführten Staaten immer noch sehr stark und wirksam und betont traditionalistische Werte und Moral.

Für das blaue Mem gilt: Während es auf den früheren Stufen um Leben und Tod (Beige), Sicherheit und Unsicherheit (Purpur) sowie um gut und schlecht (Rot) ging, geht es hier um das, was moralisch richtig und was falsch ist. Für richtiges Verhalten gibt es Belohnung, für falsches Verhalten Strafe. Der Einzelne ordnet sich dem Gesetz und der Gruppe unter. Wer sich moralisch verhält, loyal gegenüber den Regeln ist, dem winkt Erlösung nach dem Tod.

Zu den Qualitäten dieses Mems zählen Ordnungsliebe, Hingabe, Fleiß, Altruismus und überhaupt die Fähigkeit, sich existenziell ganz in den Dienst einer Idee oder eines Ideals zu stellen. Die Pathologien dieses Mems, zu dem Vorurteile, Intoleranz und Fundamentalismus gehören, sind den meisten aus politischen Diskussionen oder durch den Alltag auch recht vertraut. In der Blütezeit des blauen Mems entwickelten sich Produktionsweisen wie Landwirtschaft, Handel und Schifffahrt. Die Schrift entwickelte sich sowie ein differenziertes Gesetzwesen. Herausragende Persönlichkeiten dieses Mems sind Papst Benedikt, George W. Bush, Mutter Teresa und Hindenburg.

5. Orange - die rationale Stufe

Die rationale Stufe, die mit der sogenannten Moderne einhergeht und ansatzweise schon im alten Griechenland vorhanden war, entwickelte sich vor etwa 300 Jahren mit der Renaissance in Europa zur vollen Blüte und ist mit seinen Elementen Wissenschaft, Aufklärung, Liberalismus und Kapitalismus das dominante Mem der westlichen Gesellschaft. Wir finden dieses Mem in der Welt der Wirtschaft, Wissenschaft, Medien und Politik.

Einige der orangefarbenen Werte sind: finanzielle Unabhängigkeit, persönliche Freiheit, Gewinnen und Erfolg. Die nicht zu unterschätzenden Qualitäten, die dieses Mem hervorgebracht hat sind Toleranz, Liberalität, Objektivität, Fortschritt und Wohlstand für viele. Wie Jürgen Habermas herausstellt, sind erst mit der Moderne die Wertsphären von Kunst, Wissenschaft und Religion differenziert worden.[4] Die Pathologien und Schattenseiten dieser Stufe hängen mit einem immer mehr um sich greifenden Materialismus und einem kapitalistischen Wirtschaftssystem zusammen, das Ausbeutung, Skrupellosigkeit und Verlust ethischer Prinzipien fördert. Das orangene Mem hängt stark mit der industriellen Produktionsweise zusammen. Herausragende Persönlichkeiten: Voltaire, Galilei, Darwin, Bill Gates und viele heutige Politiker.

6. Grün - die sensible oder empfindsame Stufe

Kennzeichnend für das postmoderne, grüne Mem ist die wieder stärkere Hinwendung zur Innenwelt, zur eigenen emotionalen Befindlichkeit. Die Vorläufer sind in der Romantik zu finden, andere frühe Elemente finden wir in den sozialreformerischen Ideen Anfang des 19. Jahrhunderts. Zum vollen Durchbruch gelangte das grüne Mem aber in den sechziger Jahren in industrialisierten Kulturen. Die stärkere Innerlichkeit und Sensibilität führte zu einer Loslösung von blauer Tradition und orangener Leistungszentriertheit – Grün ging es nun eher darum, die mitfühlende Seite von Gemeinschaft wiederzuentdecken und eine globale Perspektive der Gerechtigkeit einzubringen. Typisch postmoderne Werte liegen im Konsensbestreben, der Einbeziehung der unterdrückten Minderheiten, in Multikulturalismus,

---

4. „Der Zerfall in einzelne Wertsphären bietet erstmals die Möglichkeit ‚Wahrheitsfragen, Fragen der Gerechtigkeit und des Geschmacks nach ihrer jeweils eigenen Logik zu beurteilen", Jürgen Habermas: *Die Verschlingung von Mythos und Aufklärung. Bemerkungen zur „Dialektik der Aufklärung" - nach einer erneuten Lektüre.* In: Hrsg. Bohrer (1983), S. 405-431.

Ökologie, auf der privaten Ebene in Gemeinschaft und Mitgefühl. Das war die Geburt der Hippie-Zeit, des spirituell und am Inneren interessierten New Age, der Ökologie- und Frauenbewegung. Reich vorhandene Qualitäten wie umfassenderes Verantwortungsbewusstsein, Einbeziehung des Weiblichen, neue spirituelle Aufgeschlossenheit führten zum ersten Mal zu einer weltzentrischen Moral.

Nach den großen Erfolgen dieses Mems werden nun allmählich auch die Schattenseiten manifest, die in der Negation der Werte der vorherigen Meme besteht – die aber zu dem Wohlstand und der Sorglosigkeit geführt haben, die Grün erst möglich machten. Zudem bildet sich in den letzten Jahren immer mehr ein verantwortungsloser, selbstbezogen-narzisstischer, antriebsschwacher Typus unter grünen Individuen heraus, der letztlich gar nicht fähig ist, die Ideale des Mems zu erfüllen. Die Probleme des Werterelativismus und des Multikulturalismus werden in den letzten Jahren immer offensichtlicher, ebenso wie ein Scheitern vieler Protagonisten in Familien- und Beziehungsmodellen. Typisch für Grün sind im Arbeitsleben Teamwork, ganzheitliche Ansätze und eine Nähe zu Informationstechnologien. Herausragende Persönlichkeiten dieser Stufe sind z.B. Petra Kelly, Martin Luther King und Joan Baez.

7. Gelb - die integrale Stufe

Etwa 1950 traten die ersten Anzeichen einer neuen Bewusstseinsstufe auf, heute auch das „gelbe Mem" oder die „integrale Stufe" genannt. Integrale Individuen sind sich der Mechanismen der Evolution bewusst, die auch sie geprägt haben, und entwickeln die Qualität, ihre eigene Weiterentwicklung gezielt zu planen und zu formen. Gelb ist im Vergleich zu Grün praxisorientierter, effizient, vielleicht etwas rationaler und kühler und legt den Schwerpunkt auf Ergebnisse. Gelb verfügt über die Fähigkeit, andere da abzuholen, wo sie entwicklungsmäßig stehen und dort realistische Ergebnisse zu erwarten.

Die ersten sechs Schichten – bis einschließlich dem postmodernen, grünen Mem – befinden sich innerhalb einer Kultur, wie Wilber gezeigt hat, dabei stets in einem Weltsicht- und Ideologiekonflikt, wie er zum Beispiel zwischen den blauen Religiösen und den orangen Naturwissenschaftlern in Bezug auf die Frage, wann Leben im Mutterbauch beginnt oder wie das Leben an sich entstand, zu beobachten ist. Mit dem gerade emergierenden Gelb kommt es zu der großen Chance, die bisherige Entwicklung zu betrachten und zu integrieren. Gelb steht wie auf einer Anhöhe (Graves nennt das den „zweiten Rang"), kann die bisherige Geschichte überschauen und daraus ableiten, dass es selbst das Resultat der Evolution der vorangegangenen Stufen ist und dass es zweitens, um einen Menschen auf einer bestimmten Stufe zu erreichen, in einer Sprache und Weltsicht auf ihn zugehen muss, die dieser versteht. Kurz: Die integrale Stufe leidet nicht mehr unter dem Ideologie- und Weltsichtkonflikt der früheren Entwicklungsstufen, da Weltsichten als etwas Fließendes und sich stets Veränderndes begriffen werden.

Gelb versucht auf diese Weise die verschiedenen Wahrheiten und Disziplinen miteinander zu versöhnen, wie z.B. Wissenschaft und Religion. Menschen auf dieser Stufe arbeiten für globale Lösungen und daran, in dem ihnen möglichen Maße Verantwortung für die Entwicklung aller zu übernehmen.

Die integrale Bewegung um Wilber, aber auch Weltföderalisten oder auch ein Teil der Open-Source-Bewegung können als heutige Beispiele dieser Stufe genannt werden. Aufgrund der Flexibilität und Spontanität in Bezug auf das Verständnis und die Integration von Weltsichten (sowie die damit verbundene Einsicht über die Grenzen von Weltsichten und Ideologien) entsteht auf dieser gelben Bewusstseinsstufe häufig auch ein elitärer Habitus und ein Überlegenheitsgefühl, was von vielen Forschern als Pathologie und Entwicklungsstörung dieser Stufe beschreiben wurde. Herausragende Persönlichkeiten dieser Stufe sind Buckminster Fuller, Jean Gebser (der erstmals das Auftauchen dieser neuen Entwicklungsstufe beschrieben hat) oder Ken Wilber selbst.

Am wichtigsten für das integrale Tantra ist sicherlich der Sprung von Grün zu Gelb, der kulturell-evolutionär jetzt ansteht. Die meisten Menschen, die ein Interesse an Spiritualität haben – und erst recht an Tantra – befinden sich schwerpunktmäßig nun mal bei Grün bzw. an der Schwelle zu Gelb.

8. Türkis - die post-integrale Stufe

Spiral Dynamics beschreibt auch noch eine achte, post-integrale Stufe. Diese ist, wiewohl es einige Individuen wie etwa Sri Aurobindo gibt, die diese Stufe erlangt haben, sozial noch nicht aufgetaucht. Hier geht es um eine völlig neue Art kollektiven Bewusstseins und inneren Verständnisses zwischen allen Menschen, aber auch Natur und Kosmos. Ein Mensch auf der türkisen Stufe hat seine Selbstgestaltung völlig in die Hand genommen und verbindet sich mit anderen zu einem globalen Netzwerk.

Entwicklungslinien

Mit der Beschreibung einer Ebene, wie es etwa Spiral Dynamics versucht, ist vorerst nur der Bewusstseinsschwerpunkt oder die allgemeine Entwicklungsstufe eines Menschen bzw. einer Kultur definiert. Nach dem integralen Modell verläuft nicht jede Entwicklung stromlinienförmig, sondern es treten Hindernisse und Störungen auf, und manche Bereiche des Selbst können weiter oder weniger weit entwickelt sein als andere. Es braucht also eine genauere Differenzierung, wenn wir uns selbst und auch andere konkreter beschreiben wollen.

So lassen sich unterschiedliche Entwicklungsbereiche des Selbst oder sogenannte ‚Linien' beobachten. Mathematisch-logisches Denken kann eine solche Linie sein oder musikalisches Verständnis, oder auch zwischenmenschlich-kommunikative Fähigkeiten. Genau genommen kann jede mögliche Kenntnis und Fähigkeit, die ein Mensch haben kann, eine eigene Entwicklungslinie haben.

Die Entwicklungen dieser Linien laufen nicht immer parallel, z.B. kann ein genialer Krimineller einen hohen kognitiven und einen geringen moralischen Entwicklungsstand haben. Es gibt zwar eine Tendenz der Linien zur gemeinsamen Entwicklung, aber im Einzelnen sind sie recht autonom (siehe die Grafik unten).

Das Ich oder Ego ist nun nach Wilber die Instanz, die bestrebt ist, die einzelnen Linien miteinander auszubalancieren und eine gewisse innere Identität und Konsistenz aufrecht zu erhalten. Eine Person ist dann eher ausgeglichen und balanciert, wenn sich ihre Linien möglichst alle auf einer Ebene befinden.

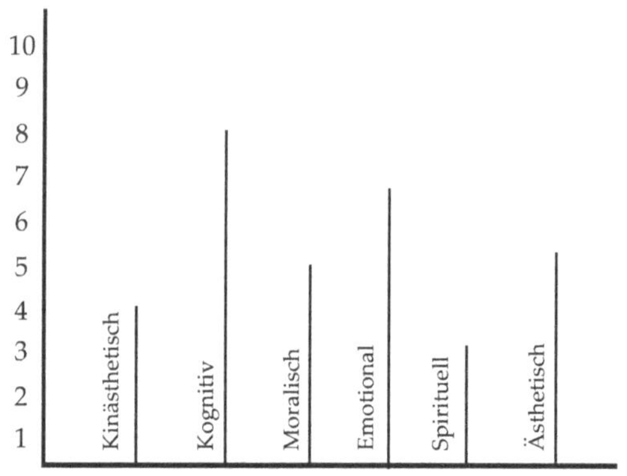

Grafik 3: Beispiel für Linien der Entwicklung

Steve McIntosh, ein integraler Theoretiker, hat die Auffassung eingebracht (zu der ich inzwischen auch neige), dass man die Entwicklungslinien in drei Gruppen zusammenfassen kann: Kognition (zu der alle geistigen Linien zählen), Emotion (zu der auch emotionale Intelligenz und die Fähigkeit zu Liebe und Mitgefühl etc. zählen) und Volition (zu der Werte und der Wille selbst gehören).[5]

5. Vgl. für eine tiefere Betrachtung Steve McIntosh *Integrales Bewusstsein*, S.264, 2009.

Typologien

Neben den Ebenen, als hierarchische Stufen einer Weiterentwicklung, gibt es im integralen Modell nun noch eine weitere Beschreibungsdimension, nämlich die der ,Typen', die auf jeder Entwicklungsstufe auftreten und unterschiedliche Ausprägungen auf derselben Stufe darstellen.

Beispiele für Typen sind die Sternkreiszeichen, die neun Enneagramm-Typen, die Charaktertypen der Bio-Energetik oder auch die unterschiedlichen Temperamente. Eine grundlegende Typologie, die im Tantra von hoher Bedeutung ist, ist ,männlich/weiblich', auf die ich noch genauer eingehen werde. Da Ebenen, Linien und Typen leicht miteinander verwechselt werden können, ist die Integrale Psychologie immer bestrebt, hier Klarheit walten zu lassen und sauber zu unterscheiden.

Zustände des Bewusstseins

Abgesehen von den Ebenen, Linien und Typen beinhaltet die integrale Theorie die Zustände des Bewusstseins, deren Natur es ist, flüchtiger zu sein als die Ebenen oder Typen. Hier muss man zwischen den drei *natürlichen* Zuständen Wachen, Traum und Tiefschlaf, sowie den *künstlichen* oder außergewöhnlichen Zuständen unterscheiden, welche etwa durch chemische Substanzen, Trancen oder Meditation verursacht werden. Zu den drei natürlichen Zuständen haben alle Menschen Zugang. Die Lehre des Vedanta unterscheidet noch einen Vierten: *turiya*, („der Vierte"), der eine Art Seinsgrund darstellt, in dem die drei grundlegenden Zustände Wachen, Träumen und Tiefschlafen stattfinden.[6]

Die meisten Menschen sind nur auf den Wachzustand ausgerichtet. Trainiert jemand die Zustände nun bewusst, etwa durch Meditationspraxis, kann er lernen, sein Bewusstsein weiter auszudehnen und subtile Visionen zu haben, die dem Traumzustand ähneln, und unter Umständen auch die Fähigkeit zum Wachtraum oder luziden Traum entwickeln. Eine noch intensivere Zustandsschulung wird den Zugang zum ,kausalen' Zeugen (in dem keine Objekte mehr auftauchen) und das Wachbewusstsein im Tiefschlaf fördern.

Der vierte Zustand ist dann erreicht, wenn die Quelle aller anderen Zustände (wachen, träumen, schlafen) verwirklicht wird, und damit eine Art Dauerbewusstheit quer durch die Zustände erlangt worden ist. In manchen Lehren geht dieser Erwachens-Prozess noch weiter, sodass dieses Gewahrseins nicht nur in Kontemplation, sondern in allen alltäglichen

---

6. In manchen Yoga-Schriften wird noch ein fünfter Zustand: (*turiyatita* – „jenseits des Vierten") beschrieben, der der nichtdualen Qualität entspricht.

Akten des Bewusstseins präsent ist und die innere Wahrheit erfüllt ist, dass Objekt und Subjekt, Bezeugtes und Zeuge auf der fundamentalen Ebene nicht getrennt sind und auch niemals waren; im Tantra heißt dies ‚die Einheit von Shiva und Shakti, oder einfach ‚Nichtdualität'.

Es ist möglich, Gipfelerlebnisse zu haben, die sich eher dem Spektrum des manifesten, des subtilen oder des kausalen Zustands zuordnen lassen. Solche Zustandserfahrungen sind reversibel und bedeuten noch nicht, dass man auf eine höhere Ebene gelangt ist, können aber natürlich Wachstumspotenziale in besonderem Maße anstoßen. So ist eine naturmystisch/schamanische Erfahrung (sich eins fühlen mit einem Fluss z.B.) grobstofflicher Art, die Vision einer Gottheit oder eines heiligen Symbols eher subtiler Art und das Einswerden mit der ursprünglichen Leerheit eine kausale Erfahrung. Nichtduale Mystik entspräche der Fähigkeit, sich in allen drei Zustandsbereichen frei zu bewegen und sich somit stets eins mit allem zu fühlen, ohne unbewusst zu werden.

Meditation oder ernsthafte spirituelle Praxis ist für Wilber immer auch eine Art Zustandsschulung. Durch ein solches Training kann man bestimmte Zustands-Stufen meistern und stabilisieren, was nicht automatisch auch heißt, höhere Strukturen oder Ebenen dadurch erreicht zu haben!

Die eine Richtung (Ebenen und Linien) ist eine vertikale Entwicklung, die andere (Zustands-Stufen) könnte man als horizontale Entwicklung beschreiben. In dem *Wilber-Combs-Raster,*[7] nach Wilber und dem integralen Theoretiker Allan Combs benannt, sind beide Entwicklungsrichtungen angegeben. (Ich werde im Kapitel 5 genauer auf dieses Raster eingehen). Dieser Aspekt ist eine der besonderen Aspekte von Wilbers Arbeit und für jeden Ansatz integraler Spiritualität, also auch für unser integrales Tantra, von spezieller Bedeutung.

Prä/Trans-Verwechslung

Eine besonders wichtige Unterscheidung, die ich in dem Zusammenhang der Integralen Psychologie noch erwähnen möchte, ist die sogenannte Prä/Trans-Verwechslung. Darunter versteht Ken Wilber die Verwechslung fortgeschrittener Stufen oder Zustände der persönlichen oder spirituellen Entwicklung mit prämodernen Stufen oder Zuständen, die am Anfang einer solchen Entwicklung stehen. Ein klassisches Beispiel aus der Spiritualität ist Verwechslung der mystischen, transpersonalen Erfahrung, der eine langwährende Selbstentwicklung vorausgeht, mit den präpersonalen Erfahrungen etwa eines Kleinkindes, bevor es überhaupt so etwas wie eine Persönlichkeit und ein Selbst entwickelt hat. Eine weitere Prä/Trans-Ver-

7. Vgl, Combs, Allan, *Die Psychologie des menschlichen Bewusstseins,* 2011.

wechslung findet man bei der grünen, postmodernen „Zurück-zur-Natur"-Haltung, bei der die Lebensweise von Stammesvölkern idealisiert wird, ohne die damit einhergehenden Nachteile einer solchen Lebensweise mitzubedenken, wie z.B. kurze Lebenserwartung, angstvolle Tabus, blutige Kämpfe und wenig ausgeprägte Individualität. Folgt man Wilber, so war etwa Sigmund Freud ein Reduktionist, weil er alle psychischen Regungen auf präpersonale Kindheitserfahrungen zurückführte, C. G. Jung dagegen ein Elevationist, weil er jede Regung als transpersonale Erfahrungen deutete – beide verfielen laut Wilber der Prä/Trans-Verwechslung. Mit anderen Worten: Die transrationalen Ebenen stehen nur Menschen offen, die schon einen langen Weg hinter sich haben und schon hohe, von wenigen erklommene, Stufen erreicht haben; prä-rational ist hingegen eine Regression in schon überwundene Stufen aus magisch-animistischem Denken. Die Ablehnung der höheren Entwicklungsstufen durch die grünen Postmodernen führt nur allzu oft zu einer Regression ins Prärationale, und das betrifft laut Wilber etwa 90% der New-Age-Bewegung. Das wird uns bei unseren Analysen noch beschäftigen, denn auch Tantra ist keineswegs frei von prärationalen Elementen.

Fazit

Das integrale Modell[8] bildet mit seinen vielfältigen Beschreibungsmöglichkeiten (Ebenen, Linien, Typen etc.) einen allgemeinen Rahmen unseres menschlichen Wissens und unserer Erkenntnismöglichkeiten. Es wird uns bei dem Versuch, Tantra ins 21. Jahrhundert zu überführen, eine erstklassige Landkarte für die Hindernisse, Stolpersteine, aber auch Möglichkeiten und Potenziale bieten, wenn wir Tantra heute in seiner ganzen Komplexität bewerten und praktizieren wollen. Konkret auf dieses Modell bezogen, soll die Praxis des integralen Tantra ein ganzheitlicher Weg sein, erstens eine vertikale Entwicklung zu ermöglichen, in der Regel von Grün zu Gelb. Sie soll zweitens die horizontale Entwicklung der Zustände fördern und den Zugang zum Nichtdualen mehr und mehr freilegen. Und sie soll drittens die Schatten erlösen, die Teil unseres psychischen Systems sind und die uns an der Entfaltung unserer Potenziale hindern. Damit beende ich die knappe Vorstellung der integralen Theorie[9] und wende mich der tantrischen Tradition zu.

---

8. Eine genaue, umfassende und praxisnahe Beschreibung, von AQAL für alle, die ein wenig tiefer einsteigen wollen, liefert Sean Esbjörn-Hargens in einem Essay, das im Internet als PDF zu finden ist: http://bit.ly/i2uKK5 (2011).

9. Wer sich tiefer mit der Materie beschäftigen will, dem kann ich folgende Bücher empfehlen: Habecker, Michael; *Ken Wilber – die integrale (R)Evolution*, Frankfurt 2007; McIntosh, Steve; *Integrales Bewusstsein*, Hamburg 2009; sämtliche Bücher von Ken Wilber, insbesondere *Integrale Psychologie*, 2001; *Integrale Spiritualität*, 2007, sowie *Eros, Kosmos, Logos*, 1996.

3. Geschichte des Tantra

Die heute unter Tantra zusammengefassten Strömungen lassen sich historisch bis etwa zum Jahr 200 n. Chr. zurückverfolgen, als besonders experimentierfreudige Yogis und spirituelle Asketen ihre Methoden erweiterten und sich dabei von Zauberern der Naturvölker und von Schamanen aus den indischen Grenzregionen inspirieren ließen.

Tantra hat viele Wurzeln, die im vor-vedischen Indien ebenso wie in den Vedas, im Schamanismus der Himalaya-Völker und den heidnischen Praktiken der Ureinwohner, in buddhistischen Lehrkonzepten, persischem Gnostizismus und chinesischer Magie zu finden sind. Der Religionswissenschaftler David White hat in dem letzten Jahrzehnt überzeugend dargelegt, dass einige der bedeutendsten Wurzeln des Tantra in der magischen Praxis der *Kaulas* des 8. und 9. Jahrhundert zu finden sind. Die Praxis der Kaulas war im Kern magisch, diente nicht der harmonischen Beziehung der Geschlechter und auch nicht der Selbsttranszendenz, sondern der Erlangung von Macht, langem Leben, Reichtum, sowie der magischen Fähigkeiten, zu fliegen, Armeen zu besiegen und junge Frauen anzuziehen. Die Kaulas waren in diesen Fähigkeiten hochgradig spezialisiert und boten ihre Dienste gern Königen und Fürsten an, unter deren Schutz sie standen. Im Kern ging es darum, sich durch geeignete Opferpraxis die Kräfte gefährlicher und feindseliger weiblicher Göttinnen und Halbgöttinnen anzueignen. Während der normale Mensch (*pashu*) solchen Göttinnen hauptsächlich als Opfer dient, ist der tantrische Adept durch seine Initiation und Praxis in der Lage, ihnen als „männlicher Held“ (*vira*) entgegenzutreten und mit ihnen sexuell zu verkehren.

Rituelle Sexualität spielte in dieser okkulten Tradition insofern eine zentrale Rolle, als die Sexualessenzen wie Sperma und Menstruationsblut als magisch-alchimistische Substanzen angesehen wurden, die die Initiation in eine Clan-Tradition, in die tantrische Gemeinschaft und in Geheimwissen markierten. Diese Rituale gewannen ihre Kraft durch das Brechen vielerlei Tabus der damals herrschenden Kultur. Sie waren nur für einen kleinen Teil der Praktizierenden bestimmt; der weitaus größere folgte einer Art Volksfrömmigkeit, in der die Göttinnen durch Opfer und Gaben besänftigt werden sollten.[10]

In den darauffolgenden Jahrhunderten gab es viele Bestrebungen, dieses radikale Tantra stärker im Einklang mit den anderen mystischen Strömungen in Indien zu bringen. So entstand etwa im 10. und 11. Jahrhundert

10. White (2003) S. 79ff.

in Kaschmir die *Trika*-Tradition, die verschiedene Bestandteile des Rituals von Außen nach Innen verlagerte, und der es nun eher um Erkenntnis und Befreiung ging. Die Sexualflüssigkeit wurde nun symbolisch interpretiert, Sex wurde zum Symbol der Vereinigung der Gegensätze, Götter und Mandalas wurden verinnerlicht und im Körper entfaltet. Konzepte wie Chakras und Kundalini, in der Frühphase noch von untergeordneter Bedeutung, erlangten größere Wichtigkeit.

Die Invasion der Moslems in Nordindien ab dem 11. Jh. hatte für die meisten tantrischen Schulen verheerende Folgen und führte zu ihrer Vernichtung oder in den Rückzug. In der späteren Phase, ab dem 15. Jahrhundert, gab es dann eine Tendenz zur Verschmelzung mit den orthodoxen Formen und herrschenden religiösen Vorstellungen. So entstand das sogenannte rechtshändige Tantra und Hatha-Yoga, in dem sexuelle Enthaltsamkeit zur Norm wurde. Das buddhistische Tantra wurde gar zum Kern einer von Mönchen geprägten Staatsreligion.

Bezüge zu anderen indischen Philosophien

Das spirituelle Klima Indiens war lange Jahrhunderte von den heiligen Schriften der arischen Einwanderer, den Veden, geprägt worden. Diese sahen die Trennung der Menschen in Kasten vor: Die Brahmanen hatten dabei als Priesterkaste die meiste Macht. Die wichtigste religiöse Handlung der Veden war das Opfer. Opfer wurden zu nahezu allen Gelegenheiten durchgeführt und stellten die wichtigste Einnahmequelle der Brahmanen dar. Die Opfer wurden als eine Art Tauschgeschäft mit den Göttern verstanden, um sie milde zu stimmen und ihren Segen für weltliche Unternehmungen einzuholen.

Im vedischen Klima entwickelte sich über die Jahrhunderte eine kreative und vielfältige spirituelle Kultur. Sie gipfelte in der Literatur der sogenannten *Upanishaden,* deren Denken für das indische religiöse Leben von enormer Bedeutung wurde. Während sie einerseits immer ihre Einheit mit den Veden betonten, reduzierten sie andererseits die Bedeutung der persönlichen Götter, Riten und Opfer und schafften Raum für eine philosophische Spiritualität, die zu vielen Systemen und Ideen führte. Die Wichtigsten davon waren:

1. Die dualistische Lehre des *Samkhya,* derzufolge die Welt aus dem Gegensatz von Geist (*purusha*) und Materie (*prakriti*) besteht. Hier kommt es darauf an, sich von den Fängen der Prakriti zu befreien und reiner Geist zu werden. In den großen dualistischen Systemen Indiens wie dem Raja-Yoga des Patanjali oder dem *Samkhya* ist das Ziel des geistigen Strebens, der materiellen Welt, die keine wirkliche Realität besitzt, zu entkommen und in das rein

geistige Reich zu gelangen, das unsere wahre Essenz darstellt. Eine ähnliche weltflüchtende Perspektive finden wir in den frühen buddhistischen[11] Lehren. Eine auch für Tantra wichtige Unterscheidung, nämlich dasS alle Phänomene aus den drei *gunas* zusammengesetzt sind, die man als „Qualitäten" übersetzen kann, stammt aus der Samkhya-Tradition. Im Einzelnen sind das *tamas* (Dunkelheit, Trägheit und Verwirrung), *rajas* (Leidenschaft, Bewegung, Energie) und *sattva* (Klarheit, Güte und Harmonie). Es ist dabei das Streben vieler Yoga-Wege, sattva zu mehren und vor allem tamas gering zu halten. Auch im integralen Tantra wird das eine gewisse Rolle spielen.

2. Die letztlich einflussreichste indische Schule des *Advaita-Vedanta,* die die Idee aus den Upanishaden, dass es keinen substanziellen Unterschied zwischen *atman,* der individuellen Einzelseele und *brahman,* der Weltseele, gibt, konsequent weiterverfolgte. Ihr Meisterdenker Shankara kam in seinen Schriften zu der Erkenntnis, dass Dualität nur eine Folge von Unwissenheit sei, die man durch Entsagung von weltlichen Wünschen und kontemplativeS Denken überwinden kann. Das reine Sein, das Brahman, ist ohne Form und Attribute. Seine Erkenntnis führt zur Befreiung von der Anhaftung an eine illusionäre Welt.[12] Die phänomenale Welt ist für den Vedanta nur Werk der Täuschungskraft, *maya* genannt. „Richtige Unterscheidung lässt uns das wahre Wesen eines Seils erkennen und vertreibt die quälende Angst, die unsere irrtümliche Annahme, es sei eine Schlange, hervorruft" sagt Shankara.

3. Eine andere wichtige Philosophie, die auf dem Nährboden der Upanishaden entstanden war, ist der Buddhismus. Sein Begründer Gautama Buddha entwarf seine Lehre als eine Methode, sich von Leiden zu befreien. Buddha ist der Ansicht, dass es keinerlei feste Substanz gibt und alles ein ständiges Werden sei. Wer dies erkannt hat, kann sich durch konsequentes Üben sowohl von Begehren als auch von Ablehnung befreien. Zur Erkenntnis dieser Weisheit kommt man durch Befolgen eines genau beschriebenen, mild asketischen Pfades.

Der spätere *Mahayana*-Buddhismus führt Buddhas Idee der „Leerheit" (*shunyata*) als zentralen Begriff ein und kommt zur Erkenntnis, dass *samsara,* die irdische Welt des Leidens und nirvana, die jenseitige Befreiung und Auslöschung allen Leidens, von identischer Art sind – man beachte die Parallelen zum Advaita Vedanta! Hier taucht zum ersten Mal die Gleichung

---

11. Im *Hinayana*-Buddhismus werden die relative Ebene des *Samsara* und die absolute Ebene des *Nirvana* unterschieden, zwei getrennte Welten, zwischen denen kein Zusammenhang besteht. Durch einen existentiellen Sprung ist es möglich, aus dem Kreislauf von Karma und Wiedergeburt, wie sie dem Samsara zu eigen ist, auf die Ebene des Nirvana zu gelangen und da die Befreiung zu finden.

12. Hier *moksha* genannt, andere Begriffe sind *samadhi* oder *samarasa.* Ich versuche auf den Begriff ‚Erleuchtung' zu verzichten, weil er mir zu unspezifisch erscheint.

samsara = nirvana auf, die die Identität der phänomenalen und der absoluten Welt bezeugt. Diese Formel ist auch für die ganze tantrische Tradition bedeutend und entscheidend.

Eine Konsequenz aus den nichtdualen Lehren des Vedanta und Mahayana war nun allerdings: Wenn die phänomenale und absolute Welt miteinander identisch sind, was ist dann mit den bisher als unrein betrachteten Dingen? Was ist mit der Sexualität, und was mit dem menschlichen Körper?[13] Die tantrischen Schulen schickten sich an, diesen Freiraum, der philosophisch geschaffen war, mit Theorie und Praxis zu füllen. Die philosophische Synthese aus den frühen tantrischen Kaula-Lehren und den nichtdualen Einsichten aus Vedanta und Mahayana gelang dem bedeutenden tantrischen kaschmirischen Mystiker Abhinavagupta (ca. 950- 1020), der das gesamte Wissen seiner Zeit systematisierte und das *Trika*-System begründete. Das Ziel der spirituellen Praxis wäre infolge dieser nichtdualen Lehren plötzlich nicht mehr, die Welt aufzugeben und seine Lebensimpulse abzutöten, sondern diese niederen Realitäten in einer höheren Zusammenschau zu integrieren und aufgehen zu lassen, ohne das weltliche Leben zu flüchten.

Tantra und andere Yoga-Wege

Die Hindus fassen die Welt nicht etwa als Kampf zwischen Gut und Böse oder zwischen Tugend und Sünde auf. Ihre Hauptachse ist die zwischen dem hellen Bewusstsein und der Blendkraft der Maya, der Täuschung des Unterbewusstseins. Objektiv ist Maya zwar die Kraft, die das Bewusstsein verdunkelt - bei tieferem Hinschauen entspringt sie jedoch auch der Macht des Bewusstseins.

Das spirituelle indische Streben ist, sich heldenhaft aus dem Netz der Täuschung zu befreien und aus einem vergänglichen, unbeständigen und oft leid- und angstvollen Daseinszustand in ein befreites, zeitloses Sein zu gelangen. Es wird nicht auf Gnade von außen gehofft, sondern man wird aktiv tätig und kämpft sich frei. Wenn Götter um Beistand gebeten werden, so nur, um die eigenen Bemühungen zu unterstützen, zu stärken oder zu segnen. Daher gibt es in den meisten indischen Kulten keine Erlösergestalt, die von außen kommt, sondern die Notwendigkeit von Erkenntnis der wahren Natur, von Übung und Initiation. Gott muss in diesem langsamen mühevollen Aufstieg im Menschen entwickelt, wachgerufen werden.[14]

Der innere Weg dieser Befreiung wird mit Yoga bezeichnet. So unterscheidet der Hinduismus mehrere klassische Yoga-Formen, je nachdem, welche

13. Jan Fries weist auf die enorme Körperfeindlichkeit der indischen Spirituellen zu jener Zeit hin, s. Fries (2010), S. 76f.
14. Tucci (1989), S. 19f.

Methode genutzt wird, um die Befreiung zu erzielen. Die Hauptrichtungen sind *Jnana-Yoga* (der Pfad der Erkenntnis), *Bhakti-Yoga* (der Pfad der Gottesliebe), *Karma-Yoga* (Pfad des selbstlosen Handelns) und *Raja-Yoga* (der Weg der Meditation). Tantra könnte man auch als etwas unorthodoxen Yoga-Weg verstehen - als Pfad der Energieerweckung. Mit diesen unterschiedlichen Formen des Yoga hat das Tantra nun einiges gemeinsam und lässt sich etwas genauer bestimmen.

Mit dem *Jnana-Yoga,* dem Yoga der Erkenntnis, wie ihn Shankara beispielhaft durchschritt, teilt Tantra das große Interesse an Bewusstsein und Kontemplation. Ein fundamentaler Unterschied zum Tantra ist jedoch die Tendenz beim Jnana-Yoga, der Welt der Sinne streng zu entsagen. Wie auch das Jnana Yoga hat das Tantra eine komplexe Metaphysik und Philosophie, die den Hintergrund der Tantrapraxis bildet.

Zur selben Zeit, wie sich die tantrischen Schulen über den indischen Subkontinent ausbreiteten, entwickelten sich auch die Schulen des *Bhakti-Yoga,* in denen es um Hingabe an das Absolute in Form eines personifizierten Gottes ging. Diese folgten aber eher einer dualistischen Sichtweise. Man soll nicht eins mit der Gottheit werden, sondern als Anbeter, Diener oder Freund streben, IHM oder IHR nahe zu sein. Dennoch gibt es auch Gemeinsamkeiten zwischen Bhakti-Yoga und Tantra, auf die wir noch öfters zurückkommen: Tantra-Praxis der unteren Stufen ist auch Verehrung der Gottheit und von Bhakti kaum zu unterscheiden. Beide Traditionen setzen stark aufs (religiöse) Gefühl und die tatsächliche Praxis der liebenden Hingabe an Gott.

Der dritte klassische Yoga des Hinduismus ist der *Karma-Yoga.* Die grundlegende Idee des Karma-Yogas liegt in dem Versuch, selbstlos zu handeln, ohne sich an die Folgen der Handlung zu binden. Es ist somit ein Versuch, die Dualität von Handeln und Nichthandeln zu überwinden. Auch im Tantra ist dieser Aspekt von hoher Bedeutung, etwa beim Bestreben, sich an die sexuelle Energie nicht zu binden, während man sie erzeugt und lebt. Gemeinsam ist den beiden Wegen, dass sie das Tätigsein stärker betonen als Philosophie und Kontemplation.

Der *Raja-Yoga* ist der systematische Weg der Meditation, wie er in den klassischen Yoga-Sutras des indischen Sehers Patanjali beschrieben wurde. Viele tantrische Schriften beziehen sich auf die Yoga-Sutras, versuchen diese aber umzuinterpretieren: Die hohen Stufen des *Samadhi* etwa werden im Tantra eher mit den Begriffen der Kundalini-Energie beschrieben. Wie im Raja-Yoga spielt der Aspekt der Konzentration eine wichtige Rolle.

Der heute im Westen bekannteste Yoga-Weg ist sicherlich der *Hatha-Yoga,* der Yoga der Körpermeisterung. Dieser entstand erst später, ca. 1000 u. Z., und ist ein Zweig der tantrischen Tradition. Ich werde am Ende dieses Kapitels ausführlicher drauf eingehen.

Zusammenfassend kann man sagen: Tantra ist eine große Synthese zwischen verschiedenen indischen Denkschulen. Es vereinigt den Monismus des Advaita mit dem Dualismus des Samkhya. Es hat eine vermittelnde Stellung zwischen dem Jnana-Yoga der Erkenntnis und dem emotionalen Verehrungsweg des Bhakti, und integriert das männlich-transzendente Prinzip mit dem weiblichen Pol von Materie und Energie.[15]

Formen des Tantra

Hinduistisches und buddhistisches Tantra

Wie schon erwähnt, hat sich sowohl im Hinduismus als auch im Buddhismus über die Jahrhunderte eine vielseitige tantrische Tradition entwickelt. Für die Gelehrten ist es eine komplizierte Frage, ob das ursprüngliche Tantra hinduistisch oder buddhistisch war. Die Fakten: Viele Elemente des Tantra (wie Visualisation vielarmiger Gottheiten, Mantra-Rezitation, prächtige Rituale, sinnliche Elemente, Körperarbeit) sind dem Buddhismus eher fremd, fügen sich hingegen gut in die hinduistische Tradition ein. Andererseits sind die ältesten überlieferten Schriften allesamt buddhistisch. Zeitweise lebten die buddhistischen und hinduistischen *Siddhas*[16] sogar in denselben Gemeinschaften und erkannten sich gegenseitig an.

Danach trennten sich aber die Wege: Während das hinduistische Tantra auf Indien beschränkt blieb und dort ab dem 13. Jahrhundert immer mehr den Rückzug antrat, breitete sich die buddhistische Variante in Richtung Tibet, Nepal, Sikkim und Ladakh aus und ist dort heute der esoterische Kern einer Staatsreligion geworden. Durch tibetische Lehrer ist das buddhistische Tantra in den Westen getragen worden; wenn auch die Hürden für eine Initiation sehr hoch sind, haben doch in den letzten Jahren Tausende von Westlern eine Spielart des authentischen Tantra kennengelernt, am meisten durch die *Kalachakra*-Einweihungen des Dalai Lama. Die Systeme des buddhistischen Tantra und des Hindu-Tantra unterscheiden sich in der Theorie mehr als in der Praxis. Aus Sicht der Hindu-Tantriker ist das physische Universum zwar real, die Menschen nehmen es aber aufgrund der Filtereigenschaften des Geistes auf verzerrte Weise wahr. Statt der ursprünglichen Einheit sehen wir eine Zersplitterung in tausend Dinge. Tantra ist ein Weg, wieder zur Wahrnehmung der ursprünglichen Einheit zu gelangen.

Aus Sicht des buddhistischen Tantrikers sind die Dinge leer und bedingt entstanden, somit eigentlich substanzlos, jedoch erscheinen sie in der rela-

---

15. Reinelt (2006), S. 30 ff.

16. „Zauberer", einer, der *siddhi*, magische Kräfte, und hohe Verwirklichungsstufen erreicht hat, Bezeichnung eines tantrischen Verwirklichten.

tiven Welt als real. Geht es im Hinduismus um die Verwirklichung des Selbst, so ist im Buddhismus das Realisieren der Leerheit oder des Nicht-Selbst das Ziel der Praxis. Möglicherweise handelt es sich bei der tieferen Erkenntnis von Selbst oder Nicht-Selbst jedoch nur um unterschiedliche Aspekte desselben freien, nichtdualen Zustands des Eins-Seins, meint der französische Lehrer des Kaschmir-Shivaismus Daniel Odier, der auch dem tibetischen Buddhismus nahe steht.[17]

Ein weiterer Unterschied betrifft die Polaritäten von männlich und weiblich: Während im Hinduismus das männliche Prinzip die passive und kontemplative Polarität verkörpert (*Shiva*) und das weibliche die aktive und dynamische (*Shakti*), ist es im buddhistischen Tantra umgekehrt.[18] Das männliche Prinzip ist hier die dynamische Methode (*upaya*), das weibliche die kontemplative Weisheit (*prajna*).[19] Beide Schulen betonen jedoch das Prinzip der Dualität in der Nichtdualität und sehen in der Vereinigung von beiden die Vollkommenheit.

Verschiedene tantrische Schulen

Im buddhistischen Tantra haben sich im Laufe der Jahrhunderte mehrere Schulen herausgebildet, die die Schriften unterschiedlich interpretieren und deren Weltsicht, Lehrstil und konkrete Praxis sich etwas unterscheidet. Die wichtigsten Linien sind hier die alte (weil früher gegründete) *Nyingma*-Schule, der *Kagyü*-Orden und die etwas mehr zum Mönchtum tendierenden *Gelugs*, die mit dem Dalai-Lama auch das Oberhaupt der tibetischen Buddhisten stellen. Neben dem Mönchsgelübde bieten alle Linien auch die Möglichkeit, als weltlicher Yogi zu praktizieren und hohe Weihen zu erreichen.

Tantrische Schulen und Schriften des Hinduismus werden (in drei Gruppen) aufgrund der jeweils verehrten Hauptgottheit (*ishta-devata*) Shakti, Shiva oder Vishnu eingeteilt: in *Shakta-*, *Shiva-* und *Vaishnava*-Tantras. In diesen Gruppen haben sich im Laufe der Jahrhunderte zwei tantrische Strömungen herausgebildet:

---

17. Odier (1997), S. 112.
18. Im tantrischen Buddhismus gibt es den Begriff der Shakti nicht. Die Idee eines dynamischen und vitalen Weiblichen hat aber durch die Figuren der *Dakinis* auch hier einen Raum erhalten. Es gibt hier zwei Typen von Göttinnen, dynamische Feuergöttinnen wie z.B. *Vajravarahi*, aber auch Göttinnen, die die reine statische *Yum* verkörpern und eindeutig dem Weisheitsaspekt zuzuordnen sind, wie Prajnaparamita (Bharati 1977, S. 166 ff.).
19. Es scheint also willkürlich zu sein, welchem Geschlecht man welchen Pol zuordnet, meint der in Fachkreisen hoch geschätzte Agehananda Bharati, und dass dies an regionalen oder historischen Besonderheiten liegen könne (Bharati 1977 S.163).

1. der „gefährliche, aber schnelle“ Weg des *vamachara*, der ‚Weg der linken Hand‘, der sich sexueller Praxis und radikalen Ritualen hingibt. In Indien wird die linke Hand mit Unreinheit und Unglück, die rechte Hand hingegen mit Reinheit und Segen assoziiert. So ist der traditionelle Begriff *vamamarga* oder *vamachara* bei den meisten Indern negativ als irgendwas Sinistres, Zwielichtiges konnotiert. Für die Anhänger dieser Schulen ist die Bedeutung jedoch positiv, weil sie entdeckt haben, wie sehr die dunklen Schattenaspekte unsere Existenz bestimmen.

2. der *dakshinachara* oder ‚Weg der rechten Hand‘, der mit strenger spiritueller Disziplin die absolute Hingabe an die göttliche Mutter in ihren mannigfachen Formen fordert. Die Unterscheidung scheint aus der Shakta-Tradition zu stammen, mittlerweile gilt sie für alle Richtungen.[20] Das rechtshändige Tantra, das provokante, die moralischen Konventionen außer Acht lassende Rituale weglässt, scheint dabei eine spätere Entwicklung zu sein, die drauf hinweist, dass sich Tantra dem konservativen Hinduismus mehr und mehr angepasst hat.

Tantra und Hatha-Yoga

Die Entwicklung des Hatha-Yoga scheint im Zusammenhang mit dem rechtshändigen Trend im Tantra zu stehen. Weil er eine Rückkehr zur sexuellen Askese bedeutete, ließ er sich mit dem indischen Establishment viel leichter vereinbaren als die wilde und unangepasste linkshändige Tradition.

Aus dem Tantra entwickelte sich im Zuge einer Reform der Hatha-Yoga, der ‚Yoga der Kraft‘ bzw. der ‚Yoga von Sonne und Mond‘. Die Entwicklung des Hatha-Yoga hängt eng mit der Person des Gorakhnath zusammen, der als halbmythologische Gestalt im 11. Jahrhundert gelebt haben soll und dessen Guru Matsyendranath der tantrischen Kaula-Tradition entstammt. So könnte man Hatha-Yoga als die letzte Blüte am Baum des klassischen Tantra bezeichnen.

Gorakhnath und seine Anhänger sahen sich als Neuerer, die die ihrer Ansicht nach rituell und religiös überladene Tantra-Tradition entschlacken und aufs Wesentliche reduzieren wollten: die Arbeit mit dem Körper und die möglichst schnelle und effiziente Kundalini-Erweckung. Für diese bräuchte es keiner übermäßigen religiösen Rituale. Außerdem sei die zu große Frauenverehrung auch unnötig.[21]

---

20. Die im Westen mittlerweile populäre Differenzierung zwischen weißem (meditativem), rotem (sexuellem) und schwarzem (schwarzmagischem) Tantra ist unhistorisch und geht offenbar auf den Sikh-Lehrer des 20. Jahrhunderts, Yogi Bhajan zurück.
21. Jyotishman Dam (1998), S.93ff.

Der menschliche Körper erreicht im Tantra und im Hatha-Yoga eine im indischen Denken einzigartige Bedeutung. Eine gemeinsame Idee der beiden Ansätze ist, den eigenen Körper als heiliges Gelände des Göttlichen zu betrachten und zu verehren. Der Tempel des Körpers sollte rein, gesund und harmonisch gehalten werden.[22]

Hatha-Yoga konnte sich im Gegensatz zum linkshändigen Tantra gut mit dem konservativen Hinduismus arrangieren. De facto bildet der Hatha-Yoga die in Indien nachhaltig erfolgreichste tantrische Lehre. Diese Zusammenhänge werden jedoch von heute lebenden Hatha-Yogis immer wieder infrage gestellt. In der neo-hinduistischen Synthese, für die etwa der im 20. Jahrhundert lebende Yogameister Swami Shivananda steht, spielt der Hatha-Yoga eine wichtige Rolle, während linkshändige Tantra-Praxis unter den Bannstrahl fällt. In den letzten Jahrzehnten verbreitete sich Hatha-Yoga in alle Teile der Welt und feiert dort große Erfolge als Gesundheits- und Wellness-Praxis, oft unter Preisgabe seiner ursprünglichen spirituell-transformativen Zielsetzung: der Erweckung der Kundalini.

---

22. Douglas/Slinger (1999), S. 26 ff.

4. Metaphysik des traditionellen Tantra

Als Nächstes werde ich versuchen, den philosophischen Hintergrund der Tantra-Schriften etwas aufzuhellen. Dieses Unterfangen ist recht anspruchsvoll, da die Tantras zum einen sehr eng mit der sonstigen indischen Geisteswelt verbunden sind, und zum anderen da die unterschiedlichen Tantra-Systeme zum Teil erheblich voneinander abweichen. Mithilfe der integralen Theorie werde ich die tantrische Lehre an mehreren Punkten hinterfragen, in denen sie Behauptungen aufstellt, die aus heutiger Sicht schwer zu begründen sind, und ihnen eine integrale Position entgegensetzen.

Tantra definieren

Wenn man versucht, Tantra zu definieren, stößt man auf die Schwierigkeit, dass es so etwas wie Tantra als Sammelbegriff in Indien nie in dieser Weise gegeben hat, wie wir es uns heute im Westen vorstellen. Die Praktizierenden nannten sich selbst nicht Tantriker, sondern etwa *Kaulas, Shaktas* oder *Nath.* Die Zusammenfassung verschiedener Schulen unter den Begriff ‚Tantrismus' (das Wort stammt von englischen Historikern) ist ein Versuch, verschiedene magisch-spirituelle Schulen und Sekten in Indien unter einen Hut zu bekommen, die sich in einem gewissen Widerspruch zur etablierten Religion befanden.

Der Tantra-Experte Andre Padoux definiert Tantra daher ganz allgemein als „ein Streben, das Verlangen in den Dienst der Befreiung zu stellen. Alle Aspekte des Weltlichen und das Verlangen werden genutzt, um weltliche und geistige Freuden und Kräfte sowie die Befreiung in diesem Leben zu erreichen. Dieses Streben schließt eine bestimmte Haltung des Adepten gegenüber dem Kosmos ein, in der er sich in einer magischen Einheit mit allem erfährt."[23] Für den deutschen Indologen Glasenapp ist Tantra schlicht: „eine universale Weltanschauung sakraler Magie."[24]

Ich möchte Tantra in diesem Buch als eine spirituelle Lebenspraxis definieren, die alle Bereiche unseres Alltags mit der klaren Zielstellung durchdringt, sich weiterzuentwickeln und zu befreien. Zu diesem Zweck ist es nützlich, kurz einen Blick auf die Ziele des Tantra zu werfen.

---

23. White (2003), S. 15.
24. Hennigs (2005), S. 12.

Ziele der Tantra-Praxis

Während in der frühen Tantra-Phase (bis zum 9. Jahrhundert) oft magische Ziele im Vordergrund standen wie Unsterblichkeit, erotische Anziehungskraft und Herrschaft über Feinde, scheint im klassischen Tantra ab dem 10. Jahrhundert das Ziel der Bestrebungen immer die vollständige Erleuchtung gewesen zu sein.[25] Tantra gilt als effektiver Weg zur Erleuchtung, der jedoch nicht ganz frei von Gefahren ist. Doch was können wir unter Erleuchtung verstehen?

Die umfassendste Definition von Erleuchtung hat jüngst Ken Wilber vorgenommen, der sie definiert als „eins werden mit allen Zuständen und Stufen, die zu einem gegebenen Zeitpunkt existieren. Deshalb ist das Durchlaufen der Hauptbewusstseinszustände (grobstofflich, subtil, kausal, nichtdual) ein entscheidender Aspekt von ERLEUCHTUNG."[26] Der Religionswissenschaftler Hubert Pfau versucht das Ziel des Tantra poetisch zu beschreiben:

> *„Er hat die Einheit, die zwischen Mensch und Kosmos besteht, erkannt.*
> *Er hat den männlichen und weiblichen Aspekt der einen Wirklichkeit in sich vereint.*
> *Sein Bewusstsein erfährt keine von ihm getrennten Objekte mehr.*
> *Er erfährt sich in vollkommener Einheit mit anderen Menschen.*
> *Er hat Macht und Vollkommenheit in Bezug auf seinen Körper und auf übernatürliche Fähigkeiten erreicht.*
> *Er hat sich mit seiner Gottheit vereint oder ist zu ihr geworden.*
> *Er hat das höchste Prinzip verwirklicht, ist selbst zu diesem Prinzip geworden.*
> *Er muss nicht mehr wiedergeboren werden."*[27]

Eines der Ziele des Tantra ist insofern das Erreichen eines Zustands, der frei von Täuschung und Verhaftetsein ist: ein Leben in Seligkeit, Wahrheit und von leidenschaftlicher Souveränität angesichts der physischen Lebensereignisse. Dieser Zustand ist nicht gefühlsneutral, sondern positiv bis euphorisch, nicht vorübergehend, sondern dauerhaft. Der ganze Mensch soll zur Essenz des Absoluten werden, was bedeutet, in völliger Einheit mit der Welt zu sein und sich als das alles zu begreifen.

---

25. White (2003), S. 219 ff.
26. Wilber (2007) S. 164.
27. Pfau (2003) S. 29.

Zwischenziele: die Siddhis

Als indirektes Ergebnis der Tantra- und Yoga-Übungen können die sogenannten *Siddhis*, die übernatürlichen Kräfte, gelten. Beispiele für Siddhis wären da etwa: unsichtbar zu werden, alle Schriften gleichzeitig zu kennen, einen Brand durch bloßen Willen zu löschen oder komplett unwiderstehlich für das andere Geschlecht zu sein. Weil die Welt, in der wir leben, immer auch innerhalb unseres Geistes liegt, sind die Möglichkeiten, Welt zu verändern, indem wir uns selbst verändern, in der Tat enorm. Ich persönlich glaube zwar nicht, dass Menschen physikalische Gesetze außer Kraft treten lassen können, habe allerdings in meinem Leben auch schon einiges Wundersame erlebt.

Während nun andere Traditionen, etwa der Zen-Buddhismus, die *Siddhis* als Hindernisse auf dem Weg zu wahrer Befreiung begreifen, gibt es im Tantra ein gewisses Interesse an solchen ‚magischen' Qualitäten. Der Besitz solcher Fähigkeiten gilt hier als Zeichen, dass jemand die angestrebte Vollkommenheit tatsächlich erreicht hat.

In der indischen Volksgläubigkeit sind die Tantriker vor allem als Magier mit *Siddhis* bekannt, geachtet und oft auch gefürchtet. Tatsächlich stehen in den tantrischen, aber auch anderen yogischen Schriften neben sublimsten Weisheiten auch Anleitungen zur Zauberei. Aus integraler Sicht lässt sich sagen, dass mit zunehmender Meisterung der verschiedenen Ebenen und Zustände tatsächlich ein enormer Zuwachs an Kraft und Charisma einhergeht, der dann so aussehen kann wie Hellsichtigkeit, Hellfühligkeit und die Fähigkeit, zur richtigen Zeit am richtigen Ort zu sein.

Die Tantra-Schriften

Die anonym verfassten Tantra-Texte werden von ihren Anhängern als Offenbarungen der Gottheit angesehen, sei es nun (je nach Richtung) Shiva, Vishnu, die Göttin oder der Buddha. Sie werden von ihren Anhängern also nicht als menschliche Schöpfungen angesehen, sondern als verbindliche ‚Heilige Schriften'[28] und bilden zusammen mit den Kommentaren der tantrischen Meister die Grundlage des traditionellen Tantra.[29]

---

28. Für den traditionellen Hinduismus gelten Tantras als „nicht-verbindlich" bis ketzerisch.

29. Verwirrenderweise haben einige der Schriften das Wort Tantra nicht im Titel, sind aber dennoch tantrischer Herkunft. Dann gibt es wiederum hinduistische Schriften, die Tantra (im Sinne von Abhandlung) genannt werden, sich aber nicht mit tantrischem Inhalt beschäftigen, so z.B. das *Pancha*-Tantra, eine weitverbreitete Sammlung von Tierfabeln.

Wer als Uneingeweihter einen ursprünglichen Tantra-Text in die Hand bekommt[30], wird, wenn überhaupt, nur wenig verstehen. Die Texte sind esoterisch, symbolisch, mehrdeutig und voller Anspielungen und setzen ein Vorwissen voraus. So kann es zu solchen Anweisungen (aus einem Kommentar zum *Mahanirvana*-Tantra) kommen: „Wer sein Glied in den Schoß der Mutter einführt, die Brüste seiner Schwester presst, seinen Fuß auf den Kopf seines Gurus setzt, der wird nicht mehr wiedergeboren",[31] was tatsächlich soviel bedeutet wie: Wer sein betrachtendes Denken auf das Wurzel-Chakra richtet und die Energie zu Herz- und Kehl-Chakra leitet und schließlich das Gehirnzentrum erreicht, der hat den höchsten Geisteszustand verwirklicht. Die Mehrdeutigkeit ist in der Regel beabsichtigt, weil man den Text je nach Fortschrittsgrad auf unterschiedlichen Ebenen verstehen und umsetzen kann.

Weil Tantra als Einweihungswissen angesehen wird, soll es nicht nur aus Schriften gelernt werden. Um traditionelles Tantra zu praktizieren, bedarf es der Einweihung durch einen Lehrer, der aufgrund seiner Ausbildung in der Lage ist, die Schriften zu deuten und zu erklären. Er ergänzt das Wissen des Schülers durch die sogenannten Mund-zu-Ohr-Unterweisungen, die einfache und klare Instruktionen sind, welche Praxis nun auf welche Weise auszuüben ist.

Die Schriften der tantrischen Tradition enthalten spirituelle und psychoexperimentelle Praktiken und Yoga-Methoden zur Befreiung des Geistes, der Energieumwandlung und dem Erreichen übernatürlicher Fähigkeiten. Sie stellen auch mehr oder weniger esoterische und geheime Rituale vor. Ein großer Teil der Schriften widmet sich den je nach Schule und System unterschiedlichen Mantras.[32]

Ich begrüße sehr, dass immer mehr alte tantrische Texte in europäische Sprachen übersetzt werden; das hilft, die ihnen innewohnende Weisheit besser zu verstehen. In dem Zusammenhang sind tantrische Experten aufgerufen, zeitgemäße, ‚integrale' Kommentare und Interpretationen der alten Lehren für unsere Zeit zu entwickeln. Sie sollten auch den Mut haben zu tun, was im Fall der Bibel und der Veden schon getan wurde: Passagen, die nichts als mittelalterlicher Aberglaube sind, auch als solche zu benennen.

---

30. Eine Reihe hinduistischer und buddhistischer Tantras sind mittlerweile in westliche Sprachen übersetzt worden, meist ins Englische. Die meisten sind allerdings nur auf Sanskrit, Tibetisch, Chinesisch oder Japanisch erhältlich.

31. Bharati (1977) S.140 f.

32. Über die einzelnen Tantras, von denen ich hier auf buddhistischer Seite das Guhyasamaja-Tantra, das Hevajra-Tantra und das Kalachakra-Tantra erwähne, auf hinduistischer Seite das *Kulachudamani*-Tantra, das *Vijnana Bhairava* Tantra, das *Kularnava*-Tantra, das *Yoni*-Tantra und das *Mahanirvana*-Tantra, ließe sich vieles sagen, das den Inhalt dieses Buches aber sprengen würde.

Geheimhaltung

Im traditionellen Tantra ist die Geheimhaltungspraxis ein zentrales Element der Lehre. Das wird mit unterschiedlichen Argumenten begründet:

1. Die Lehren Menschen zu enthüllen, die nicht dazu reif sind, könnte sie verwirren und erschrecken.

2. Die Lehren Nicht-Initiierten zu enthüllen, würde sie zu Praktiken befähigen, zu denen sie nicht genug vorbereitet sind, und das könnte sie und andere gefährden. z.B. fortgeschrittene Kundalini-Yoga-Techniken ohne ausreichende körperliche Vorbereitung. Man lässt ja auch niemanden ohne Führerschein Auto fahren.

3. Machtvolle magische Techniken sollten nicht an „Power-Tripper" verliehen werden.

4. Die Kraft der Methode verliert sich, wenn wir sie diskutieren: Es gilt für alle magischen Praktiken, dass sie nur unter Geheimhaltungsbedingungen wirksam bleiben.

Diesen vier Punkten will ich entgegenhalten:

1. Dies sollte man wirklich beherzigen und sehr sorgsam und abgestuft auswählen, wem man welche Details erzählt. Wenn ich mit jemand über meine spirituelle Praxis spreche, sollte dies zu unser beider Nutzen sein. Ich kann den andern soweit informieren, wie ich nach bestem Wissen und Gewissen abschätzen kann, dass es für ihn Türen öffnet. Nennen wir das einmal das Prinzip der abgestuften Transparenz.

2. Auch hier sollte man Augenmaß bewahren: Im Zeitalter des Internets sind ohnehin fast alle relevanten Informationen zu erreichen, oftmals nicht aus sehr verantwortungsvoller Quelle. Analog zum Auto: Es passiert ja auch hie und da, dass wilde Jugendliche schwarzfahren, aber insgesamt sind die Voraussetzungen klar und allgemein bekannt, ohne dass am Autofahren irgendwas geheim wäre.

3. Ich denke, Power-Tripper interessieren sich heutzutage für Business und Börse und weniger für Dinge wie Kundalini-Yoga oder Tantra.[33] Deshalb kann man vertrauen, dass es sich hier meistens um Idealisten handelt, die sich schon ein wenig in einem ethischen Bereich aufhalten.

4. Dies erscheint mir wie ein veralteter Satz. Ich sehe mit Thomas Hübl, Jean Gebser und anderen eher ein Zeitalter der Transparenz nahen, in dem alle Techniken, seien es ökonomische, kulturelle, monetäre, sexuelle oder spirituelle, offen und zugänglich sind. Bei allen Risiken, die das mit sich bringt, kann ich im Kern auch eine positive Utopie erkennen.

---

33. Ein entlastender Gedanke, der auf Sukadev Bretz zurückgeht – danke!

Ich wünsche mir eine offenere Verbreitung tantrischer Geheimnisse und hoffe, dass sich das Ganze ausbalancieren wird. Ich denke, dass die wenigen schwarzen Schafe, die dann auf eigene Faust drauflos experimentieren, längst nicht so ins Gewicht fallen wie die unzähligen Fälle von Gewalt und Machtmissbrauch hinter den Türen irgendwelcher okkulter Logen und Geheimgesellschaften, seien sie nun tantrischer oder weltlicher Art.

Nichtsdestotrotz hat jeder Praktizierende des Tantra die Verpflichtung, seinen Weg anderen mit Augenmaß und Mitgefühl zu kommunizieren, um nicht auf falsche Weise zu verführen und auch keine negativen Reaktionen zu provozieren. Dies betrifft insbesondere die sexuellen und magischen Rituale, die nach außen hin schnell missverstanden werden können und auch vor unangemessener Profanisierung zu schützen sind.

Besonderheiten des tantrischen Wegs

Experimenteller Zugang

Wo ohnehin keine Trennung zwischen der relativen und absoluten Welt besteht, so die Tantriker, können auch unkonventionelle Wege beschritten werden, um das Ziel zu erreichen. So kennt das traditionelle Tantra eine ganze Reihe von Methoden, die bis dahin dem spirituellen Indien ziemlich fremd waren, z.B. die starke Verehrung des Weiblichen, die Betonung des physischen Körpers und die rituelle Sexualität. Bloße Philosophie, Spekulation und Gelehrsamkeit zählt im Tantra nichts; die Meister machen sich über pure Intellektuelle lustig. Tantra ist ein Weg der Tat. Die meisten Hindus gehen davon aus, dass wir jetzt in einem niederen Zeitalter, dem Kali-Yuga leben, in dem der Mensch nicht mehr die spirituelle Kraft besitzt, die Wahrheit direkt zu erfahren.[34] Er bedarf dafür anderer Methoden.

Während etwa der Bhakti-Weg die Wiederholung der Namen Gottes als geeignete Methode empfiehlt, betont Tantra eine andere Möglichkeit: Der Mensch muss da abgeholt werden, wo er steht, und von den Quellen seines Lebens ausgehen – daher der lebendige Ritus im Fleisch mit Herz und Sexualität.[35]

---

34. *Kali-Yuga,* auf Deutsch Zeitalter des Streites, ist die Bezeichnung für das Letzte von vier Zeitaltern, den so genannten *Yugas* in der hinduistischen Kosmologie. Es gilt als das Zeitalter des Verfalls und Verderbens. Die weiteren sind *Satya Yuga, Treta Yuga* and *Dvapara Yuga. Kali* bezeichnet beim Würfeln die Verliererseite mit einem Punkt und hat nichts, wie oft angenommen, mit der Göttin Kali zu tun, was auf Deutsch und Englisch gleich geschrieben wird, im Sanskrit aber verschieden.

Positive Einstellung zu Körper, Weltlichkeit und Sexualität

Die Haltung zum menschlichen Körper ist in der Regel positiv: Er soll gepflegt, gestärkt und gemeistert werden. In vielen Schriften wird auch die Sexualität positiv angesehen und in die Praxis miteinbezogen. Sexuelle Energie ist für die Tantriker eine wichtige Grundsubstanz, die weise genutzt werden soll, um den geistigen Prozess zu unterstützen.

Im Gegensatz zu den älteren Lehren ist diese Welt keine Stätte des Leidens, sondern ein Ort der sinnlichen Freude. Hält man das Bewusstsein aufrecht, dass alles ungeteilt ist, können die Freuden der Lust genossen werden.

Todes- und Schreckenssymbolik

Vor dem Hintergrund des nichtdualen Bewusstseins verlieren auch unangenehme Dinge wie Tod, Gewalt und Exkrement ihren Schrecken. Das ist der tiefere Hintergrund der oft morbiden Symbolik, die wir in der tantrischen Tradition finden.

So gilt es als erwiesen, dass viele tantrische Yogis sich mit einer gewissen Vorliebe auf Leichenverbrennungsstätten aufgehalten haben, um in dieser düster-gruseligen Atmosphäre jede Anhaftung an weltliche Projektionen radikal zu überwinden. Die angebeteten Gottheiten sind nicht selten von schrecklicher Gestalt und verkörpern die Schatten, Tiefendimensionen des Geistes und die Bedrohungen des Unterbewusstseins.[36] Sie sollen helfen, die Todesangst zu überwinden und zu rigoroser Praxis anleiten.

Die Praxis des Tantra soll den Adepten auf die Vorgänge beim Sterben hinführen und sie schon zu Lebzeiten vorwegnehmen. Ein erfahrener Tantriker hat die Angst vor dem Tod überwunden und strahlt das auch aus. Der Initiierte, der den Tod schon zu Lebzeiten durchlaufen hat, wird ein *jivanmukti*, ein außerhalb der Zeit Lebender, in der Welt, doch nicht von dieser Welt.

Polaritätssymbolik

Das Oberste Sein ist eine Nichtdualität, die aber nicht mitteilbar und fassbar ist. Das Absolute, die formlose Einheit, in shivaitischen Schulen auch

---

35. Die tantrische Praxis wird so als Selbstbehauptung im finsteren Zeitalter rechtfertigt. Einige Autoren wie Bharati stehen der Doktrin vom Kali-Yuga skeptisch gegenüber und halten sie für eine spätere Entwicklung, als die Tantriker immer mehr unter Druck kamen, ihre linkshändigen Praktiken zu rechtfertigen, weil damit die Überlegenheit vedischer, nicht-tantrischer Praktiken zwar als unzeitgemäß relativiert, aber dennoch grundsätzlich anerkannt wird.

36. Die Schrecken und Grausamkeiten werden in manchen Schriften zuweilen in explizitem Detail dargestellt, die einem Splatter-Film alle Ehre machen würden!

Paramashiva genannt, differenziert sich in einen Bewusstseinsaspekt, Shiva, und einen Energieaspekt, Shakti.[37] Dies ist eine Art Zweiheit und Nicht-Zweiheit zugleich, bezeichnet das Bewusstsein einerseits und den Gegenstand der Erkenntnis andererseits. Diese Polarität durchdringt alle Bewusstseinsebenen.[38] Im Erleben des Absoluten verschmelzen diese Pole wieder. Durch weitere Differenzierung erscheint *maya,* die Täuschung, unter deren Zauber wir Menschen stehen und an ein Gaukelbild glauben, dem wir verhaftet sind. In Wahrheit ist jedoch die ganze Welt der Sinneserfahrung Shiva-Shakti. Ziel des Tantra ist, diese integrale Ganzheit durch Meditation und Ritual zu verwirklichen; dies setzt große Freude frei, weil alles in der Welt sich freut, zum Ursprung zurückzukehren.

Shiva und Shakti werden in der tantrischen Lehre als vereintes Paar dargestellt, als zwei Seiten eines Wesens, die nicht zu trennen sind. Die Vereinigung von Shiva und Shakti steht für die Einheit und Ungeschiedenheit der Dinge, was die ganze Schöpfung durchdringt. Sexualität ist dafür eine viel benutzte Symbolik.[39]

Die Shakti verkörpert die ursprüngliche Energie. Die regelmäßige tantrische Praxis, die sogenannte *Sadhana,* ist stark auf die Erweckung und Erhöhung der Energie ausgerichtet:[40] Ein wesentliches Ziel der Praxis ist die Aktivierung der Kundalini, die nur eine andere Bezeichnung für das Wirken der kosmischen Shakti in unserem Körper ist.

Bedeutung des Weiblichen

Die Verehrung des Weiblichen ist ein zentrales Element des hinduistischen – und mit bestimmten Einschränkungen auch des buddhistischen – Tantra. Im Hindu-Tantra, vor allem in den Shakta-Traditionen, transzendiert das weibliche Prinzip das Männliche, obwohl mit ihm verbunden. Shakti ist dadurch mit allen Aspekten des Lebens ausgestattet: erzeugend wie auflösend, sinnlich wie erhaben, gütig wie schrecklich.[41]

In tantrischen Schriften wird immer wieder betont, dass jede Frau eine Verkörperung der Shakti ist, die man verehren soll und nicht beschimpfen oder schlagen darf. Sie ist nicht als Sexualobjekt, sondern als Göttin und Initiatorin zu betrachten und soll als solche geachtet, unbehelligt und frei sein.

---

37. Die Polarität Shiva-Shakti ist stark von der alten Lehre des Samkhya beeinflusst. Samkhya besagt, dass sich das Absolute in einen geistigen und einen materiellen Aspekt aufteilt. Der geistige ist männlicher Natur und wird Purusha genannt, der stofflich-energetische ist weiblicher Natur und heißt Prakriti.
38. Bharati (1977), S. 162 ff.
39. Mookerjee/Khanna (1990), S.104 f.
40. Iris Martina Kovic, Vortrag im Komaja-Sommercamp 2007.
41. Mookerjee/Khanna (1990) S. 97f.

Diese Passagen scheinen darauf hinzuweisen, dass sich Tantra in der Tat unter dem Einfluss alter matriarchaler Kulte entwickelt hatte, die in den indischen Randregionen überlebt hatten.

Im Kontext der patriarchalen Kultur, in der sich diese Lehre entfalten konnte, ist dies zwar revolutionär, es sollte uns allerdings nicht die Augen davor verschließen, dass auch im Tantra der größte Teil der religiösen Aktivitäten Männern vorbehalten war. Zumindest sind die meisten Tantras aus männlicher Perspektive geschrieben, wie die tantrischen Sadhanas fast immer für Männer konzipiert wurden. Als Mann das weibliche Universum im Inneren zu realisieren, ist Teil des tantrischen Pfades.[42] Die Frau erscheint in weiten Teilen des historischen Tantra als Lusthelferin oder Projektionsfläche für den Mann. Sie wird in den Weg mit einbezogen, scheint aber am Prozess nur sekundär teilzuhaben. Sadhanas speziell für die Frau sind nicht oder nur rudimentär überliefert – die reale weibliche Perspektive wird gar nicht oder nur stark reduziert wahrgenommen.

Manche Autoren haben sich zu Recht kritisch mit der Frage beschäftigt, ob Tantra wirklich so frauenverherrlichend war und ist. In der modernen Tantra-Rezeption gibt es z.B. eine Kontroverse über die Bedeutung der Frau im buddhistischen Tantra, an der sich die Geister scheiden. Während Miranda Shaw versucht nachzuweisen, dass Tantra ein Weg ist, in dem die Frauenverehrung zentral ist, sind andere Autoren der Meinung, dass die Frau nur eine Randerscheinung in der buddhistischen Praxis ist. Andere Autorinnen wie z.B. June Campbell betonen, dass der Tantra-Pfad sexuellem Missbrauch Tür und Tor öffnet, und warnen vor den Gefahren.[43]

Von den großen Gurus und Meistern, die uns namentlich bekannt sind, sind die Frauen in der deutlichen Minderheit, z.B. sind bei den 84 überlieferten großen Meistern (*Mahasiddhas*) des tantrischen Buddhismus (nur) vier Frauen dabei.[44]

Aus integraler Sicht liegen im tantrischen Ansatz schon viele Elemente eines ‚spirituellen Feminismus', der aber natürlich unter heutigen Bedingungen ganz anders aussehen muss. Verschiedene Ansätze der neo-tantrischen Bewegungen haben inzwischen aber Tantra zu einer Lehre gemacht, in der Männer und Frauen wirklich sowohl gleichberechtigt sind, als auch in ihrem Anderssein gewürdigt werden.

---

42. Vgl. van Lysebeth (1990), S. 194 f.
43. Die Religionskritiker Victor und Victoria Trimondi versuchen in einer Studie sogar nachzuweisen, dass der zentrale Kult des buddhistischen Tantra eine Machtaneignung des Priesters ist, der der Frau durch rituellen Verkehr ihre Essenz entzieht, die er benötigt, um zu einem vollkommenen, androgynen Magier zu werden, und dass die zentralen Kulte des buddhistischen Tantra um ein symbolisches Frauenopfer kreisen (Trimondi & Trimondi, 1999, S. 94 ff.).
44. Gäng (2001), S. 201.

Das Universum als magische Schau

Die meisten tantrischen Systeme entwerfen eine magische Landkarte voller Entsprechungen auf verschiedenen Abstraktionsebenen, ähnlich den kabbalistischen Magiern, Schamanen oder mittelalterlichen Alchimisten. Der Mensch, so die Tantriker, ist ein Mikrokosmos, der genau dem Makrokosmos entspricht – die verschiedenen Prinzipien, Elemente, Gottheiten und Mantras sind überall zu finden. Im Ritual werden diese magischen Entsprechungen wirksam, und so können sowohl okkulte Dinge geschehen als auch die Befreiung aus den vielfachen Netzen der Existenz erzielt werden.[45]

Tantra, Religiosität und Gottheiten

Hinduistische Auffassung

Viele hinduistische Lehren vertreten einen sogenannten *Panentheismus*, der besagt, dass das Göttliche als Potenzial in allen Wesen und Dingen steckt. Gott bzw. das Absolute ist allen Wesen immanent und transzendent zugleich. Im Vedanta wird das Göttliche etwa *Brahman* genannt, im Tantra ist es Shiva bzw. Shakti. Wenn ich als Strebender nun alle Oberflächlichkeit loslasse und mich durch die Schichten durcharbeite, dann entdecke ich das strahlende Licht Gottes als meine eigentliche Essenz.

Die einzelnen Gottheitsformen wie *Ganesha, Durga* usw. verkörpern indischem Denken zufolge immer eine bestimmte Qualität, die man sowohl in der Natur, als auch im Menschen, in Farben, Formen, einem Mantra usw. antrifft.

Ein großer Teil der traditionellen tantrischen Praxis beschäftigt sich mit der richtigen Verehrung der Gottheiten, die jedoch immer als bestimmte Aspekte des Einen und Absoluten angesehen werden.

---

45. Stanislav Grof beschreibt diese „kosmischen" Erfahrungen als holotrop, aufs Ganze bezogen, im Gegensatz zu hylotrop, aus den Körper bezogen. Grof schließt aus den holotropen Zuständen, dass das Bewusstsein letztlich kein Produkt des Gehirns ist, sondern ein primäres Seinsprinzip, das das Denken und das Gehirn beinhaltet. Unsere Psyche ist nicht abgespalten, sondern in letzter Konsequenz wesensgleich mit dem absoluten Sein. Die Grenze zwischen der individuellen Psyche und dem übrigen Kosmos ist willkürlich und überwindbar. Dies sei in den Weisheitstraditionen sämtlicher Kulturen, der sogenannten *philosophia perennis,* längst formuliert. Der Philosoph Jochen Kirchhoff sieht enge Parallelen zwischen den holotropen Erfahrungen und der tantrischen Philosophie, vgl. Kirchhoff „Verzückte Weisheit, S. 250-294 in Uhlig (2001).

Buddhistische Auffassung

Die Existenz eines Gottes oder einer ewigen Seele wird vom Buddhismus bekanntlich abgelehnt. Der Buddhismus sieht sich als Lehre der Befreiung vom Leiden. Letztlich, so die Worte des Buddha, ist es der Lebensdurst, der die Ursache des Leidens darstellt. Dieser geht auf die falsche Vorstellung zurück, die Dinge seien real und existierten aus sich heraus. Das sollte durch die Sichtweise ausgetauscht werden, dass alle Dinge und Phänomene bedingt entstanden und somit vergänglich sind.

Im später entwickelten Mahayana-Buddhismus kommen Gottheiten zwar wieder ins Spiel. Es wird aber immer wieder betont, dass diese nicht als Realitäten anzusehen sind, sondern als geschickte Mittel, um den Geist des Praktizierenden zu reinigen. Im tantrischen Vajrayana-Buddhismus, der eine Weiterentwicklung des Mahayana ist, spielen so genannte friedvolle und zornvolle Meditationsgottheiten eine ganz zentrale Rolle, ihre metaphysische Existenz wird jedoch nach wie vor verneint.

Erfahrene Praktizierende wie Jan Fries, Helmut Poller und andere, berichten übereinstimmend, dass die Gottheiten eine Art Feldidentität besitzen und sich, einmal erweckt, wie eigenständige Wesenheiten verhalten können.

Verkörperung der Gottheit

Im Gegensatz zu anderen traditionellen Pfaden gibt es im Tantra nicht nur die Praxis, das Göttliche im Außen zu verehren, sondern auch, selbst die Gottheit zu verkörpern. Durch die Initiation wird der Schüler traditionellerweise ermächtigt, bestimmte Gottheitsformen im eigenen Inneren auferstehen zu lassen und ihre Eigenschaften anzunehmen. Gott wird nicht länger im Außen gesucht, sondern man könnte sagen, der innere göttliche Kern selbst wird betont.

In magischen Kreisen des 20. Jahrhunderts wird dieser Aspekt der tantrischen Lehre besonders betont: Statt Gott auf ein Außen zu projizieren, erlaube ich mir, mich selbst als Gott, als Ausgangspunkt des Universums zu erfahren, als die Quelle, die alle Welt erschafft. Die tantrischen Schriften weisen jedoch darauf hin, dass es nicht die Persönlichkeit und das Ego ist, das sich als Gott erfahren sollte, sondern es um die Erfahrung geht, dass unser Bewusstsein in letzter Instanz göttliches Bewusstsein und die Quelle von allem ist, unsere tiefste Natur also göttlich ist und nichts anderes.

Integrales Tantra unterstützt und bejaht die panentheistische Gottesidee, dass der Kern von jedem von uns göttlicher Natur ist. Das ist eine Gottesvorstellung, die auf der spirituellen Entwicklungslinie schon auf die integrale Stufe hinweist. Ken Wilber betont in seinem Buch *Integrale Spiritualität*, dass wir in der Lage sind, das Göttliche in der ersten Person, also in uns selbst, zu spüren, in der zweiten Person, als ansprechbares Gegenüber, sowie in der dritten Person als beseeltes Universum. Verschiedene Religionen und spirituelle Systeme unterscheiden sich speziell darin, in welcher Person das Göttliche angesprochen wird. Ein integraler Zugang lädt zu allen drei Möglichkeiten ein, die Wilber die ‚drei Gesichter Gottes' nennt.

Verortung des traditionellen Tantra im integralen Rahmen

Wenn wir nun versuchen, die Ideen des Tantra in die heutige Zeit zu übertragen, stoßen wir schnell auf ein paar fundamentale Widersprüche. Die größten Passungsprobleme sehe ich in folgenden Fragen:

1. Eine zentrale Figur im integralen Weltbild ist Evolution, doch dieses Konzept fehlt dem klassischen Tantra ganz. Eine Diskussion dieser Frage schließt sich unten an.

2. Für die tantrische Weltsicht spielt Karma und Reinkarnation eine wesentliche Rolle, was von der westlichen Wissenschaft abgelehnt wird. Darauf werde ich gleich eingehen.

3. Tantra besteht zu großen Teilen aus magischen Vorstellungen, die aus heutiger Sicht nicht zeitgemäß erscheinen und für uns nicht kulturell anschlussfähig sind. Einige der okkulten Phänomene lassen sich jedoch auch zeitgemäß beschreiben. Ich werde mich an mehreren Stellen, beispielhaft am Mantra, mit dieser Frage beschäftigen.

4. Im traditionellen Tantra ist die Hingabe an einen Guru absolut – aus meiner Sicht eine archaische Methode aus einem vergangenen Zeitalter. Dieses Thema ist so wichtig, dass ich es in Kapitel 7 ausführlich diskutieren werde.

Indische Weltsicht und Evolution

Um ein glaubwürdiges integrales Tantra kreieren zu können, muss erst mal auf eine große philosophische Hürde hingewiesen werden: In der integralen Lehre ist das Konzept der Evolution des Lebens und des Geistes zu mehr Komplexität, Bewusstsein und Liebe das wichtigste und zentrale Paradigma. Dieser Gedanke – und da staunen Europäer regelmäßig – ist dem traditionellen indischen Denken nahezu völlig fremd. Während im mittelalterlichen Christentum immerhin noch die Idee eines „Reichs Gottes auf Erden" existierte (etwa bei Joachim de Fiore), das als Same einer Fortschrittsidee gelten kann, sucht man danach im traditionellen Hinduismus vergeblich.[46]

---

46. Dr. Christian Fuchs (Indologe), Seminar von 1995, pers. Mitteilung.

Das indische Denken hat als Kontext für seine Befreiungslehren hingegen im Wesentlichen die Vorstellung eines Universums, das immer weiter zerfällt. In einem früheren goldenen Zeitalter waren Menschen größer, haben lange gelebt, waren immer tugendhaft etc., im Gegensatz zum momentanen *Kali-Yuga,*[47] in dem die Menschen zornig, gierig, krank und immer dem Weltlichen hingegeben sind. Aus dieser Idee zieht der tantrische Pfad seine Berechtigung, nämlich, dass im Kali-Yuga andere, tugendhaftere Wege für den Menschen nicht mehr gangbar wären, und man nun tief ins Weltliche tauchen müsste, um Befreiung zu erlangen.[48]

Befreiung im traditionell indischen Sinne ist immer die Befreiung des Einzelnen aus dem Jammertal dieser Welt, das nur Leiden und Verwirrung über uns bringt. Das Prinzip dahinter ist, den Weg aller Existenz gewissermaßen umzukehren und gegen den Strom des Verfalls zur Quelle zu schwimmen. Swami Shivananda z.B. vergleicht den Yoga mit einer langsamen aber steten Bergauffahrt, die einem alles abverlangt, und diese Sicht ist beispielhaft für das hinduistische Denken. Nicht anders das traditionelle Tantra: Auch hier geht es darum, sich mittels durchaus gefährlicherer und gewitzterer Methoden aus dem Leidenskreislauf des Irdischen zu verabschieden.[49]

Es gibt im spirituellen Indien allerdings eine große Yoga-Lehre, die sich anschickte, dieses Dilemma zu überwinden, nämlich der *Integrale Yoga* von Shri Aurobindo. Aurobindo lebte von 1872 bis 1950, studierte unter anderem auch in England und vesuchte, die westliche Idee der Evolution mit dem indischen Yoga zu verbinden. Bei Aurobindo wird es zum Ziel des Yoga, das Supramentale hier auf die Erde zu holen und nicht auf jenseitige Erlösung zu hoffen. Er kritisiert alle anderen indischen Yoga-Systeme, einer falschen Metaphysik anzuhängen, die unter anderem besagt, dass das weltliche Dasein wertlos sei und dafür, letztlich immer die Große Verweigerung zu predigen. Zwar würde oft behauptet, dass alles, auch diese Welt, Brahman sei, nur würde das nicht konsequent umgesetzt werden.

Aurobindo dreht also die indischen metaphysischen Hierarchien um und deklariert eine schrittweise Höherentwicklung zu immer höherer Integration und Differenzierung. Mit diesem Schritt hat er auch Ken Wilber stark beeinflusst und wird von diesem immer als einer seiner spirituellen und

---

47. Der Name hat im Übrigen nichts mit der Göttin Kali zu tun, sondern kommt von kali = Eins im Würfelspiel.

48. Wenn auch Experten wie Bharati die Theorie vom Kali-Yuga als Trick ansehen, um sich mit dem traditionellen Hinduismus zu arrangieren, vgl. Bharati (1977) S. 25.

49. Eine typische Philosophie des Tantra ist etwa die Trika-Lehre, in der genau erklärt wird, wie sich die göttlichen Urprinzipien von Shiva und Shakti in einer Differenzierung von so genannten 36 Tattvas immer mehr ins Materielle verdichten, bis die gewöhnliche Realität erscheint, die nichts als Ergebnis der *maya,* der kosmischen Täuschung ist. Aufgabe des Tantrikas ist nun, stromaufwärts zum wahren Sein zu gelangen.

geistigen Vorbilder genannt. Grundsätzlich scheint Aurobindo auch eine positive Einstellung gegenüber dem tantrischen Weg zu haben. Tantra, so Aurobindo, ist der Weg der Shakti oder Prakriti, der Weg, zum Höchsten über die Meisterung der Energie zu gelangen, während alle anderen Yogas immer den Weg des Bewusstseins bevorzugen.[50] Aurobindos integraler Yoga möchte beide, den Weg des Geistes und den der Energie, integrieren, wie zwei Flügel – hierin ist er dem integralen Tantra ein Vorbild. Das linkshändige Tantra allerdings wird von Aurobindo relativ schroff abgelehnt, weil es „dekadent" geworden sei und nicht zur Befreiung, sondern zur größeren Verstrickung führe.

Integrales Tantra löst sich von den alt-indischen philosophischen Konzepten einer wertlosen irdischen Welt und wertschätzt damit die Vorarbeit Aurobindos. Es ist bestrebt, die Methoden des Tantra und Yoga auf einer neuen philosophischen Plattform, wie sie durch die integrale Theorie von Wilber und anderen formuliert wurde, wieder neu zu integrieren. Eine intensivere Auseinandersetzung mit der Philosophie Aurobindos ist in dem Zusammenhang sicher wünschenswert.[51] Ich teile jedenfalls seine negative Einschätzung des linkshändigen Weges nicht und wundere mich, wie Aurobindo bei all seiner Diesseitsorientierung am Ende wieder beim Zölibat (*brahmacharya*) landet, das etwa bei seinem Schüler Shri Chinmoy zum zentralen Begriff wird.

Integrales Tantra versucht, den linken und den rechten Weg ausgewogen zu balancieren und lässt sich ebenso vom hinduistischen Tantra und Yoga wie vom buddhistisch-tibetischen Weg inspirieren, wie auch von Beiträgen des Neo-Tantra und westlicher Psychotherapie und Mystik.

Karma und Reinkarnation

Reinkarnation ist nun das nächste anspruchsvolle Thema, das zur Diskussion steht. Damit ist die in allen indischen Traditionen verbreitete Vorstellung gemeint, dass sich die Seele oder bestimmte Prozesse nach dem physischen Tod erneut in fühlenden Wesen manifestieren. Im Tantra ist der Begriff der Reinkarnation auch eng mit der Karmalehre verbunden.

Reinkarnation im Hinduismus

Im Hinduismus entwickelte sich die Reinkarnationslehre nach dem Ende der vedischen Perioden mit dem Aufkommen der frühen Upanishaden.

50. Aurobindo, *Synthesis of Yoga,* 1992, S. 38f.
51. Zurzeit habe ich noch zu wenig Kenntnisse von den vielen Feinheiten in Aurobindos Yoga, um mir anzumaßen, ihn umfassend diskutieren zu können.

Nach hinduistischer Vorstellung hat der Mensch einen Wesenskern, Atman genannt, der sich nach dem Tod in einem neuen Körper wieder manifestiert. Dies kann auch ein Tierkörper sein. Je nach Art der guten oder schlechten Taten in diesem Leben, dem sogenannten *Karma,* wird die darauf folgende Wiedergeburt gut oder schlecht sein.

Das Ziel des gläubigen Hindu besteht darin, den ewigen und mit ständigen Leiderfahrungen verbundenen Kreislauf von Werden und Vergehen, das *Samsara,* zu überwinden. In den alten Schriften findet man jedoch verschiedene Hinweise darauf, dass manche Tantra-Meister die Reinkarnation nur als oberflächliche Lehre für weltliche Menschen angesehen haben.[52]

Reinkarnation im Buddhismus

Weil der Buddhismus mit seiner *Anatman-* bzw. *Anatta-*Lehre die Idee einer geschaffenen, individuellen Seele, ablehnt kennt er keinen Übergang einer seelischen Substanz von der einen auf die andere Existenz. Wiedergeburt existiert jedoch und wird als eine Kontinuität der Geistesprozesse verstanden, als Fortsetzung der beim individuellen Tod noch nicht erloschenen mentalen Kräfte, die sich in einer neu in Erscheinung tretenden Existenz verkörpern.

Die Ursache einer Wiedergeburt liegt nach buddhistischer Auffassung im Wunsch nach Sinnesbefriedigung und im Trieb nach Existenz. Wiedergeburt ist deshalb so lange gegeben, wie verursachende Triebkräfte vorhanden sind. Da dieses Begehren für den Buddhismus untrennbar verbunden ist mit Leiden, versucht man, diesen leidvollen Daseinskreislauf des Samsara zu durchbrechen, indem man das Begehren überwindet. Ziel ist der Zustand des Nirvana, das Ende allen Leidens und der Abschluss der Wiedergeburten.

Reinkarnation im Westen

In esoterischen Kreisen im Westen haben sich neue Konzepte der Reinkarnation herausgebildet, die z.B. von der Möglichkeit der Erinnerung an vergangene Leben ausgehen. Dies ist bei den hinduistischen und buddhistischen Vorstellungen in der Regel nicht der Fall. Zur Reinkarnation hat vor allem Prof. Ian Stevenson eine erstaunliche Datenmenge von Einzelfällen gesammelt, die ein Wiedererinnerungsvermögen an vergangene Leben nahelegen.[53]

---

52. In seinem Buch *Das entflammte Herz* (2009), S. 75, zitiert Daniel Odier Abhinavagupta, „dass die Idee der Seelenwanderung „ein Pflock ist, um Esel anzubinden".
53. Immerhin scheint selbst der skeptische Wissenschaftler Carl Sagan Stevensons Daten eine gewisse Evidenz zuzusprechen.

Begründete Zweifel

Der Biologe Rupert Sheldrake ist der Ansicht, dass ein Mensch während seines Lebens ein nicht-lokales geistiges Feld aufbaut, das nach seinem physischen Tod weiter existiert. Der mögliche Kontakt und die Identifikation eines individuellen Bewusstseins mit dem Feld eines Verstorbenen könnte eine alternative Hypothese zur Reinkarnation sein.

Ken Wilber hält die Reinkarnation für eine gute Hypothese, die zwar vieles erklärt, was sich sonst nicht erklären lässt, dass man aber dennoch versuchen sollte, ohne sie auszukommen, solange keine zwingenden Beweise vorliegen.[54] Die Daten von Stevenson lässt er nicht gelten. Er hält es für unwahrscheinlich, dass man sich an vergangene Leben erinnern könne, da Gedanken und mentale Vorstellungen zum Geist (mind) gehören und der sich gemeinsam mit dem Körper unwiederbringlich auflöse.

Was sich, wenn überhaupt, wieder erneuere, sei die Seele, die Wilber als Existenz beschreibt, die unabhängig vom Körpergeist existieren kann. In ihr könne sich so etwas wie Tugend speichern, also die Folge der Taten, die ein Individuum im Leben verübt habe, sowie die Weisheit, hier verstanden als die Fähigkeit, die Erscheinungen und das Denken zu bezeugen, ohne sich zu verwickeln. Dass eine Art Bewusstseinskontinuum vor der Geburt und auch nach dem Tod weiter existiert, in dem der Geist, der Körper und die äußeren Dinge erscheinen, ist für Ken Wilber offensichtlich. Von da weiter zu schließen, dass das Bewusstsein, das immer eins ist, sich möglicherweise mehrere ‚Filme' anschaut, wäre dann auch nicht mehr völlig absurd.

Die Position des integralen Tantra zur Reinkarnation kann meines Erachtens nach nur darin bestehen, dass man sie nicht als Dogma behandelt, aber durchaus als mögliche Alternative ansieht. Die Notwendigkeit einer ethischen Praxis sollte in unserer heutigen Zeit nicht mehr mit Angst vor der Hölle oder einer schlechten Wiedergeburt begründet werden, sondern mit der Einsicht, dass ein ethischer Mensch tiefere Wonne erlebt – mehr dazu im zweiten Teil.

Fazit

Tantra entpuppt sich beim näheren Hinsehen als ein Füllhorn verschiedener ganzheitlicher philosophischer Lehren, deren Faszination und Inspirationskraft bis heute ungebrochen sind. Beim Versuch, sie für die heutige Zeit anzupassen, muss man feststellen, dass das Unterfangen nicht einfach

---

54. Ken Wilber, *Excerpt G: Toward A Comprehensive Theory of Subtle Energies*. Eine vollständige Übersetzung dieses Exzerptes findet sich im deutschsprachigen Bereich der www.integralworld.net.

ist, da sublimste nichtduale Feinheiten direkt neben scheinbar magisch-mystischen Grobheiten zu finden sind. Die Sichtweise, dass das Universum eine Einheit ist, nur scheinbar zersplittert ist in „Außen" und „Innen", dass alle Dinge in polarer Form erscheinen, die auf Erlösung durch Vereinigung warten, wurde nirgendwo so deutlich formuliert wie in der tantrischen Lehre. Gleichzeitig betonen die Schriften aber, wie wichtig es ist, hier nicht zu spekulieren, sondern sich selbst auf den Pfad zu begeben und zu eigenen Erkenntnissen zu gelangen.

5. Der feinstoffliche Körper im Tantra

Wir kommen in diesem Kapitel zu einem sehr wichtigen Teil der tantrischen Theorie. In nahezu allen tantrischen Systemen bildet die Lehre von den feinstofflichen Körpern, den Kanälen, Energiezentren und den dort kursierenden Kräften (sowie ihrer Meisterung) den eigentlichen Kern und das innerste Geheimnis.

Die Dreikörperlehre

Menschen aller Zeiten und Kulturen haben durch die Feststellung, dass sie physische Bedürfnisse haben, aber auch denken und fühlen können, die Idee gehabt, diese unterschiedlichen Vorgänge verschiedenen Körpern zuzuordnen, etwa dass es außer unserem physischen Körper noch einen Emotionalkörper, einen Denk-Körper und dergleichen gibt.

Im indischen Denken hat sich nach vielen Jahrhunderten ein präzise ausgearbeitetes Drei-Körper-System etabliert, das aus der vedantischen *Taittiriya-Upanishad* stammt, aber erst im Tantra und Hatha-Yoga zur Grundlage für die Praxis wurde. Die nun folgenden Konzepte und Ideen sind von höchster Bedeutung für das Verständnis der meisten Systeme des Tantra, deswegen gebe ich eine kurze Einführung.

Der physische Körper bildet die äußere Hülle und ist aus Nahrung gemacht. In Indien spricht man in dem Zusammenhang auch oft von Form, *rupa*. In denselben Dimensionen, aber für unsere Sinne unsichtbar, besteht der subtile, astrale oder feinstoffliche Körper, der den Fluss der Lebensenergie sowie die Gefühls- und Denkorgane beinhaltet.[55] Schließlich die innerste Hülle, der ‚Kausalkörper', der von der feinstmöglichen Substanz ist und Träger der karmischen Information sein soll, die von Leben zu Leben weitergegeben wird. Das Kausale ist dieser Denkweise zufolge die feinstoffliche Ursache sowohl für unsere Denk- und Fühlgewohnheiten als auch für die körperliche Form, die jeder annimmt. Die Substanz des Kausalkörpers ist Wonne oder Glückseligkeit.

---

55. Der subtile Körper wiederum besteht aus drei Hüllen: 1. *pranamaya kosha,* die Hülle der Lebensenergie, 2. *manomaya kosha,* die Hülle des Emotionalen, der Empfindung, Wahrnehmung und des niederen Mentalen, 3. *vijnanamaya kosha,* die Hülle des höheren Mentalen, des Denkorgans, der Vernunft.

Der feinstoffliche Körper aus Sicht des integralen Tantra

Für westliche Menschen stellt sich natürlich die Frage, was es nun mit diesen Körpern auf sich hat.Bezüglich feinstofflicher Phänomene befindet sich die integrale Theorie in einem Zwiespalt: Einerseits sind die subtilen Energien nur allzu offensichtlich. Man möge nur die Hände kräftig aneinanderreiben, dann langsam auseinanderbewegen und das Prickeln und Knistern dazwischen spüren. Die Vorstellung eines ‚Energiefeldes' drängt sich förmlich auf. Andererseits sind alle wissenschaftlichen Versuche, Feinstofflichkeit zu messen und zu beweisen, bisher erfolglos geblieben.

Was sagen moderne Adepten des Yoga und Tantra dazu? Georg Feuerstein etwa meint: „Wir bräuchten uns nur zu entspannen, und wir erkennen, dass das gängige materialistische Klischee nicht zutrifft, denn dann beginnen wir die Energiedimension des Körpers und das Bewusstsein des ‚tiefen Raums' zu entdecken. Während der Entspannung und Meditation wird unser übliches Konzept vom eigenen Körper-System ersetzt durch die Erfahrung unserer selbst als einem strömenden Prozess, der selbst verbunden ist mit dem größeren vibrierenden Ganzen."[56]

Sukadev Bretz, der Gründer des *Yoga Vidya Instituts* hierzu: „Um Kundalini-Yoga gewinnbringend zu praktizieren, ist es nicht notwendig, an Astralkörper, Reinkarnation usw. zu glauben. Meine Darlegungen können auch philosophisch-ideengeschichtlich verstanden werden. Wer weiß, vielleicht findet die Hirnphysiologie sogar noch biologische Erklärungen für Kundalini-Erweckungsphänomene, für Erfahrungen der Bewusstseinserweiterung, für außersinnliche Wahrnehmung, heilerische Fähigkeiten und die grenzenlose Liebesfähigkeit der Erleuchteten. Bis dahin allerdings halte ich die Erklärungen der tantrischen Philosophie für schlüssiger und zudem meinen eigenen Erfahrungen entsprechend."[57]

Ken Wilber geht in seinem Buch *Integrale Spiritualität* das Problem frontal an: „Wenn Materie nicht die Grundlage der Ebenen, sondern das Äußere aller Ebenen ist, wie passt dann feinstoffliche Energie in dieses Schema?" Und wie müsste feinstoffliche Energie neu interpretiert werden? Wilber versucht, das zu beantworten, indem er feststellt, dass die mit der Evolution einhergehende wachsende Komplexität des Bewusstseins im linken Quadranten mit einer wachsenden Komplexität grobstofflicher Form oben rechts korreliert, d.h. mit einer immer feineren Organisation der Gehirnzellen. Immer feiner organisierte Komplexität ist für Wilber dann auch Träger immer subtilerer Energien. Diese subtilen Energien deutet Wilber dann aber nur als Hypothesen an, deren Gültigkeit noch bewiesen werden müsste.[58]

---

56. Vgl. Feuerstein (2008), S. 585.
57. Vgl. Bretz (2007), S. 59f.
58. Wilber (2007), S. 311ff.

Der integrale Philosoph Gerhard Höberth ist da skeptischer: „Wenn die Aura oder die Chakras des Menschen physikalische Strahlung absondern würden, sodass sie auch mit entsprechend geschulten physischen Augen wahrgenommen werden könnte, dann hätten wir bereits einen medizinischen Apparat, der sie jedem von uns sichtbar machen könnte. Es ist also anzunehmen, dass jene Menschen, die die Aura sehen können, dies auf andere Weise tun. Was diese Menschen wahrnehmen, ist keine Substanz im eigentlichen Sinn, es muss sich um eine metaphorische, symbolische Umsetzung von Informationen aus anderen Bereichen handeln. Es sind innere Bilder, die da gesehen werden … Die Metapher der subtilen Körper, der Energiebahnen und der Chakras liegt auf einer höheren Integrationsebene des körperlichen Systems, funktional weiter von der materiellen Konstitution entfernt. Es ist eine Übersetzung von psychischen Funktionen in Bilder von materiellen Körpern."[59]

Für das integrale Tantra erachte ich es als sinnvoll, den feinstofflichen Körper als innere Realität zu behandeln, als funktionales Modell für Meditation und Energiearbeit, unabhängig davon, ob man diese feinstofflichen Energien tatsächlich nachweisen kann oder ob sie nur eine treffende Metapher für besondere Gehirnzustände darstellen. Das buddhistische Tantra z.B. bringt seit über 1000 Jahren Ergebnisse hervor, ohne dass die Buddhisten glauben, dass der Feinkörper wirklich real ist; in ihrer Lehre gilt er als „geschicktes Mittel".

Die vier Zustände

Es besteht eine enge Verbindung zwischen der Dreikörpertheorie und einer anderen einflussreichen hinduistischen Lehre, der von den vier Zuständen. Sie wurde zuerst in der Mandukya-Upanishad in Bezug auf die esoterische Bedeutung des Mantra OM formuliert.

Der Klang von OM verkörpert Brahman, das Absolute. Die Schrift unterscheidet die drei natürlichen Zustände des Menschen, die je einem Laut des OM, auch AUM geschrieben, zugeordnet sind. Das A steht für den Wachzustand, das U für den Traumzustand, das M für den Zustand des Tiefschlafes. Die Stille danach ist Sinnbild für den vierten Zustand, turiya, der sich qualitativ von den anderen Drei unterscheidet und ihren Urgrund bildet. Turiya ist reines Bewusstsein vollkommener Einheit.[60] Wir sind auf diese Zustände schon weiter oben im Kontext der integralen Psychologie eingegangen.

Gemäß der vedantischen Lehre ist der grobstoffliche Körper Träger des Wachzustands, der subtile Körper Träger des Traumzustands und der kau-

59. Höberth (2010) im Internet, http://bit.ly/oeZ9uM.
60. Nayak (2001) , S. 52ff.

sale Körper der des Tiefschlafs. In diesem Fall hat sich die integrale Theorie das vedantische Modell zueigen gemacht. Ken Wilber schlägt vor, die verschiedensten Zustandserfahrungen, zu denen Menschen fähig sind, in grobstofflich, subtil und kausal zusammenzufassen und in Bezug zum Wachzustand, Traumzustand und Tiefschlaf zu setzen. Je bewusster man nun durch die verschiedenen Zustände gehen kann, desto größer die innere Freiheit und desto umfassender wird der Kontakt zum wahren Sein. In der Nichtdualität, identisch mit turiya, einer vierten Kategorie von Zuständen, die aber nicht von allen bewusst wahrgenommen werden kann, wird das Ichbewusstsein schließlich eins mit dem großen All-Bewusstsein, das durch alle Erscheinungen und Zustände durchschaut und sie alle bezeugt, was traditionellerweise Erleuchtung oder Verwirklichung genannt wird.

Wie ist nun das Verhältnis von Stufen und Zuständen? Ken Wilber und Allan Combs haben hervorgehoben, dass es zwei Arten von Bewusstseinsentwicklung gibt. In ihrem *Wilber-Combs-Raster* steht die vertikale Entwicklung für die Stufe (im Sinne einer strukturellen Höherentwicklung wie etwa von Spiral Dynamics gezeigt), die ein Mensch etwa im Denken, Fühlen und Wollen erreicht hat. Die horizontale Entwicklung hingegen weist darauf hin, wie vertraut jemand mit den verschiedenen Zustandsformen ist, wie differenziert sein Zugang zum jeweils Grobstofflichen, Subtilen, Kausalen oder gar Nichtdualen ist.

Das Besondere an diesem Raster liegt nun darin, dass jeder Mensch z.B. auf jeder der Bewusstseinsstufen im Prinzip mystische Bewusstseinszustände erfahren kann. Wie er sie jedoch hinterher interpretiert, hängt von der Stufe ab, auf der er sich befindet. Wenn ein Mensch auf der blauen, konventionellen Stufe z.B. eine mystische Gottheitserfahrung macht, wird er sie wahrscheinlich als glorreichen Beweis dafür hernehmen, dass seine Glaubensrichtung recht hat, und sich zum Fundamentalisten entwickeln. Mit Recht fragen Marion und Werner Tiki Küstenmacher und Tilmann Haberer in ihrem Buch *Gott 9.0* in Bezug auf die klassischen heiligen Schriften wie Bibel, Koran oder Veden, „ob diese Interpretationen … allein noch tragfähig sind und heute ergänzt werden müssten durch komplexere Deutungen aus dem zweiten Rang ab Gelb.“[61] Dasselbe gilt auch für die tantrischen Schriften!

61. Küstenmacher et al (2010), S. 293.

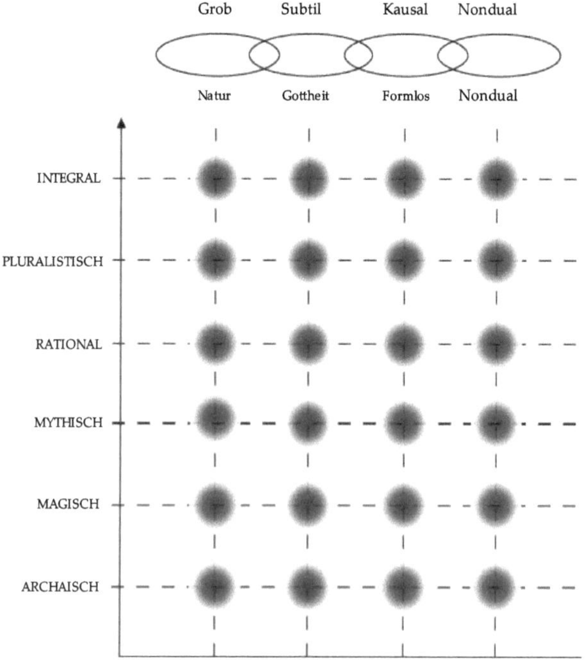

Grafik 4: Das Wilber-Combs-Raster

Das Wilber-Combs-Raster kann einem auch die Augen dafür öffnen, dass allein die Meisterung der Zustände, wie sie in traditionellen mystischen Schulen gelehrt werden, noch keineswegs zu einer vertikalen Entwicklung führen muss, also zu mehr Liebe und ethischem Verantwortungsbewusstsein. Auch ‚Zustands-Erleuchtete', also Menschen, die sich in horizontaler Weise die nichtdualen Bereiche erschlossen haben, können demzufolge reaktionär, nationalistisch und kriegerisch gesinnt sein oder mangelnde soziale Fähigkeiten haben, wenn sie sich auf der vertikalen Entwicklungsebene noch auf einer niedrigeren Stufe befinden.

Nadis und Prana

Für Hatha-Yogis und Tantriker ist besonders der subtile Körper von Bedeutung. In tantrischer Vorstellung ist dieser durchsetzt von Tausenden von Energiekanälen, *nadi* genannt und den Meridianen des Chinesischen nicht unähnlich. Durch die Nadis fließt das *prana,* was sowohl mit ‚Atem' als auch allgemein mit ‚Lebensenergie' übersetzt werden kann.

Von den vielen Tausend Nadis gelten drei als besonders wichtig: *ida, pingala* und *sushumna. Ida* wird weiß dargestellt, verläuft vom Damm links von der Wirbelsäule nach oben und endet im linken Nasenloch. Aus yogischer Sicht ist *ida* Trägerin der Mondenergie, der weiblichen Polarität, dem, was im Chinesischen auch Yin genannt wird: Aufnahmebereitschaft, Hingabe, Poesie, Kunst und Intuition.

Pingala wird rot dargestellt, verläuft vom Damm aufwärts rechts neben der Wirbelsäule und endet im rechten Nasenloch. Sie ist Trägerin der männlichen Energie, der Sonnenkraft und der Yang-Polarität, zu der Durchsetzungsvermögen, Aufbruchsgeist, Dominanz und Rationalität zugerechnet wird. Zu beachten ist, dass die tantrisch-yogischen Systeme schon seit tausend Jahren zur Erkenntnis gekommen sind, dass jeder Mensch männliche und weibliche Anteile in sich trägt.

Der wichtigste Kanal aber ist die *sushumna*. Sie verläuft im subtilen Körper entlang der Wirbelsäule.[62] In der *sushumna* verschmelzen die Polaritäten, und Ganzheitlichkeit erscheint. Um die sushumna herum sind die Chakras angeordnet, die für das Tantra enorm wichtigen Energiezentren.

Die Chakras

Dieses Gebiet der tantrisch-yogischen Lehre ist das im Westen mittlerweile populärste geworden. Indische Schriften postulieren eine Anzahl besonders wichtiger Energiezentren, die Chakras, an verschiedenen Stellen des menschlichen Körpers. Chakra heißt wörtlich Rad: Diese Energiezentren sind rund und befinden sich in Drehung.

Die alten Texte definieren den Begriff des ‚Chakra' oft ungenau, bzw. mit Andeutungen und Metaphern. Daher gibt es eine Vielzahl von Interpretationen, was die genaue Funktion und Wirkungsweise der Chakras ist. Im Hatha-Yoga herrscht die Auffassung, dass die Chakras Zwischenspeicher für Lebensenergie sind und als solche verantwortlich für die Funktion von Organen sowie für körperliche, emotionale und geistige Fähigkeiten. Darüber hinaus sollen sie als Transformatoren des Prana fungieren: je weiter oben ein Chakra an der Körperachse sitzt, desto hochfrequenter die Lebensenergie.[63]

Ebenso könne jedes Chakra eine Art Schaltzentrale sein vom grobstofflichen über den feinstofflichen in den kausalen Bereich. Chakras haben fein-

62. In manchen tantrischen Systemen auch im Zentrum des Körpers, so heißt es bei den tantrischen Buddhisten „Zentralkanal". In der Frage nach dem genauen Ort des Kundalini-Aufstiegs und der Lokalisierung der Chakras herrscht in der Tantra-Tradition ebenso Widersprüchlichkeit wie auch in anderen wichtigen Fragen zur subtilen Physiologie.
63. Bretz (2007) S. 99.

stoffliche, mystische Aspekte, energetische und pranische Auswirkungen, psychische und funktionelle Wirkungen. Chakras im erweckten Zustand haben eine höhere Schwingung, was zu vielen Bewusstseinsveränderungen führt. Dieser Prozess ist eng mit dem Aufstieg der Kundalini-Energie verbunden.

Einer Auffassung zufolge, die vor allem (aber nicht nur) im buddhistischen Tantra vertreten wird, existieren die Chakras in der physischen Realität gar nicht, sondern sind nur Visualisierungshilfen, auf die wir uns konzentrieren und fokussieren können, um damit bestimmte Zustände zu verwirklichen.

Für Ken Wilber sind die Chakras beides: Einerseits Metaphern für ein Stufenmodell der persönlichen Entwicklung, andererseits auch im Körper verankert und mit Nerven-Plexi verbunden. Man sollte, so Wilber, dem Versuch widerstehen, es sich hier zu einfach zu machen und die Chakras auf einen ihrer Aspekte zu reduzieren.[64]

Wie viele Chakras gibt es?

Die Idee, dass es im menschlichen Körper verschiedene Zonen für unterschiedliche Qualitäten gibt, ist sehr weit verbreitet und ist intuitiv in unsere Alltagssprache eingegangen. So ist die bei uns übliche Einteilung in Kopf-, Herz- oder Bauchmensch schon ein erstes System esoterischer Energie-Zuordnungen. Der chinesische Taoismus postuliert diesbezüglich drei Energiezentren im Körper, *Tan-Tiens* genannt: im Kopf, in der Brustgegend und im Bauch.

In Indien tauchte die Idee der Chakras etwa um 500 v.Chr. in den späten Upanishaden wie der *Shandilya Upanishad* auf. In den älteren Lehren war meist von vier oder fünf Chakras die Rede, die im Kopf, Hals, Herz und Bauch (und ein Fünftes in der Genitalzone) lokalisiert werden. Auch im kaschmirischen Shivaismus und in den Systemen des buddhistischen Tantra geht man von fünf Chakras aus.

Im Umfeld des *Kaula-Tantra* entstanden etwa im 10. Jahrhundert die wesentlichen Schriften *Shat-Chakra-Nirupana* und *Goraksha-Shatakam*, die detaillierte Meditationsanweisungen zu den Chakras geben. Hier ist zum ersten Mal von den sechs Chakras die Rede, die zusammen mit dem siebten, dem Scheitel-Chakra, das heute allgemein verbreitete System der sieben Chakras bilden.[65] Nach Auffassung der meisten Schulen sind die ersten fünf Chakras entlang der

---

64. Wilber: *Excerpt G: Toward A Comprehensive Theory of Subtle Energies.* www.integralworld.net.

65. In den tantrischen Schriften tauchen (in einer der wichtigsten, dem *Kaulajnana-Nirnaya* von Matsyendranath) noch andere Chakras auf, von denen man noch nie etwas gehört hat, und zwar in verwirrender Vielzahl und Widersprüchlichkeit.

Wirbelsäule angeordnet. Sie strahlen, mit Ausnahme des Untersten, von hinten nach vorne aus, was Blume des Chakra, *kshetram* genannt wird. Das sechste Chakra, *ajna*, befindet sich in der Mitte des Kopfes, das Siebte am Scheitel. Man stelle sich dabei die Chakras als Lotusblüten mit unterschiedlicher Anzahl von Blättern vor. In einem Chakra befindet sich ein Symbol für ein Element, ein Tier, eine Gottheit und eine spezifische Keimsilbe (*bija-mantra*). Sie stehen für bestimmte Qualitäten von Mensch und Kosmos. Im Tantra gibt es bis zum heutigen Tag keine einheitliche Theorie, was die Farben der Chakras betrifft.[66]

Übersicht über die Chakras

Ich möchte hier eine kurze Charakterisierung der Chakras anfügen. Ich folge in der Beschreibung dem einflussreichen 7-Chakra-System der Kaulas.

Das 1. Chakra, *muladhara* oder Wurzel-Chakra, liegt an der Basis der Wirbelsäule am Perineum. Es hat 4 Blütenblätter, sein Yantra ist ein ockergelbes Quadrat, das für das Element Erde steht, sein Bija-Mantra ist „lam". Seine Qualitäten sind Festigkeit und Beständigkeit, auch Trägheit und Weltlichkeit.

Das 2. Chakra heißt *svadishthana* oder Sexual-Chakra, liegt in der Höhe des Kreuzbeines, sein Kshetram strahlt in der Höhe des Schambeins nach vorne. Es hat 6 Blütenblätter, sein Yantra ist ein silberner Halbmond, der für das Element Wasser steht, sein Bija-Mantra ist „vam". Seine Qualitäten sind Energiefluss und Fluss der Emotionen und der Sexualkraft, aber auch Unbewusstheit und Bedürftigkeit haben hier ihren Ort.

Das 3. Chakra heißt *manipura* oder Nabel-Chakra. Es liegt in der Höhe des ersten Lendenwirbels, sein Kshetram strahlt in der Höhe des Nabels nach vorne. Es hat 10 Blütenblätter, sein Yantra ist ein rotes Dreieck mit der Spitze nach unten, das für das Element Feuer steht, sein Bija-Mantra ist „ram". Seine Qualitäten sind Ego-Kraft und Durchsetzungsvermögen, aber auch Aggression, Macht über Andere sowie das niedrige Mentale haben hier ihren Ort.

Das 4. Chakra heißt *anahata* oder Herz-Chakra. Es liegt in der Höhe der Brustwirbel, sein Kshetram strahlt in der Höhe des Herzens nach vorne. Es hat 12 Blütenblätter, sein Yantra ist ein blaurauchiger sechszackiger Stern, das für das Element Luft steht, sein Bija-Mantra ist „yam". Seine Qualitäten sind Mitgefühl und Freundlichkeit gegenüber allen Wesen, hier beginnt sozusagen schon das Transpersonale. Hierher gehört auch die Geburt des Wahren Selbst.

---

66. Solche Unübersichtlichkeit ist im Falle okkulter Anatomien recht üblich (Fries, 2010, S. 332).

Das 5. Chakra heißt *vishuddha* oder Hals-Chakra, liegt in der Höhe der Halswirbel, sein Kshetram strahlt in der Höhe des Halses nach vorne. Es hat 16 Blütenblätter, sein Yantra ist ein Kreis um ein Dreieck (alternativ ein schwarzes Ei), das für das Element Äther bzw. Raum steht, sein Bija-Mantra ist „ham". Seine Qualitäten eine tiefe Kenntnis der eigenen Bestimmung und Wille, Selbstausdruck und Kreativität.

Das 6. Chakra heißt *ajna* oder Stirn-Chakra. Es liegt in der Mitte des Kopfes, sein Kshetram strahlt zwischen den Augenbrauen nach vorne. Es hat 2 Blütenblätter, sein Yantra ist ein weißer Kreis mit zwei Blütenblättern wie Flügel. Es steht für die höheren subtilen geistigen Elemente, sein Bija-Mantra ist „om". Seine Qualitäten sind Intuition, Erkennen der wirklichen geistigen Zusammenhänge, glorreiche Vision der spirituellen Bereiche.

Das 7. Chakra heißt *sahasrara* oder Scheitel-Chakra. Es liegt oberhalb des Gehirns auf dem Scheitel wie ein tausendblättriger weißer (in manchen Schulen roter) Lotus. Hier kommt es zu einer Vereinigung von Shiva und Shakti und damit zum vollständigen, vollkommenen Erleuchtungszustand, in dem alle Dualitäten und Gegensätze sich aufheben. Deshalb können hier auch keine spezifischen Eigenschaften mehr festgestellt werden.

Chakras, Involution und Evolution

Nach der tantrischen Theorie wurde die Welt durch Involution erschaffen, indem sich das ursprünglich göttlich Ungeteilte in zwei Pole ausdifferenzierte, die man als Shiva/Shakti, Bewusstsein/Materie oder eben männlich/ weiblich beschreiben kann. Im weiteren Verlauf kam es zu immer gröberen Ausdifferenzierungen hin zu den fünf Elementen:[67] Raum, Luft, Feuer, Wasser und Erde. Involution ist in gewisser Weise der der Evolution vorhergehende Abstiegsprozess des göttlichen Allgeistes in das manifeste Universum.

Nach dem magischen Weltbild der Tantras entspricht der menschliche Körper in seiner Bauweise als Mikrokosmos den Vorgängen im Makrokosmos. Das Ungeteilte entspräche hier dem Scheitelchakra, die Ebene der Shiva/Shakti Polarität dem dritten Auge. Raum korrespondiert mit dem Hals-Chakra, Luft mit dem Herzchakra, Feuer mit dem Nabelchakra, Wasser mit dem Sexualchakra und Erde mit dem Wurzelchakra.

Evolution ist die Umkehrung dieser Entwicklung und das Sich-Auflösen des Gröberen ins immer Feinere. Dem entspricht der Aufstieg der Lebensenergie durch die Chakras angefangen mit den groben Energien des *muladhara* bis zu der Verschmelzung von Shiva und Shakti im *sahasrara*.

67. Die fünf *bhutas* der klassischen Hindu-Literatur; die Ähnlichkeit zu den 4 klassischen griechischen ist erstaunlich.

Tatsächlich kennen Tantra und Yoga diesen Prozess des Aufstiegs der Energie durch einen subtilen Kanal entlang der Wirbelsäule. Die Kraft, die zurück zum Ursprung will, wird im Yoga als Kundalini bezeichnet. Diese Auffassung bildet den metaphysischen Hintergrund für die meisten yogischen Bemühungen.

Chakras in der Postmoderne

Das Konzept der Chakras hat sich von allen Ideen des Tantra im Westen am meisten durchgesetzt und ist Teil der populären Esoterik geworden. In der New-Age-Bewegung des 20. Jahrhunderts hat sich nach und nach das Konzept der 7 Chakras durchgesetzt, das ursprünglich vom Philosophen Christopher Hills stammt[68] und die 7 Chakras mit den Regenbogenfarben assoziiert. Allerdings hat New Age das Konzept von Hills verwässert und mit anderen Ideen durchmischt.

Auch im Neo-Tantra wird viel mit den Chakras gearbeitet, die einerseits als Energiezentren im Körper, andererseits auch als Chiffren für die Entwicklung der Persönlichkeit durch verschiedene Ebenen angesehen werden. Oft sind diese Übungen von der tantrisch-yogischen Tradition abgekoppelt und ähneln eher einer therapeutischen Selbsterfahrung.

Chakra-Arbeit im integralen Tantra

Obwohl es keine wissenschaftlichen Beweise für die Existenz der Chakras[69] gibt, lokalisieren die meisten Hindu-Schriften die fünf unteren Chakras mitten in der Wirbelsäule oder an ihrer Vorderseite. Im buddhistischen Tantra und in der buddhistisch beeinflussten neo-tantrischen Lehre von Osho werden die Chakras in einem fiktiven Zentralkanal mitten im Körper visualisiert. Der Autor Edgar Hofer argumentiert deshalb:

> *„Die Zuordnungen der Chakras sind teilweise willkürlich und für den wahren Prozess unerheblich. Was zählt, ist die individuelle Wahrnehmung – ob es nun sieben, sechs oder acht Chakras sind, ob das Dritte beim Nabel oder Solarplexus zu finden ist – ist schließlich unerheblich. Auch die Farbzuordnungen dienen nur der Beschäftigung für den meditierenden Geist – können natürlich zu Ergebnissen*

---

68. Schratt (2009) Chakras- nur ein esoterischer Spleen?, im Netz zu finden unter http://www.balanceakademie.at/downloads/

69. Wenn auch der japanische Arzt und Parapsychologe Hiroshi Motoyama etwa von einer messbaren Existenz der Chakras überzeugt ist, so ist seine Messmethodik jedoch nicht allgemein anerkannt (vgl. Motoyama 1990).

führen, sollen aber nie dogmatisch als ‚absolut wahr' betrachtet werden."[70]

Aus Sicht des integralen Tantra erscheint die Sichtweise des tantrischen Buddhismus elegant, die Chakras als Visualisationsobjekte im Körper anzusehen, gewissermaßen als geschicktes und auch notwendiges Mittel, bestimmte psychophysische Ergebnisse zu erhalten. Für die Zeit dieser Experimente sollte man sie so behandeln, als wären sie eine unumstößliche Realität. Die 7-Chakra-Theorie ist wegen ihrer allgemeinen Verbreitung in einem integralen Tantra-Konzept als Modell zu bevorzugen, ohne zum Dogma zu werden.

Kundalini

Im Tantra und im Yoga tantrischer Tradition scheint die Kundalini-Erfahrung der zentrale Vorgang zu sein, um den sich die ganzen anderen Übungen drehen. Es kann als Geheimnis des Tantra gelten, dass es da den Weg zu einer Energiequelle gibt, die den Strebenden ergreift, ihn verwandelt und erleuchtet.

Von Anandamayi Ma, einer großen indischen Heiligen, ist der Satz überliefert: „Das Universum ist aus Freude geschaffen, und deshalb findet ihr an den flüchtigen Dingen der Welt Freude. Ihr müsst versuchen, zu jener großen Freude zu gelangen, die die Welt hervorbrachte."[71] Anandamayi Ma hatte direkten Zugang zu jener Wonne, die hinter den gewöhnlichen Sinnesfreuden steht. Gewöhnliche Menschen müssen den Umweg zur Lust über die Sinne nehmen, weil in ihnen diese Kraft zwar vorhanden, aber noch nicht voll aktiviert ist. Bei denen, die die Kraft in sich entfesselt haben, braucht es den Umweg über die Sinnesorgane nicht mehr: Sie können dieses göttliche Wonne-Gefühl direkt und unmittelbar erfahren.

Nach Auffassung der tantrischen Yogis ist die Kundalini mehr als nur eine bloße Energie oder Kraft, sondern gleichzeitig eine Art Intelligenz oder Segen. Vom Wortlaut her heißt sie „die Zusammengerollte", und wird bildhaft als Schlange vorgestellt, die im unteren Chakra dreieinhalbfach zusammengerollt ist.[72] Bei den meisten Menschen ist sie nach tantrischer Auffassung schlafend, inaktiv und nur potenziell vorhanden.

70.Vgl. Hofer (2003), S. 26

71.Vgl. Anandamayi Ma (2010)

72. Damit sind die dreieinhalb Zustände: Wachen, Traum, Schlaf und Turiya (kein echter Zustand) gemeint.

Kundalini-Erweckung

Durch geeignete Methoden oder auch durch einen Akt der Gnade kann die Kundalini erwachen und in der Sushumna-Nadi durch die verschiedenen Chakras aufsteigen.[73] Ist sie im Kronen-Chakra angelangt, kommt es zur Hochzeit von Shakti und Shiva, zur Vereinigung von Materie und Bewusstsein. Bei einigen erwacht die Kundalini spontan, ohne ihr Dazutun, bei anderen als Folge einer tiefen Zerrüttung, eines Schocks oder einer Nahtoderfahrung. Bei den meisten Menschen ist es aber die Folge einer langen und disziplinierten Praxis, oft im Kontakt mit einem Meister oder bereits Erweckten.

In den tantrischen und hatha-yogischen Schriften werden verschiedene Methoden erwähnt, die Kundalini zu erwecken: Die wichtigsten sind die Atemtechniken des Pranayama, bestimmte Askese-Prozesse, Mantra-Rezitation, Kräuter, direkte Übertragung durch einen Lehrer und bestimmte sexuelle Praktiken.[74] Im Kundalini-Yoga versucht man, diese Energie durch Kombination von Atmung, Visualisation, Mantra, Klang und Konzentration auf die Chakras zu erwecken. Der Vorgang der Kundalini-Erweckung ist manchmal von starken und mitunter dramatischen körperlichen und seelischen Nebenwirkungen begleitet, vor allem bei Menschen, denen diese Erfahrungen spontan passieren und denen keine Modelle und keine Lehrer, die sich auskennen, zur Verfügung stehen.[75] In den Schulen des Tantra und Yoga wird entsprechend hoher Wert darauf gelegt, das Kundalini-Experiment auf eine sanfte Weise durchzuführen. Die Kundalini soll langsam und ohne große Nebenwirkungen erwachen.

Das Erleben der erwachten Kundalini ist unverkennbar.[76] Es wird empfunden als innerer Schauer, wonnevoll, gleichzeitig kalt und heiß, hohe Elektrizität, verbunden mit Licht- und Klangsensationen, manchmal auch furchterregend, bei korrekter geistiger Haltung aber gut zu kanalisieren.

---

73. Die Schriftstellerin Lilian Silburn, selbst eingeweiht in den Trika-Weg des kaschmirischen Shivaismus, hat mit ihrem Werk „Kundalini und Tantra" eine sehr ausführliche Beschreibung der Kundalini aus tantrischer Sicht geliefert. Hier finden sich Kapitel zu verschiedenen Formen der Kundalini, Wege der Erweckung, Reaktionen des Yogis beim Aufstieg sowie verschiedene Formen der Einweihung in Kundalini. Da sich die Schrift sehr an den existierenden Originalen orientiert, bleibt dabei vieles dunkel und unverständlich. Das Werk setzt eigentlich die seltene Erfahrung des Aufstiegs voraus; vgl. Silburn, *Kundalini und Tantra*, (2005).

74. Satyananda Saraswati meint, dass es nicht-tantrische Methoden gibt, die keine Nebenwirklungen haben, aber auch nicht sehr effektiv sind (wie „Bier"), die lange dauern und eine Art langsamen und zähen Kampf beinhalten. Dann gibt es die tantrischen Methoden, in denen keine Energie vergeudet wird (eher wie „LSD");„Machst du einen Fehler, hat das schlimme Folgen, machst du keinen Fehler, ist das Ergebnis gut." Vgl. Saraswati, *Kundalini-Tantra*, (2005), S. 52.

Edgar Hofer unterscheidet zwischen dem Erwachen der Kundalini, die dann einige Zeit im Energiesystem aktiv sein kann, und ihrer vollständigen Befreiung, was dann auch mit der Erleuchtung des Bewusstseins einhergeht, ein ganzheitlicher und in seinen Auswirkungen irreversibler Prozess. Mit dem Erwachen der Kundalini geht ausdrücklich eine wesentliche Veränderung des ganzen Menschen einher. Nicht nur ändert sich sein Aussehen, sein Atem, seine emotionale Befindlichkeit; vor allem erwacht eine neue Intelligenz in ihm, und er wird vom Wunsch getrieben, sein Potenzial hier auf Erden zu verwirklichen.

Kundalini im Neo-Tantra

Im Neo-Tantra hat es eine bedauernswerte Verwechslung von Kundalini-Energie mit Sex-Power, Lebensfreude oder Lebendigkeit überhaupt gegeben, an der auch Schöpfungen wie die ‚Osho Kundalini Meditation' nicht ganz unschuldig sind. Zweifellos deuten die genannten energetischen Zustände auf Prana-Aktivierung hin, was schön und beglückenswert ist; Kundalini in ihrer Gewaltigkeit geht über diese Dimensionen jedoch weit hinaus. Dass es sich bei der Kundalini-Energie um einen tiefen und existenziellen Prozess handelt, der zurzeit noch selten auftritt und von höchster Bedeutung für das Leben der Betroffenen ist, wurde mir auch erst nach Jahren bewusst, als diese Erfahrungen immer mehr in mein Leben traten.

Kundalini und integrales Tantra

Im integralen Tantra ist es ein zentrales Anliegen, eine sinnvolle, sanfte und möglichst effiziente Kundalini-Erweckungspraxis bereit zu stellen. Die Kundalini-Erfahrung hat sicher grobstoffliche Aspekte, doch auch die sub-

---

75. In der klassischen Psychiatrie wird die Realität der Kundalini-Erfahrung nicht anerkannt, eine solche Episode wird daher oft als unspezifische Psychose eingeordnet - aus integraler Sicht eine geradezu klassische Prä/Trans-Verwechslung, die bedauernswerterweise Tausende von Menschen in spirituellen Krisen in die Psychiatrie gebracht hat. Grof, Sannella und Weinreich haben die Unterschiede dieser beiden Erfahrungen sehr klar herausgearbeitet. Kurz zusammengefasst erleben die Menschen die spirituellen Krisen eher als visuelle Halluzinationen, erfahren sich dabei als Werkzeuge einer höheren Macht und können ihre Erfahrungen in wenigen Tagen wieder integrieren. Die Krise ist fast immer von starker Freude begleitet, die Konnotationen drehen sich um spirituelle Themen, Gott, Lichterlebnisse etc. Im Falle einer Psychose hingegen sind die Halluzinationen eher akustisch, sind begleitet von Angst, Themen um Krankheit und Identität oder egomanische Größenphantasien. Oft lassen sich die Erfahrungen nicht integrieren, sondern bleiben abgetrennt. Gefühle von Freude und Ekstase sind hier eher selten. Vgl. Sannella (1977), Weinreich (2005).

76. Douglas/Slinger (1999), S. 39.

tile, kausale und nichtduale Dimension wird angesprochen.[77] Bei einer vollständigen Erfahrung wird das Bewusstsein unter Umständen sogar irreversibel in den nichtdualen Turiya-Zustand versetzt, obwohl es auch eine große Menge reversibler Teilerweckungen zu geben scheint.

Als jemand, der aufgrund eigener Erfahrungen die grundsätzliche Existenz der Kundalini-Energie nicht infrage stellt, ist es mir sehr wichtig, dass ein integrales Tantra, das den Namen verdient, das klassische Konzept aus dem Yoga durch ein modernes, auch neurologisch begründetes Erklärungsmodell erweitern sollte. Eine neurophysiologische Theorie der Kundalini-Erfahrung stammt z.B. von dem tschechisch-israelischen Wissenschaftler Itzhak Bentov. Infolge der Interaktion von Herzschlag, Atem und der Ventrikelflüssigkeit im Schädel sollen sich im entspannten Zustand (etwa bei Meditation) rhythmische und kohärente Druckwellen bilden, die zur Folge haben, dass die Hirnrinde in Schwingung gerät. Unter Umständen kann sich so ein Strompotenzial aufbauen und über den sogenannten Homunculus im sensorischen Cortex bewegen, sodass man die Illusion einer Bewegung durch die Wirbelsäule hat. Mit anderen Worten: Die starken Gefühle entlang der Wirbelsäule könnten eine Simulation des Gehirns sein. Dadurch werden neue Gehirnareale aktiviert. Beachtlich ist, dass diese Theorie von einigen indischen Meistern wie Satyananda Saraswati ernsthaft in Betracht gezogen wird.

Die wichtigsten Fragestellungen, an denen integrale Tantriker zusammen mit Neurowissenschaftlern forschen werden: Wie lässt sich Kundalini neurophysiologisch beschreiben, also im AQAL-Quadranten oben rechts? Gibt es durch diese Forschung Hinweise, wie man diese Kraft schnell und möglichst nebenwirkungsfrei erwecken kann?[78]

---

77. Hofer (2003), S. 40ff.

78. Ein hoffnungsvoller Ansatz ist auch die komplexe Arbeit von Jana Dixon, im Internet zu finden unter http://www.biologyofkundalini.com/

6. Methoden des traditionellen Tantra

Ich habe bereits gesagt, dass es geradezu kennzeichnend für klassisches Tantra ist, dass es sich nicht so sehr mit Philosophie und Spekulation befasst. Seine Anhänger stützen sich dafür umso mehr auf regelmäßige Praxis, um sich bestimmte Fähigkeiten anzueignen und den feinstofflichen Körper mehr und mehr zu meistern. Ich werde nun die wichtigsten Methoden des traditionellen Tantra zusammenfassen und dabei vor allem die Praktiken betonen, die auch im integralen Tantra eine Rolle spielen. Ich unterscheide dabei zwischen *Sadhana,* also den Techniken, die man täglich alleine übt, und besonderen Übungen und Ritualen, die nur zu gewissen Zeiten ausgeführt werden und bei denen der Kontakt zu anderen Praktizierenden und dem Guru von großer Bedeutung sind. Beide zusammen machen den tantrischen Weg aus.

Das tantrische Sadhana

Die regelmäßige Praxis wird ebenso wie in anderen Yoga-Schulen *Sadhana* genannt, der/die Ausführende heißt *Sadhaka.* Das tantrische Sadhana ist komplex und verlangt Anstrengungen auf allen Ebenen: körperlich, geistig und emotional. Kaum eine andere Lehre ist so vielfältig und im Kern schon so integral angelegt wie die tantrische!

Asanas und körperliche Übungen

Mit dem Aufkommen des tantrischen Hatha-Yoga um das 10. Jahrhundert entstand ein Set von Körperübungen, die sogenannten *Asanas*. Einige der Stellungen dienen dazu, lange in Meditation verweilen zu können, andere bezwecken die Regulierung der Lebensenergie im Körper, so dass dieser gestärkt und balanciert wird. Wieder andere Positionen scheinen bei langem Verweilen die Kundalini-Energie anzuregen.[79] Klassisches Hatha-Yoga legt auch großen Wert auf die Reinigungen (*shat-karman*) der Nase, der Augen und des Verdauungstrakts.

---

79. In den klassischen Hatha-Yoga Schriften wie der Hatha-Yoga-Pradipika aus dem 15. Jahrhundert werden etwa 84 Asanas beschrieben, heutige Handbücher zählen schon über tausend solcher Stellungen.

Pranayama

Um Gesundheit und Wohlbefinden zu steigern, aber auch starke Energien und Kräfte auszulösen, nutzten die Tantriker die systematischen Atemtechniken des *Pranayama*. Pranayama, vielleicht eine der ältesten und wichtigsten Techniken zur Erweiterung des Bewusstseins,[80] gilt als eine zentrale Methode des Yoga und wird im Raja-, im Hatha- und Kundalini-Yoga sowie in den meisten Tantra-Systemen ausgiebig praktiziert. Pranayama führt nämlich zu einer Reinigung der Nadis – eine wichtige Voraussetzung für späteres Kundalini-Yoga oder tantrische Arbeit mit der ‚heißen' Sexualenergie.[81] Weil Pranayama am Grenzbereich von Bewusstem und Unbewusstem arbeitet, erzielt der Yogi damit massive Wirkungen in allen Bereichen.

Die Yoga-Tradition hat systematische Techniken mit Beachtung von Ort, Dauer, Geschwindigkeiten, Tiefe und Atemrhythmus entwickelt. Die verschiedenen Pranayamas unterscheiden sich durch die spezielle Eigenart des Einatmens, Anhaltens und Ausatmens. Sie aus Büchern zu lernen ist schwierig, in der Regel werden sie direkt von einem Lehrer erlernt und sollen mit großer Genauigkeit geübt werden.[82]

Entscheidend ist in den meisten Formen, dass die Phase des Atemanhaltens nach und nach verlängert wird. Am Anfang sollte der Schüler nichts erzwingen, sondern durch regelmäßige Übung die Zeiten langsam steigern.

Fortgeschrittenes Pranayama wird immer mit Muskelverschlüssen, den so genannten *bandha* durchgeführt. Beim *mula bandha* versiegelt man die unteren Tore und kann damit den Fluss des abwärtsströmenden Windes *apana* stoppen; beim *jalandhara bandha* wird die Halsgegend versiegelt. Die Versiegelung des Zwerchfells heißt *uddiyana bandha*.

Mudra

Unter Mudra versteht man Handhaltungen, Stellungen der Finger und Hände, zum Teil des gesamten Körpers. Sie sind verbunden mit einer Konzentration auf bestimmte Energien und Bewusstseinszustände.[83]

Rituelle Stellungen der Hand rufen bestimmte Reaktionen im Geist der Praktizierenden hervor. Ursprünglich sind Mudras Formen der Gebärdenkommunikation, unter anderem in Verbindung mit indischem Tanz, die mit

80. Vgl. Mookerjee/Khanna (1999), S. 178.
81. Hofer (2003), S.49.
82. Die Hatha-Yoga-Pradipika erwähnt acht Grundtechniken: *bhramari, suryabheda, ujjayi, sitkari, sitali, bhastrika, murcha* und *plavini.*
83. Fries (2010) S. 202.

der Zeit immer stilisierter wurden. Die Mudras müssen energetisch geladen werden, damit sie wirksam sind, z.B. sollte man den Schwertkampf beherrschen, wenn man das Mudra des Schwerts wirkungsvoll ausüben will.[84]

Zwei bekannte Beispiele von Ganzkörpermudras sind zum einen das *Khechari-Mudra*, bei dem die Zunge so weit nach hinten in den Rachen geschoben wird, dass der Atemfluss unterbrochen werden kann; dies ist eine Schlüsseltechnik zur Kundalini-Erweckung, die aber langwierige Übung erfordert. Bekannt ist auch das *Yoni-Mudra*, bei dem Ohren, Augen, Mund und Nase durch Finger zugehalten und damit versiegelt werden.

Nyasa

Mit *nyasa* wird die rituelle Segnung verschiedener Körperteile bezeichnet. Durch eine Kombination von Visualisierung, Berührung und entsprechendem Mantra werden nach tantrischer Auffassung die feineren Kräfte im betreffenden Körperteil geweckt.[85] Es gibt viele Formen des Nyasa, die sich bezüglich Art der Berührung und Mantra unterscheiden. Es gibt ein Nyasa, das man an sich selbst und ein Nyasa, das man am Ritualpartner vollzieht. Nyasa kann mit den Fingern, bestimmten Gesten oder mit Hilfe von z.B. einer Blume gemacht werden. Dabei kann man sich Gottheiten, Mantras und verschiedene Visualisationen vorstellen. Auch die heute bekannte tantrische Technik des *Yoga Nidra* hat ihre Ursprünge im tantrischen Nyasa.[86]

Kundalini-Yoga

Eine wesentliche Komponente der meisten Formen tantrischer Praxis ist die Arbeit mit der Kundalini-Energie. Kundalini-Yoga[87] nach klassischer hinduistisch-tantrischer Vorstellung, wie er etwa von Swami Shivananda und anderen gelehrt wurde, setzt sich aus mehreren Elementen zusammen. Zum einen bedeutet es langes meditatives Verweilen in manchen Asanas, die stimulierend sind. Die wichtigste Technik ist aber intensives und ausführliches Pranayama, wobei die einzelnen Atemtechniken vom Lehrer meistens erst im Laufe des Trainings erläutert werden. Traditionell kommt dann auch noch Meditation mit Mantras, Visualisation yantrischer Bilder und meditative Arbeit mit Klängen und Musik dazu (*Nada-Yoga*).

---

84. Fries (2010), S. 204.
85. Fries (2010) S. 195.
86. Satyananda Saraswati, (2005), S.3f.
87. Im Westen ist auch das Kundalini-Yoga nach Yogi Bhajan bekannt, das sich von einer Sikh-Tradition herleitet. Dieser Ansatz nutzt andere Methoden und ist mir nur wenig bekannt; der gemeinsame Name führt jedoch oft zu Verwechslungen.

In bestimmten Kreisen gibt es die Auffassung, dass Kundalini nur durch einen Guru erweckt werden kann, dessen Energie schon erweckt ist – nach dem Schwingungs- und Resonanzprinzip kann er die Schwingung auf den Schüler übertragen, allerdings nur, wenn dieser bereit dazu ist. Diesen Prozess nennt man *shaktipat*. Linkshändige Schulen kennen auch Wege der Erweckung durch Drogen (im Original: durch Kräuter ‚*aushaddhi*') und durch verschiedene Formen von Sexualität.

Kriya-Yoga

Der Kriya-Yoga in der Tradition von Yogananda ist als eine besondere Form des Kundalini-Yoga anzusehen, in dem ein Einweihungsritual den Techniken noch eine besondere Kraftladung verleiht.[88] Die Kriya-Übungen, die Pranayama, Bandha, Mudra, Visualisierungen und Meditation auf spezielle, besonders ausgefeilte Weise verbinden, sind tantrischen Ursprungs und darin besonders effektvoll, die Kundalini-Kraft ohne störende Nebenwirkungen zu entwickeln. Dies ist einer der Gründe, warum der intime Kenner des Kundalini-Yoga Satyananda Saraswati Kriya-Yoga als besten Weg für unsere Zeit anpreist.[89] Integrales Tantra ist bestrebt, die Kriya Yoga Praxis so weit wie möglich zugänglich zu machen und in den Gesamtprozess zu integrieren.

Tummo

Im tantrischen Buddhismus existiert eine analoge Praxis zum Kundalini-Yoga, die *Tummo* oder Inneres Feuer genannt wird. Voraussetzung ist in den meisten Schulen, dass die sogenannte Erzeugungsphase gemeistert ist, d.h., dass der Strebende in der Lage ist, eine stabile Visualisierung seiner Meditationsgottheit aufrechtzuerhalten und eins mit ihr zu sein.

Nach einer Serie von vorbereitenden Körper-Übungen besteht der Hauptteil der *Tummo-Praxis* nun darin, alle Körperenergien auf der Höhe des Nabelchakras zu sammeln und mithilfe bestimmter Atem- und Visualisationstechniken in den Zentralkanal einzuleiten. Dadurch entsteht eine subtile, aber sehr starke Hitze in Bereich des Bauches, die sich im Zentralkanal weiter nach oben arbeitet. So werden alle Chakras durch die Hitze befreit, und der Adept macht die Erfahrung von außergewöhnlicher Glückseligkeit, die mit nichtdualer Leerheit vereint wird. Ziel dieser Praxis ist ein subtiler Körper, der

---

88. Es gibt eine Vielzahl von Pranayama-Übungen, die den gesamten Wachstumsprozess des Sadhaka stark beschleunigen. Oft sind solche Atemtechniken Teil einer speziellen Einweihung in eine Tradition und nicht öffentlich zugänglich. Hier ist z.B. der kosmische Kobra-Atem nach Babaji zu nennen, den ich als Schlüsseltechnik kennengelernt habe, vgl. Saraswati/Avinasha, Juwel im Lotos (1995) S. 85 ff.
89. Saraswati, *Kundalini-Tantra* (2005), S. 49 f.

dauerhaft von großer Glückseligkeit durchtränkt wird.[90] Wichtig ist sowohl beim Kundalini-Yoga als auch beim Tummo die Begleitung eines kompetenten Lehrers, denn hier spielt man mit enormen psycho-energetischen Kräften.

Mantra

Im klassischen hinduistischen und buddhistischen Tantra hat das Mantra die höchste, ja geradezu zentrale Bedeutung, und etwa 60% der Textstellen der Tantra-Schriften beschäftigen sich mit diesem Thema.[91] Noch heute assoziieren die einfachen Leute in Indien einen Tantrika in erster Reihe als Zauberer, der die Sprüche beherrscht und damit heilen, segnen, verfluchen oder töten kann. Im buddhistischen Tantra ist diese Identifikation so groß, dass es auch Mantrayana, Mantra-Fahrzeug, genannt wird.[92]

Das Mantra ist eine Silbe oder eine Folge von Silben mit ‚magischer' Ladung. Ein Mantra hat aus tantrischer Sicht die höchste magische Kraft, wenn es direkt vom Guru auf den Schüler Mund zu Ohr übertragen wird.[93] Für den religiösen Inder ist das Mantra die schöpferische Kraft des Wortes – ein Mantra des Shiva enthält dessen Bewusstsein in verdichteter Form, ist so als Abkürzung zum Gottesbewusstsein zu verstehen. Durch Rezitation kann der Sadhaka die Gottheit herbeirufen und sich ihre Kräfte nutzbar machen.[94] Indem er das Keim-Mantra eines Gottes ausspricht, nimmt er nach und nach dessen Eigenschaften an.[95] Ein Mantra, heißt es, ist wie ein Same, aus dem der Baum hervorgeht.[96]

Einige Beispiele für Mantras, die in Indien verbreitet sind: das Fünf-Silben-Mantra des Shiva: *Om Namah Shivaya,* das Sechs-Silben-Mantra des Vishnu: *Om Namo Narayanaya,* das Wurzelmantra der Kali: *Om Krim Kalikaye Namaha,* das *Gayatri*-Mantra: *Om Bhur Bhuvah Svaha / Tat Savitur Varenyam/ Bhargo Devasya Dhimahi / Dhiyo Yo Nah Prachodayat.*[97]

Mantras werden in vielen Traditionen schnell und laut wiederholt, das nennt man *Japa.* Eine *Mala,* in der Regel eine Kette mit 108 Perlen, dient als

---

90. Als Lektüre empfehle ich hier das grandiose Buch *Inneres Feuer,* München 1999, von Lama Yeshe, die Übungen erfordern aber einen autorisierten Lehrer!
91. Bharati (1977), S. 84, S. 226.
92. Eliade (1985), S.221.
93. Van Lysebeth (1990), S.255; Bharati (1977), S. 89.
94. Nayak (2001), S. 87.
95. Eliade (1985), S. 223.
96. Nayak (2001), S. 88.
97. Letzteres bedeutet im Wortlaut sinngemäß: „Om, wir meditieren über den Glanz des verehrungswürdigen Göttlichen, den Urgrund der drei Welten. Möge es uns erleuchten, damit wir die höchste Wahrheit erkennen."

Zählmittel. Wenn man ein Mantra hingegen innerlich wiederholt, heißt das *ajapa japa* – dadurch kann die Wirkung noch stärker ins Unbewusste gehen.

Die Meditation mit Mantras wird im integralen Tantra als eine Methode vorgestellt, die sich für manche Menschen mehr eignet, für andere weniger gut. Sie sollte denen zur Verfügung stehen, die sich zu dieser Methode hingezogen fühlen. Es gibt eine Reihe von Vorschlägen, vor allem von Jan Fries, die Wirksamkeit der Mantras durch Suggestionstechniken zu erhöhen. Der Ansatz von Richard Bandler, mit Submodalitäten zu arbeiten, könnte sich als besonders machtvoll erweisen – mehr dazu im 2. Teil.

Wirksamkeit der Mantras

In Indien glauben die meisten Menschen an die Wirksamkeit von Mantras. Andre van Lysebeth z.B. schildert sehr plastisch eine Situation im Dschungel, in der ein indischer Lastenträger beim Nahen eines Tigers sehr ruhig wird und sein Mantra zur Vertreibung von Tigern rezitiert, in der vollen Überzeugung, dass ihn dies schützen würde, was dann auch so geschah.[98] Das ist ein Hinweis auf die magische Bewusstseinsstufe (im Sinne von Spiral Dynamics), also eine relativ alte Kulturepoche, innerhalb derer Tantra auch seine Blütezeit erlebte. Dass man mit Zaubersilben Frauen verführen, Menschen töten, Krankheiten heilen und feindliche Armeen vernichten könne, erscheint aus der Sicht eines aufgeklärten Europäers eher ungewöhnlich und exotisch.

Die traditionelle Theorie des Tantra und Yoga erklärt die Wirksamkeit des Mantra damit, dass es sich um Verdichtungen der tatsächlichen Gottheitsaspekte handelt, die sich dann im eigenen Geist nach und nach manifestieren. Wegen der Besonderheit des Sanskrit unter den Sprachen als Ursprache, die nicht willkürlich durch den Menschen entstand, sondern die Ur-Idee der Dinge selbst objektiv äußert, sei es von höchster Wichtigkeit, die Silben korrekt auszusprechen und zu rezitieren. Bei falscher Rezitation komme man ebenso wenig zu einem Ergebnis wie beim Wählen einer Telefonnummer, die an einer oder zwei Stellen falsch ist.

‚Psychophonetiker' wie Aba Aziz Makaja wiederum vertreten die Ansicht, dass es vor allem auf die Laute ankommt, dass bestimmte Lautschwingungen spezifische Effekte im Feinkörper erzielen. In diesem Fall käme es nur auf Lautkombinationen und nicht auf die exakten indischen Silben an, ähnliche Kombinationen führen zu ähnlichen Resultaten.

Eine eher westliche Erklärung auf der Ebene des orangenen Mems wäre, dass die lange und kontinuierliche Wiederholung einer Silbe einen Zustand im Nervensystem schafft, der Stress abbaut und bestimmte Gehirnpotentiale

---

98. Van Lysebeth (1990) S. 254.

aufbaut, die zu einer tiefen Regeneration führen und letztlich zu mehr Gesundheit und zur Bewusstseinserweiterung führen.

Die zurzeit im Westen bekannteste Mantra-Meditation ist die Transzendentale Meditation (TM) von Maharishi Mahesh Yogi.[99] Die wissenschaftlich nachgewiesenen Erfolge einer solchen einfachen, elementaren und anspruchslosen Meditationstechnik (in vielen vergleichenden Untersuchungen erscheint TM erfolgreicher als andere Meditationsarten zu sein) sprechen für die neurologische Theorie. Dann wäre das spezifische Mantra, das benutzt wird, bei dieser Form der Erklärung relativ egal. Demzufolge könnte man auch deutsche oder englische Wörter nehmen wie „one", „Gott" oder „Auto".

Ein Erklärungsversuch, der westliches Denken und die östliche Auffassung verbinden will, könnte so lauten: Ehemalige Seher, Weise und Gurus haben die Verbindung zu bestimmten Aspekten der Wirklichkeit geschaffen, als ob sie eine Homepage im kosmischen Internet installiert hätten. Das Ganze kann man sich als morphogenetisches Feld im Sinne Sheldrakes vorstellen: Mantra, Mudra, Yantra und Visualisation wären verschiedene Formen des Zugangs.[100] Durch beständiges Wählen der Verbindung bzw. Eingabe des Codes wäre es nun mit einiger Übung und Vertrautheit mit der Materie möglich, diese inneren Räume, wie sie vorgeprägt wurden, zu erfahren und von dort aus aktiv zu sein. Das erfordert vom Einzelnen aber Übung, Vertrauen und Hingabe. Heutige Praktizierende etwa des tibetischen Buddhismus sind von dieser Wirksamkeit überzeugt und stützen darauf ihre Praxis.

Integrales Tantra nimmt in Kenntnis dieser verschiedenen Erklärungsweisen die Haltung ein, dass die Mantra-Rezitation zum einen durchaus eine positiv-beruhigende Wirkung auf den Geist hat und zum anderen bei manchen Menschen dazu führt, zusätzliche Kräfte und unbewusste Intelligenzen zu mobilisieren, indem es die vitalen purpurnen und roten Ebenen des Bewusstseins stimuliert.

Während Meditation letztlich für jeden seinen Nutzen haben kann, steht die Mantra-Rezitation innerhalb des integralen Tantra für den Menschen zur Verfügung, der sich persönlich dazu hingezogen fühlt. Wie ich im Praxis-Teil zeigen werde, gibt es im integralen Tantra für jeden Bereich des Menschlichen verschiedene Praxismöglichkeiten.

---

99. Aufgrund mehrerer Hundert Untersuchungen lässt sich zeigen, dass TM sowohl sehr wirkungsvoll ist, was gesundheitliche Aspekte angeht wie Stressbewältigung, Blutdruck, Kopfschmerz, Herzinfarktprävention und allgemeines Wohlbefinden, als auch in spiritueller Hinsicht wie Meditationstiefe und die Fähigkeit zu tiefer Konzentration. Vgl. Schwäbisch/Siems, *Selbstentfaltung durch Meditation*, (1983), S. 53-55.

100. Vgl. Sheldrake, *Das schöpferische Universum*, Hamburg 2009.

Visualisierung

In den meisten Hindu-Systemen hat der spirituelle Schüler eine Hauptgottheit, etwa *Durga*, *Ganesha* oder *Lakshmi*, die er verehrt und mit der er in Kontakt steht. Er rezitiert ihr Mantra, pflegt einen Altar mit ihren Bildnissen und verehrt sie mit verschiedenen rituellen Handlungen. Diese Hauptgottheit wird in Indien *Ishta-Devata* genannt, was bevorzugte oder geliebte Gottheit heißt. Je nach Tradition wird diese Gottheit selbst gewählt, vom Meister zugewiesen oder die Gottheit entscheidet sich, jemandem zu erscheinen. In der tantrischen Überlieferung erhält der Schüler durch die Einweihung das Recht, sich als die Gottheit zu verkörpern und auf diese Weise nach und nach den göttlichen Bewusstseinszustand zu erfahren. Hauptmethoden sind dabei Visualisierung, Mantra und evtl. Symbole wie Yantra oder Mandala. Auch im buddhistischen Tantra ist die Yidam-Praxis (tibetisch *yidam* = sanskrit *ishta-devata*) zentral und geradezu kennzeichnend für einen tantrischen Weg.

Yidam-Praxis

Die Yidam-Praxis besteht darin, dass der Adept sich selbst als Gottheit vergegenwärtigt, z.B. als eine der buddhistischen Tantra-Gottheiten wie *Hevajra* oder *Yamantaka*. Dieser Praxis ging eine durch einen autorisierten Meister vollzogene Einweihung voran. Dieses ‚sich als Gottheit betrachten' wird in konkreten Praxiszeiten besonders betont und mit dem Rezitieren der Keimsilben der spezifischen Gottheit unterstützt, soll aber auch während des profanen Alltags aufrecht erhalten werden. Also ist das Ziel der Praxis, sich von seiner gewöhnlichen profanen Identität zu lösen und eine Art überlegene und auch klar umrissene Identität anzunehmen, die sich von der bisherigen profanen spezifisch unterscheidet: Das Bewusstsein der Gottheit ist frei von Dualität und voller Mitgefühl.

Die Visualisierungen im Tantra sind ikonographisch genau. D.h. man stellt sich eine Gottheit, etwa *Kali* oder *Buddha Chakrasamvara*, äußerst klar und genau vor, mit allen Attributen wie Schmuck, Waffen, Farben etc. Der *sadhaka* stellt sich dann, so genau es ihm möglich ist, vor, wie er sich in diese Figur verwandelt.[101] Bei der Visualisierung meditiert er dann über bestimmte innere Qualitäten, die der entsprechenden Gottheit zugerechnet werden. Die gesamten tantrischen Schriften setzen bereits eine hohe Fähigkeit der Visualisierung voraus. Im Yoga ist diese Technik als *dharana* bekannt.

---

101. Mookerjee/Khanna (1990), S.52ff.

Die Praxis der Verehrung einer persönlichen Gottheit wendet sich im integralen Tantra an fortgeschrittene Schüler, die evtl. auch Zugang zu einer Tradition haben.

Yantra und Mandala

Ein *Yantra* ist ein geometrisches Diagramm und wird aus den Elementen Punkt (*bindu*), Dreieck, Kreis, Quadrat, Lotusblätter und Tore gestaltet, die alle eine esoterische Bedeutung haben. Das Yantra ist für den Tantriker eine archetypische Abstraktion universeller Zusammenhänge.[102] Yantras werden im tantrischen Ritus auf den Boden oder auf eine Leinwand gemalt.

Das meditative Betrachten eines Yantra führt zu tiefen Meditationserfahrungen, man kann den Begriff sogar mit ‚Meditationsmaschine' übersetzen. Nach und nach kann das Yantra so verinnerlicht werden, oft in Verbindung mit einer speziellen Gottheit, die es symbolisiert.

Ein Mandala ist eine im buddhistischen Tantra übliche und viel verwendete Kreisdarstellung von Göttern und Personen. Wie das Yantra ist auch das Mandala ein Bild des Universums und auch ein Aufnahmeplatz für die Gottheiten, die gewissermaßen in das Mandala hinabsteigen.

In Tibet ist das Zeichnen eines Mandala ein präzises und bis in kleinste Details festgelegtes Ritual. Der Psychologe C. G. Jung beschreibt das Mandala als archetypische Prägeform innerer Bilder, die kulturübergreifend in ähnlicher Form auftreten, um gewissermaßen visionäres Material zu ordnen und in Form zu bringen.

Das Mandala ist ursprünglich etwas Ähnliches wie der Grundriss eines Tempels oder Königspalastes, der von alters her, begonnen mit den babylonischen Zikkurats, auch einen magischen Raum der Herrlichkeit darstellte. Buddhistische Stupas, indische Tempelanlagen oder Königsschlösser, alle folgen dem Prinzip, dass sich der Herrscher oder Magier von außen, d.h. aus der Außenwelt, immer mehr in die Mitte hineinarbeitet, in der er völlige Kontrolle über die Kräfte des Universums hat. In der tantrisch-buddhistischen Mandala-Visualisation beschwört der Sadhaka diejenige Gottheit mithilfe der Mantras aus seinem Herzen herauf, mit der er sich identifizieren will. Die heraufbeschworene bzw. niedergestiegene Gottheit tritt in der Mitte der Lotusblüte auf, die im Raum des Herzens entsteht.

In diesem Kontext sind auch die blutrünstigen und schrecklichen Götter als archetypische Bilder aus der Tiefe der Seele zu sehen, die nicht außerhalb der Seele als böse Mächte projiziert werden, sondern in eine Vision von Heiterkeit integriert sind und den Befehlen des Adepten gehorchen. So können

---

102. Mookerjee/Khanna (1990), S. 67f.

die ‚Gespenster' erkannt und befreit werden. Der Praktizierende „hat vor sich ein Diagramm, das ihm die Geheimnisse der Dinge und seiner selbst erschließt. Das Ineinander von Bildern und ihre symmetrische Disposition, der Wechsel drohender und friedlicher Gestalten ist das offene Buch der Welt und ihres Geistes. Wo vorher Nacht herrscht, ist jetzt das Licht."[103]

Tantrische Meditation

Meditation ist unverzichtbarer Bestandteil des tantrischen Sadhana. Tantra kennt sowohl die *Saguna*-Meditation, in der der Geist sich auf ein Objekt konzentriert, als auch die *Nirguna*-Meditation, in der man sich ins Formlose versenkt. Typisch für den tantrischen Weg sind jedoch in der Regel eher aktive Meditationen der Saguna-Art. Diese setzen fortgeschrittene Kenntnisse in Visualisierung und Konzentration (*dharana*) voraus. Traditionelle Symbole dienen als Hilfsmittel oder Sammlung und zur Erinnerung an eine Wirklichkeit jenseits weltlicher Ablenkungen; dies können Yantras, Mandalas oder dreidimensionale Skulpturen sein. Eine andere Möglichkeit der Saguna-Meditation ist, die Achtsamkeit auf ein Mantra zu konzentrieren,[104] das wiederum entweder laut oder leise wiederholt werden kann, oder eine der vielen Methoden, den Atem zu beobachten.

Eine Nirguna-Meditation wäre die innere Stille (*Antar Mauna*). Hier setzt man sich hin und beobachtet alles, was an Gedanken, Gefühlen, Erinnerungen durch den Kopf geht. Nach und nach gelangt man so in einen inneren Raum, in dem die Stille herrscht und wo Gedanken nicht mehr hinkommen.

Das *Vijnana-Bhairava*-Tantra ist als tantrisches Meditationsbrevier eine Beschreibung von 112 Übungen, die Shiva der fragenden Shakti offenbart, darunter Atemtechniken, Mantras, Bewusstseinsübungen, Kundalini-Yoga, sexuelle Übungen und Bhakti-Yoga. Je nach persönlicher Vorliebe kann der Adept dann eine oder mehrere Praxen in seine Sadhana einbauen.

Was alle meditativen Techniken verbindet, ist, dass der Eingeweihte seine Energien in einem Kern sammelt und zum Zentrum der eigenen Psyche führt. So führt die Meditation zu einer Zentrierung und – als Folge davon – zur Erfahrung eines veränderten Bewusstseinszustands.[105] Wer solche veränderte Bewusstseinszustände dauerhaft und in allen Lebenslagen halten kann, hat die Erscheinungen durchdrungen, er ist ein *Siddha*, ein „Zauberer" geworden, der weltliche Kräfte nicht mehr fürchten muss, oder, wie es das Hevajra-Tantra ausdrückt, „wie ein Löwe zwischen den Welten wandelt".[106] Tantrische Yogis

103. Tucci (1989), S. 127.
104. Mookerjee/Khanna (1990), S. 168f.
105. Mookerjee/Khanna (1990), S. 203.
106. Hevajra-Tantra, Kapitel I, 6, nach Farrow/Menon (2001).

können dabei auch sehr unkonventionell sein, indem sie etwa dem Typus des verrückten Weisen entsprechen, der ekstatisch und frei von Konventionen lebt, und den Menschen durch immer neue Provokationen den Spiegel vorhält. Die Figur des provokanten, offen sexuellen und dem Alkohol zusprechenden Meister-Yogi Drugpa Künleg, über den mein Lehrer Keith Dowman ein schönes Buch geschrieben hat, verkörpert diesen Typus sehr eindringlich.[107]

Tantrische Rituale

Die Rituale machen, wie eingangs erwähnt, einen wichtigen Teil des traditionellen Tantra aus und sind sicherlich auch das spektakulärste Element darin. Während das Sadhana, also die tägliche und regelmäßige Übung, den einen Pfeiler der tantrischen Praxis darstellt, so ist das Ritual der andere. Wo die tägliche Praxis den Menschen ganzheitlich schult und auf die höheren Erfahrungen vorbereitet, da soll das tantrische Ritual beim Einzelnen eine starke Bewusstseinserweiterung bezwecken und überbewusste Kräfte wachrufen.

Im Tantra werden die Energien von Gottheiten angerufen und durch bestimmte Gesten und Formeln eingeladen, in unseren physischen Körper zu gelangen und dort für die Dauer des Rituals zu hausen. Vorher ist es sinnvoll, sich selbst so leer wie möglich von unseren üblichen Gedanken, Gefühlen und Identifikationen zu machen, d.h. die Anhaftung an die Persönlichkeit vorübergehend zu lösen.

Typisch für den hinduistisch-tantrischen Ansatz ist die Anrufung der Shakti als das weibliche Prinzip der Kraft und Energie, die sowohl im ganzen Universum als auch in unserem Inneren ist. Ihr männlicher Gegenpart ist Shiva, der im tantrischen Kontext als das *Eine* Bewusstsein, das überall existiert und sich in allen Phänomenen manifestiert, anzusehen ist. Er ist untrennbar mit Shakti verbunden, sie sind eins.

Aufbau eines Tantra-Rituals

Das allgemeine Schema eines Rituals sieht (laut dem *Mahanirvana*-Tantra aus dem 17. Jahrhundert) etwa so aus:[108] Am Anfang stehen vorbereitende Handlungen; der Praktizierende wäscht sich selbst, dann reinigt er den Platz, auf dem er sitzen wird und seine rituellen Utensilien, räuchert den Raum und gedenkt seines Guru und der Übertragungslinie. Dann folgt die Verehrung der Gottheit, der Ishta-Devata, die als Bild oder Statue anwesend ist, mit Hilfe von Mantras und Mudras, Meditationen und Visualisierungen,

---

107. Vgl. Keith Dowman, *Der Heilige Narr,* (2005).
108.Vgl. Avalon, Mahanirvana-Tantra, (2010).

Yantras oder Mandalas. Dabei werden oft auch äußere Opfer wie Blumen, Nahrung, Räucherwerk dargebracht.

Die nächste Phase ist die innere Reinigung oder das innere Opfer, womit die symbolische Auflösung des grobstofflichen Körpers gemeint ist. Dies kann je nach Tradition in verschiedenen Formen passieren.

In einem weiteren Schritt folgt die Identifikation mit der Gottheit, der Ausübende bittet die Gottheit sozusagen, in ihn einzukehren und in seinem Körper für die Ritualdauer zu residieren und Platz zu nehmen: Er wird zur Gottheit selbst. Zu diesem Zweck dienen ausführliche Mantra-Rezitation sowie Ritualelemente wie Nyasa und Mudra. Aus dieser Form der Gottheit heraus werden dann zuweilen weitere magische Ritualpraktiken zum Erreichen spiritueller oder weltlicher Zwecke ausgeübt, oft auch noch yogische Übungen zur Erweckung der Kundalini-Energie.

Am Ende des Sadhana folgt eine Auflösung der Gottheit, verschiedene Wunschgebete, etwa dass die Früchte der Übung allen zugutekommen mögen sowie andere abschließende Elemente. In ähnlicher Form sind auch die Rituale der buddhistischen Tantra-Tradition aufgebaut.

Linkshändige Rituale

In der tantrischen Tradition wird zwischen rechtshändigen Ritualen, die für jedermann bestimmt sind, und linkshändigen Ritualen unterschieden, die nur für willensstarke und ethisch integre Menschen mit bestimmten Qualitäten geeignet sind.

Tantrische Schriften pflegen dabei zwischen drei Arten von Praktizierenden zu unterscheiden. Die unterste Stufe, *pashu,* in der Bedeutung ‚Tier', ist ein Mensch, der noch stark unter dem Einfluss seiner Triebe und Programme steht und für linkshändige Rituale nicht geeignet ist. Er würde stärker unter ihnen leiden als davon profitieren. Den Pashus empfehlen die Schriften harmlose Praktiken, etwa mit Ersatzsubstanzen: Kokosmilch anstelle von Wein, Ingwer statt Fleisch, verehrenden Gesten anstelle sexueller Vereinigung.

Die nächste Stufe ist der Held, auf Sanskrit *vira.* Der Vira ist in der Lage, mit Paradoxien umzugehen und die Energie aus gezielten rituellen Tabubrüchen spirituell umzuwandeln. Tantriker und Schamanen in den Himalajaregionen lassen sich z.B. sogar von Kobras beißen, um ihre Shakti, die innere Kraft, zu erhöhen. Auch Experimente, wie viel Alkohol man vertragen kann, ohne die innere Ausgeglichenheit zu verlieren, gehören in den indischen und tibetischen Traditionen dazu. Dies erfordert hohe Wachheit und Konzentration sowie die Bereitschaft, jenseits gesellschaftlicher Moralschranken zu leben. Entscheidend ist, dass der Vira genau einschätzen kann, wie viel der ‚Tabu-Substanz', sei es nun Sexualität, Gift oder weltliches Vergnügen, er auflösen oder verarbeiten kann, während derjenige, der sich nicht beherrschen kann und dem Vergnügen verfällt, als Pashu gilt und scheitert. Das ist einer der Gründe, warum der Tantra-Weg so delikat ist und genauer Anleitung bedarf.

Die höchste Stufe, *divya*, was in etwa Gottmensch bedeutet, hat auch die linkshändigen Rituale transzendiert bzw. ist fähig, alles geistig auszuüben. Praktizierende auf der Divya-Stufe sind eher selten; es gibt Hinweise, dass diese Stufe dem System erst später hinzugefügt wurde.[109]

Traditionell gesehen vollziehen vor allem die Viras der Kaula oder Shakta-Tradition das Ritual der fünf M, in denen Tabus der Veden rituell gebrochen werden.[110] Die fünf M sind:

madya – Wein
mamsa – Fleisch
matsya – Fisch
mudra – geröstetes Getreide
maithuna – Geschlechtsverkehr

Julio Lambing beschreibt in seinem Artikel *Der blutige Kuss der Göttin* das linkshändige Tantra eindrucksvoll:

> *„Dieses ‚linkshändige' Tantra ist … einer komplexe Überschreitung vielfältiger Grenzen: Ein Mensch (Mann) verbindet sich mit der Verkörperung der Göttin (Frau) und wird so selbst zum göttlichen Widerpart. Nicht die geliebte Ehefrau, die ja Teil der regulären Ordnung gewesen wäre, war die bevorzugte Partnerin, sondern möglichst Prostituierte, Frauen aus ‚unreinen' Bevölkerungsgruppen oder die Ehefrau eines anderen Mannes. Beim Akt saß die Frau ‚unnatürlicherweise' auf ihm, statt dass sie unter ihm lag. … Fleisch, Fisch, Alkohol sind weitere grenzüberschreitende Bestandteile dieses linkshändigen Pfades des Tantra. Je extremer die Grenzüberschreitung, desto mächtiger das Ritual. Der tantrische Meister ist jemand, der ultimative Grenzen überschreitet und deshalb auch in der Lage ist, die normale soziale und natürliche Ordnung zu überschreiten. Weil er dadurch alle Dualitäten überwindet, überwindet er auch die Dualität zwischen göttlicher und irdischer Sphäre. Er wird gottgleich."*[111]

---

109. White (2003), S. 219ff.
110. Ähnliche Rituale kommen in den älteren Systemen des buddhistischen Tantra vor, z.B. dem Hevajra-Tantra. Vgl. Farrow/Menon, *The Concealed Essence of the Hevajra Tantra*, Delhi 2001.
111. Julio Lambing, *Der blutige Kuss der Göttin*, http://bit.ly/o6g7Rq.

Eine zweite, vielleicht tiefere Bedeutung dieses Rituals liegt darin, dass die fünf M die fünf Elemente verkörpern, aus denen der physische Körper zusammengesetzt ist, nämlich Luft, Feuer, Wasser, Erde und Raum. Im Ritual werden diese als Opfergaben an die Gottheit dargebracht, die uns daraufhin ihren Segen erteilt.

Ganz allgemein ist im linkshändigen Ritual die Frau dem Mann gleichgestellt oder gar überlegen. Der Sex im Ritual soll keinen lustzentrierten Selbstzweck haben, denn der Eingeweihte sieht seine Ritualpartnerin nicht als gewöhnlichen Mann oder Frau, sondern als personifizierte Shakti. Nur wenn diese Perspektive tatsächlich aufrechterhalten werden kann, kann man von einem gelungenen tantrischen Ritual sprechen.[112]

Die Lust soll dazu genutzt werden, hohe Kräfte freizusetzen und das Bewusstsein besonders weit zu machen: Maithuna ist nicht zuletzt eine der Hauptmethoden zum Auslösen der Kundalini. Dadurch wird die gewöhnliche Vereinigung zu einer Art transzendentalen Vereinigung und Erfahrung von Seligkeit und Wonne.[113]

Tantra-Schriften machen verschiedene Aussagen zur geeigneten Ritualpartnerin. Während einige der Schriften empfehlen, es mit der eigenen Frau zu halten, neigt die Mehrheit zur Auffassung, man sollte es mit einer Frau vollziehen, mit der der Ausübende nicht verheiratet ist. Nach der Logik linkshändiger Praxis ist eine Frau desto besser als Ritualpartnerin geeignet, je größer das Tabu ist, mit ihr zu verkehren. Also werden Kastenlose wie Wäscherinnen, Schauspielerinnen und Prostituierte bevorzugt, aber auch Brahmaninnen, also die Frauen der höchsten Kaste, die für alle anderen tabu

---

112. Ein poetisches Beispiel ist diese von Lilian Silburn zitierte Abhandlung über ein Carya-Krama genanntes Ritual:
„Was sollte verehrt werden? Die Frauen sollten verehrt werden.
Wer ist der Verehrer? Der Mann ist der Verehrer.
Wer beschwört die Götter? Ihre gegenseitige Liebe.
Welche Blume wird dargebracht? Die Wunden, die die Nägel rissen.
Was sind Weihrauch und Opfergabe? Umarmung und Zärtlichkeit.
Was ist das Mantra? Die Worte des Geliebten.
Was ist die Rezitation? Das Vergnügen der Lippen.
Was ist die Opfergrube? Die Yoni.
Was ist das Holz? Der Linga.
Was ist das Feuer? Der Keim in der Gebärmutter.
Was ist geschäumte Butter? Der Same oder virya, laut Bhairavagama.
Was, oh Herr der Götter, ist Samadhi? Und Shiva antwortet: Klang, Berührung, Geschmack und Geruch, in dem Augenblick, in dem die Glückseligkeit entströmt; was von diesen Empfindungen in fünffacher Weise ausgeht, das ist Samadhi. Hat man es erreicht, erkennt man Shiva." Vgl. Silburn (2005) S. 182.
113. Mookerjee/Khanna (1990), S.226.

sind. Mit einer Brahmanin zu verkehren, ist für einen traditionellen Hindu, der nicht selbst Brahmane ist, ein besonderes Sakrileg.

In späteren Jahrhunderten scheint diese Radikalität im Übrigen abhandengekommen zu sein. Im Mahanirvana-Tantra, der letzten großen Tantra-Schrift, wird empfohlen, Rituale nur mit der eigenen Frau[114] zu vollziehen.

Rituale im integralen Tantra

Die Elemente des tantrischen Rituals gehören zur indischen Kultur. Ein wirkliches und tiefes Verständnis der ganzen ritualistischen Praxis würde eine Kenntnis der hinduistischen bzw. buddhistischen Alltagskultur voraussetzen, der Veden, der vedischen Opfer, der Götteranrufungen, der üblichen Mantrapraxis, des Kastensystems und der besonderen Stellung der Brahmanen, der traditionellen religiösen Gegenstände und der dort üblichen Tabus, und im Speziellen noch eine Kenntnis der tantrischen Schriften und der zugrunde liegenden Philosophie. Da es kaum abendländische Menschen gibt, die diese Voraussetzungen erfüllen, können wir zwischen drei Alternativen wählen:

1. Auf Rituale in unserer Tantra-Praxis gänzlich verzichten.
2. Die Rituale so ausführen wie in Indien oder Tibet üblich und auf ihre Wirksamkeit hoffen, ohne den ganzen Prozess von innen heraus zu verstehen.
3. Die Rituale unserem eigenen Kulturkreis auf eine Weise anzupassen, die die Essenz des Tantra zu wahren versucht, was bedeutet, dass einige Elemente stark verändert, andere weggelassen und noch andere dazu genommen werden müssen.

Die erste Alternative entspricht dem westlichen und wissenschaftlich aufgeklärten Geist, Orange in der Sprache von Spiral Dynamics. Der zweite Vorschlag entspräche einem blinden Vertrauen in die magischen Komponenten eines Rituals, wie es in magischen und religiösen Kreisen (Purpur bis Blau) durchaus üblich ist. Die dritte Idee entspricht dem Denken des postmodernen Grün: „Lass uns das einmal irgendwie machen, wird schon funktionieren!"

---

114. Wie zu erwarten war, sprechen die Tantras hier in der Regel wieder nur vom Standpunkt des Mannes. Was ist mit den Frauen, die am Ritual teilnehmen? Was ist mit ihren Gefühlen, ihrer Innenwelt, inwieweit profitieren sie von den Ritualen? Welche Vorbildung ist bei ihnen nötig? Wo wurden sie ausgebildet? Oder handelt es sich in der Tat nur um Prostituierte oder Frauen aus niederen Kasten, die sich für Geld bereit erklärten, an den Ritualen dabei zu sein, und hauptsächlich mit ihrer Anwesenheit den Männern bei ihrer Vervollkommnung dienten? Solche Fragen muss man heutzutage stellen. Leider geben die erhaltenen Dokumente nur wenig Rückschlüsse darüber.

Ich bevorzuge den dritten Zugang, möchte aber bei den nötigen Veränderungen möglichst fundiert vorgehen, soviel Verständnis der Tradition wie mir möglich integrieren und rationale Skepsis auch nicht außen vor lassen, was am ehesten einer integralen Haltung entspricht.

Meiner Meinung nach ist die Beschäftigung mit Mysterienschulen der westlichen Tradition oder manchen zeitgenössischen magischen Orden hier eine große Hilfe. Tatsächlich scheinen die meisten magischen Rituale kulturübergreifend einer Art Grammatik zu gehorchen. Wenn diese entschlüsselt und transparent gemacht wird, kann die Arbeit sehr kraftvoll werden, ohne zu sehr an bestimmten kulturellen Formen anzuhaften. Im Praxisteil werde ich erläutern, wie ich innerhalb meiner tantrischen Schule verfahre.

Tod und Vergänglichkeit

Kennzeichnend für die tantrische Methode ist, dass sie sich mit den elementaren Phänomenen und Kräften im Leben des Menschen beschäftigt. So spielt auch der Tod als Ereignis und Lehrmeister eine wichtige Rolle. Im antiken Indien pflegten viele Arten von Sadhus, Yogis und insbesondere auch die tantrischen Siddhas auf Leichenverbrennungsplätzen zu leben.

Der tiefere Hintergrund dieser Lebensweise war neben der Vorbereitung auf den eigenen Tod die Absicht, die Todesangst, Ursprung aller anderen Ängste, abzubauen, indem man mit dem Phänomen des Todes vertraut wird. Dies sollte den wahren Sinn des Lebens offenbaren und es ermöglichen, zu sich selbst, zu anderen und zu menschlichen Werten und Normen die richtige Einstellung zu finden. Dem nicht genug: Es ist ein wesentliches und charakteristisches Merkmal tantrischer und yogischer Praktiken sowohl hinduistischer als auch buddhistischer Prägung, die Erfahrung des Todes in der Meditation, im Sadhana vorwegzunehmen. Man macht durch die tantrischen Meditationsmethoden also Erfahrungen, die analog zu den feinstofflichen Todeserfahrungen sein sollen. In diesem Sinne ist ein Tantriker ein ‚im Leben Toter', der seinen Tod schon erlebt hat und doch unter den Lebenden weilt, ganz im Sinne einer tieferen spirituellen Initiation. Das nimmt ihm nicht nur jede Todesangst, sondern gewöhnt ihn auch an die Prozesse des Sterbens und die dazu nötige Haltung, um z.B. erleuchtet zu werden oder eine günstige Wiedergeburt zu erhalten.[115]

Im Hindu-Tantra sind Übungen überliefert, die die Angst vor dem Tod nehmen, z.B. das *shava sadhana*, das um Mitternacht bei Vollmond mit einem frischen und unbeschädigten Leichnam auszuüben ist. Der Tantriker meditiert alleine mit dem Leichnam, mit dem er sich identifiziert, um in sich das

115. Eliade (1985), S.302.

Prinzip von Leben und Tod zu entdecken. Eine verwandte Form ist *kapalika sadhana,* hier ersetzt ein Menschenschädel den Leichnam.[116]

Das buddhistische Tantra hat eine ausgefeilte Theorie und Praxis um die Aspekte Tod und Reinkarnation geschaffen, in denen viel Wert auf die sogenannten Zwischenzustände oder *Bardos* gelegt wird, die dieser Sicht zufolge zwischen Tod und Wiedergeburt erfahren werden. Sie kann in diesem Rahmen nicht angerissen werden. Nur so viel dazu: Die Praxis des Tantra soll einen in erster Reihe auf die Vorgänge beim Sterben hinführen und sie schon zu Lebzeiten vorwegnehmen. Der erfahrene Tantriker hat dann solche Einsichten in das Wesen von Leben und Tod gewonnen, dass der Tod für ihn kein Problem mehr darstellt, sondern ein Ereignis, auf das er sich freuen kann und die Bestätigung seiner schon zu Lebzeiten erfahrenen Visionen. Im Buddhismus wäre das etwa die wertvolle Erfahrung des ‚Klaren Lichts' als unsere ureigene Essenz. Näher Interessierten sei das brillante *Tibetische Buch vom Leben und Sterben* von Sogyal Rinpoche empfohlen.

Tantra und Sexualität

Während Tantra im westlichen Verständnis seit mindestens 40 Jahren vor allem als eine Form spiritueller Sexualität aufgefasst wird, zeigt sich, dass in der ursprünglichen Tradition Sexualität zwar Thema war, aber nicht im Vordergrund stand. Es ging dem traditionellen Tantra mehr um Magie, um Mantra, Visualisation und Verkörperung der *ishta-devata.*

Im rechtshändigen Tantra wird die völlige sexuelle Askese mit gleichzeitiger Umwandlung der sexuellen Energien durch Atemübungen, Meditationen und Rituale als einzige richtige Haltung zur Sexualität beschrieben. Wahrscheinlich haben die meisten Tantriker sogar in sexueller Askese gelebt. Die linkshändigen Schulen befassen sich zwar mit Sexualität, warnen aber vor Missbrauch und geben die sexuellen Praktiken und Rituale nur für die Vira-Stufe frei. Die tantrischen Schriften sind eben keine Abhandlungen über die Verfeinerung der Sexualtechnik wie etwa das Kama-Sutra, mit dem es in der westlichen Welt oft verwechselt wird.[117]

Ich werde nun zusammenfassen, welche Aussagen und Praxisvorschläge zur Sexualität tatsächlich zum authentischen Tantra gehören. Die Tantra-Schriften unterscheiden drei Nutzen oder Anwendungsbereiche der Sexualität: um Nachkommen zu erzeugen, um Freude und Vergnügen zu haben, und als Mittel der Bewusstseinserweiterung. Im echten Tantra wird ausschließlich das dritte Ziel verfolgt. Sexualität wird so zu einem Teil des Sadhana.[118]

---

116. Van Lysebeth (1990), S.177.
117. Reinelt (2006), S. 49.
118. Satyananda Saraswati (2008), S. 113 f.

Wenn es auch schwierig ist, alle widersprüchlichen Informationen über tantrische Sexualität zusammenzufassen, bin ich der Ansicht, dass folgende Merkmale zentral sind: Generierung magischer Essenzen, lange Vereinigung, Energiekanalisierung und Zurückhaltung des Samens.

Magische Essenzen

Es geht im Tantra viel um bestimmte magisch-alchimistische Methoden, sie sich aus der Zusammensetzung der Sexualelixiere entwickeln. So gilt z.B. eine Frau, die menstruiert, im Tantra als besonders heilig, wo sie doch in der indischen Kultur ansonsten als unrein verschmäht wird. Insgesamt wird Sexualität im Tantra als kraftvolles Mittel zum magischen Wirken angesehen. David White hat überzeugend dargelegt,[119] dass sich die alte Tradition der Kaulas um Rituale gebildet hat, in der die orale Einnahme von Sexualelixieren, vor allem Sperma und Menstruationsblut, zentrale Bedeutung hatte. Den Elixieren wurde eine magische Wirkkraft zugeschrieben; zur Einweihung in einen magischen Klan (*kula*) gehörte das Konsumieren der magischen Clan-Elixiere. In den Tantra-Schriften steht hingegen nur wenig (wenn überhaupt) Ablehnendes über Homosexualität, Autoerotik, Anal- und Oralverkehr. Zur Integration dieser Praktiken in den tantrischen Weg hat das Neo-Tantra beigetragen.

Lange Vereinigung und Talorgasmus

Die tantrische Vereinigung von *lingam* und *yoni,* wie die Genitalien von Mann und Frau respektvoll genannt werden, soll eine Stunde oder länger andauern, weil sonst die Bedingungen für eine Bewusstseinserweiterung nicht ausreichend vorhanden sind. Das erfordert von beiden Partnern die Fähigkeit, lange Zeit in relativer Unbeweglichkeit verharren zu können, ohne dass die sexuelle Erregung nachlässt.

Zurückhaltung des Samens

Im buddhistisch-tibetischen Tantra ist die Anweisung recht eindeutig: Die Ejakulation sollte ganz weggelassen oder wenigstens stark reduziert werden.[120] Bezüglich des Hindu-Tantra sind die Kenner unterschiedlicher Ansicht.[121] Wie auch immer das im Einzelnen praktiziert wird: Tantra

---

119. White (2003), S. 67ff.

120. Ähnlich wie im Tao-Yoga-System von Mantak Chia, vgl. Chia (1985).

121. Mumford und Bharati sind der Ansicht, dass im Hindu-Tantra mit Ejakulation abgeschlossen wird, Feuerstein und Eliade sind konträrer Ansicht. Vgl. zu dieser Kontroverse Bharati (1977) S. 22, Mumford (2006), S. 268, Feuerstein, (2008), S. 569 f.

sprengt die Konditionierung der meisten Männer, die Ejakulation als bloßen Reflex zu erfahren. Durch die tantrische Körperschulung kommen sie mehr und mehr in die Lage, selbst zu entscheiden, ob sie nun ejakulieren wollen oder nicht. Spezielle Körperübungen und Visualisierungen sollen den Yogi zur Kontrolle über die Leidenschaften und Erlangung des wunschlosen Zustands befähigen.

Sexualität als Methode der Kundalini-Erweckung

Sexualität ist eine der Methoden innerhalb einer Sadhana, die Kundalini-Kraft zu wecken. Die Lust hat in den tantrischen Praktiken die Funktion eines Vehikels, sie verschafft die Energie, durch die das normale Bewusstsein aufgehoben wird und der nichtduale Zustand erreicht wird. Wenn der Geist Dualität vermeidet, können die Sinne ihre Aktivität frei entfalten und immer mehr zu einem Strom unpersönlicher Liebe werden. Lilian Silburn, die eine der wenigen Tantra-Gelehrten ist, die die Lehre auch praktiziert und verwirklicht hat, stellt diesbezüglich fest: „Wenn die an sinnliches Vergnügen gebundene Glückseligkeit den gesamten Menschen durchdringt und sich in innige, mystische Freude verwandelt, überschreitet sie die Begierde und läutert das Denken, das zur Ruhe kommt."[122]

Sexuelle Askese im rechtshändigen Tantra

Traditionell wird übermittelt, dass rechtshändige Praxis langsamer, aber zuverlässiger ist und weniger Gefahren birgt; die Praxis der linken Hand hingegen sei sehr dramatisch und gefährlich und nur für jene geeignet, die jede sexuelle Lust in sich schon ausgemerzt hätten. Dem widerspricht die hohe Anzahl von Praktizierenden des linken Weges und die vielen Meister, die die Erleuchtung erfahren haben, obwohl sie davor und/oder danach Sex hatten. Makaja, ein zeitgenössischer Tantra-Meister, vertritt die Ansicht, dass es in der heutigen Zeit im Westen sogar schwieriger wäre, den Weg der sexuellen Askese zu gehen, als den Weg der schrittweisen Zähmung und Anfreundung mit der Sexualität und ihren wirkungsvollen Einsatz auf dem spirituellen Feld.

Sexualpositionen

Stellungen, in denen die Frau oben sitzt, etwa die ‚Reiterin' oder die von den Tibetern *Yab-Yum* genannte sitzende Position, werden in tantrischen Schriften empfohlen. Auch die Darstellungen der Gottheiten in Vereinigung zeigen sie entweder sitzend oder in der Haltung, in der die Frau auf dem lie-

---

122. Silburn (2005), S.140f.

genden Mann sitzt. In manchen Schriften, z.B. dem buddhistischen *Chanda-Maharosana-Tantra*, sind bestimmte Stellungen vorgeschrieben. Diese umgekehrte Haltung gehört zu den grenzüberschreitenden magischen Methoden des tantrischen Rituals, andererseits ist die Stellung auch praktischer, um die Vereinigung lange halten zu können.

Letztlich ist tantrische Sexualität aber weniger eine Frage physischer Stellungen, sondern innerer Geisteszustände. Zu bevorzugen sind bequeme Positionen, in denen das Paar lange verharren kann und die eine Art sexuelle Trance und damit den Eintritt in andere Bewusstseinsebenen fördern. Außerdem sollte der magnetische, pranische Austausch begünstigt werden. Die Missionarsstellung ist daher zumindest für den Anfang eher ungeeignet.

Kunst

Die tantrische Kultur hat überaus interessante Kunstformen entwickelt: eine reiche Vielfalt von Formen, Klang- und Farbverbindungen, grafische Muster, Skulpturen, Malereien und Symbole von persönlicher und universeller Bedeutung. Außer Yantras und Mandalas umfasst die tantrische bildende Kunst die Darstellung des feinstofflichen Körpers, kosmologische Diagramme sowie Darstellungen von Gottheiten, Symbolen und Herstellung rituellen Zubehörs. Die Dichtkunst und Musik ist in der Welt des Tantra ebenso hoch entwickelt.[123]

Der tantrische Künstler stellt nicht so sehr seine persönliche Sichtweise oder seine Entfremdung dar, sondern hat das Ideal, im Einklang mit der Ordnung, in der er sich befindet, zu sein, und die harmonische Ganzheit aller Aspekte darzustellen. Die tantrische Kunst ist dabei eng mit dem tantrischen Ritual verbunden, stellt Objekte für das Ritual her und wird auch vom gelebten Ritual wieder rückinspiriert.[124] Auch im integralen Tantra sind die verschiedenen Künste hoch geachtet und Teil der spirituellen Praxis.

Fazit

Wie wir gesehen haben, ist tantrische Praxis im klassischen Sinne weit mehr als spirituelle Sexualität. Die tantrischen Schulen in Indien und Tibet zeichnen sich vielmehr durch ein reichhaltiges Set an Methoden aus, die sich auf Körper, Geist, Emotionen und alle Bereiche des Lebens erstrecken. Diese Methoden lassen sich zu großen Teilen auch heute noch gewinnbringend üben. Aus den Gründen, die ich schon genannt habe, könnten sie heute in

---

123. Mookerjee/Khanna (1990), S.52 ff.
124. Mookerjee/Khanna (1990), S. 63.

einem modernen, zeitgenössischen Kontext noch wirkungsvoller sein. Im zweiten Hauptteil des Buches, das sich der Praxis des integralen Tantra widmet, werden viele dieser Methoden in einem neuen Zusammenhang wieder erscheinen. Vorher werde ich jedoch noch das Guru-Thema und das zeitgenössische Tantra behandeln und damit den Theorie-Teil abschließen.

7. Guru und Initiation

Wir nähern uns nun dem für westliche Kriterien möglicherweise heikelsten Thema der gesamten tantrischen Tradition, nämlich der Beziehung zwischen Lehrer und Schüler. Dass die Vermittlung der Lehren in einem strengen Meister-Schüler-Verhältnis stattfindet, ist in den meisten spirituellen Wegen Indiens ohnehin Standard. Im traditionellen Tantra allerdings wird der Guru als eine Verkörperung der göttlichen Inspiration gesehen, gilt als lebender Gott unter Menschen und als unfehlbar.

Bei der Frage, warum ein Guru für die Tantra-Praxis notwendig ist, werden aus tantrischer Sicht drei Hauptgründe genannt:

1. Zunächst ist er unerlässlich für Unterricht und Supervision, da er die Lehren genau kennt und die Fortschritte des Schülers beurteilen kann. Der Guru sollte jemand sein, der weiß, wohin die Reise geht, und er soll alles selbst erfahren haben.

2. Als Eingeweihter in eine Übertragungslinie kennt er die geheime Bedeutung der oft obskuren tantrischen Texte, die er dem Schüler von ‚Mund zu Ohr' überträgt.[125]

3. Nicht zuletzt soll ein tantrischer Guru auch die Fähigkeit besitzen, bestimmte Energien direkt zu übertragen und die Kanäle des Schülers für bestimmte Energiephänomene zu öffnen, wenn dieser dazu bereit ist, er ermöglicht ihm also Erfahrungen, die ohne ihn gar nicht möglich wären. Dieses Phänomen nennt man *shaktipat*, auf Deutsch in etwa ‚Kraftladung'.

Verhältnis zum Guru

Der tantrische Guru ist zugleich Ausbilder, Meister, Bewahrer der Tradition, ein Führer, der Zweifel beseitigt, Unterweisungen gibt, Techniken vermittelt und Praxis anleitet. Der Schüler unterwirft sich dem Guru in der Initiationszeremonie ganz und gar – von ihm wird erwartet, dass er die Anweisungen des Meisters befolgt und niemals an ihm zweifelt. Die hinduistischen wie buddhistischen Schriften quellen über vor Kapiteln über die Bedeutung des wahren Guru für die Transformation – eine Sichtweise, die aus moderner Sicht einer Diskussion unterzogen werden muss.

Aus der Sicht mancher Eingeweihter besteht zwischen Guru und Schüler allerdings kein Gehorsamsverhältnis und kein Ausbeutungsverhältnis, sondern eine intime und sehr persönliche Beziehung, die mit den Jahren immer nivellierter und ausgeglichener wird.[126]

---

125. Nayak (2001), S. 64 ff.

Im tieferen nichtdualen Verständnis ist der verkörperte Guru ohnehin nur der Widerschein der eigenen Zielgestalt, jemand, der eine strahlende Verkörperung der eigenen innewohnenden Möglichkeit ist und als Quelle der Inspiration das Ich motiviert, zu wachsen.[127] Der eigentliche und tiefste Guru ist das Selbst. Mit zunehmendem Wachstum kann die Projektion immer weiter zurückgenommen werden. Schließlich ist sie dann aufgelöst, wenn der Schüler denselben Status erreicht hat wie der Lehrer.

Einweihung

Die Einweihung ist im traditionellen Tantra ein zentrales Element. Man könnte sagen: Im traditionellen Kontext ist Tantra-Wissen kein öffentliches Wissen, sondern Einweihungswissen, und wird nur an jene herausgegeben, die sich einem Guru anvertraut haben. Die Schrittfolge der Einweihung ist analog zu den vedischen Riten: Der Schüler bittet den Meister um Aufnahme; wenn dieser dazu bereit ist, nimmt er ihn formal auf. Mit der Einweihung ist oft ein Mantra, eine Praxis, bestimmte Verpflichtungen für beide Seiten und die Erlaubnis zur Nutzung bestimmter Machtobjekte verbunden. Formal entspricht die Einweihung in vielen Fällen der mittelalterlichen indischen Königsweihe.[128]

Wenn sich beim Schüler das Verständnis der Lehren vertieft, folgen dann unter Umständen andere Einweihungen. Der Guru ist da bei Gefahr und unterstützt in schwierigen Zeiten. Er erkennt die Veranlagung, das sogenannte *adhikara* des Schülers, und führt ihn entsprechend.

Das Guru-Modell in Indien

Trotz der unkonventionellen Elemente im Tantra scheint es sich hier um eine feste Struktur zu handeln, die man dem konventionellen Bewusstsein (dem blauen Mem) zuordnen kann. Der Gehorsam einer Autorität und einer Tradition gegenüber wird aufs Äußerste gefordert. Dieses Phänomen ist insbesondere im Hinduismus sehr verbreitet, in dem die Beziehung zwischen Lehrer und Schüler eine relevante Größe für jede Art von Ausbildung, auch in einem Handwerk oder einer Kunst, zu sein scheint.

In der *Vajrayana*-Form des Buddhismus, für manche ist das seine re-hinduisierte Form, wird der Guru bzw. Lama zu einer Verkörperung des Buddhas, zu einer leibhaftigen Inkarnation auf Erden, und sollte auch so angesehen werden. Laut Vajrayana-Auffassung ist ein Lama ab einem bestimmten Ver-

---

126. Lysebeth (1990), S.438 f.
127. Keith Dowman, Dzogchen-Seminar, Berlin 2008.
128. White (2003), S. 134 f.

wirklichungsgrad tatsächlich unfehlbar und kann nicht mehr irren, weil er das Wesen der Realität tief erkannt hat.[129]

Die Art und Weise, wie radikal die Guru-Verehrung stattfindet und wie weit sowohl das Vertrauen als auch die Unterwerfung geht, hat nicht nur mit dem blauen Mem zu tun, sondern scheint darüber hinaus eine Besonderheit asiatischer Kulturen zu sein, die wir auf anderen Kontinenten nicht in diesem Ausmaß finden.

Die Guru-Idee im Westen

Der Import der Yoga-Pfade in den Westen hat die Frage aufgeworfen, wie legitim die spirituelle Lehrer-Schüler-Beziehung ist; hier trifft die starke Betonung der Hingabe an den Guru bei den meisten auf Widerstand. Wenn es auch hier im Westen Menschen gibt, die sich nach einem Guru sehnen, möchten die meisten im Geiste der Aufklärung aufgewachsenen Abendländer ihren Emanzipationsgewinn nicht gerne aufgeben und sich einem spirituellen Lehrer blind anvertrauen. Hier herrscht zudem eine größere Sensibilität für die subtile Psychodynamik, die dazu führt, dass auch Gurus in ihren Maßstäben verrutschen und zu Missbrauch tendieren. Im Zusammenhang mit Sexualität schienen, wie uns die Geschichte lehrt, tantrische Gurus leider besonders anfällig dafür gewesen zu sein.[130]

Im Kontext des Neo-Tantra findet man sowohl klassische Guru-Verehrung als auch erhebliche Skepsis dagegen. Einige westliche Lehrer treten durchaus auch als Meister traditionellen Stils auf, so z.B. Andro, Daniel Odier oder Aba Aziz Makaja, andere beziehen sich auf Osho als ihren Meister. Viele Neo-Tantra Lehrer bevorzugen es, eher in die Rolle des Therapeuten und Begleiters zu schlüpfen. Wie groß die Distanz der einzelnen Gruppenleiter zu den Schülern ist, ist je nach Schule unterschiedlich.

Integrale Sichtweise

Wie sieht das tantrische Guru-Schüler-Verhältnis vor dem Hintergrund des integralen Modells aus? Wie ich schon am Wilber-Combs-Raster gezeigt habe, heißt ein entwickeltes nichtduales Bewusstsein nicht automatisch, dass

---

129. Interessanterweise scheint diese Hierarchie im frühen Buddhismus schwächer gewesen zu sein: Im Theravada-Orden verkörperte der Lehrer eher eine Art älteren Bruder. Wichtig sind hier allein die Philosophie Buddhas und die ethischen Regeln der Gemeinschaft.

130. Siehe die Skandale um Osho, Adi Da und um tibetische Meister wie Kalu Rinpoche, vgl. Geoffrey Falk, *Stripping the Gurus,* 2009; zu Kalu Rinpoche vgl. June Campbell, *Göttinnen, Dakinis und ganz normale Frauen,* 1997.

auch eine vollständige ‚vertikale' Entwicklung der Stufen stattgefunden hat; sie kann sie beschleunigen, es scheint aber keinen zwingenden Zusammenhang zu geben. Ein Guru hat zwar meist Wissen über die Zustände und/ oder die spirituelle Entwicklungslinie, hat aber deswegen nicht automatisch alle Linien bis in die hohen Bereiche gemeistert und hat zweitens manchmal auch selbst noch erhebliche Schattenthemen. Daher das Unbehagen, wenn ein (im ‚horizontalen' Sinne) hoch verwirklichter Lehrer aus Indien oder Tibet vor seiner westlichen Gefolgschaft mit mittelalterlichen Höllenfeuern droht oder autoritäre Positionen gegenüber Themen Sexualität oder Umgang mit Minderheiten vertritt, die ein aufgeklärter, demokratisch aufgewachsener und postmodern belesener westlicher Schüler keineswegs mehr glauben oder annehmen möchte.

Ken Wilber hat betont, dass Meditation oder spirituelle Praxis im Falle von neurotischen Mustern oft die Abwehrmechanismen der Spaltung, Verleugnung und Verdrängung noch fördert.[131] Da die Schatten mit zunehmender Entwicklung immer stärker werden, erklärt das auch die oft vorhandenen eklatanten Charakterfehler bei ‚erleuchteten Gurus', die den Anspruch haben, ohne Fehl und Tadel zu sein.

Darüber hinaus sollte man die unteren Quadranten nicht unterschätzen. Der Guru ko-kreiert zusammen mit seinen Schülern eine Situation, in der er der unumstrittene Herrscher seiner Welt ist, umgeben von Menschen, die in der (Bewusstseins-) Hierarchie unter ihm stehen, also einer absolutistischen äußeren Situation, die nach und nach immer mehr gegen Feedback immunisiert, wenn ein solches überhaupt noch gegeben wird.

Ich habe jedenfalls noch viel zu selten gehört, dass der Meister einer bestimmten Tradition eine Therapie oder Schattenarbeit macht, vielleicht bei einem Supervisor, der aus derselben ‚Bewusstseins-Liga' stammt – obwohl meiner Ansicht nach genau das nötig wäre.

Ken Wilber drückt sich zu dem Thema ausführlich in einem Interview Ende 2007 aus: Guru-Yoga kann eine machtvolle Form des Yoga sein, aber es gibt sehr viele Formen des Missbrauchs und des Missverständnisses, auch vonseiten des Gurus. Gefährlich ist vor allem die Annahme, dass der Guru unfehlbar wäre und nichts falsch machen könne. Dies ist einfach nicht so. Es ist eine Annahme, die Schülern auf der egozentrischen Stufe eine Hilfe sein kann, sich vom Ego zu ent-identifizieren, indem der Meister als Vorbild genommen wird, und zu versuchen, ihm in Liebe nachzueifern. Im besten Fall wird dadurch die zu enge Bindung an das eigene Ego gelöst.[132]

---

131. Wilber (2007), S. 181 ff.

132. Vgl. Integrale Perspektiven, Ausgabe 9 März 2008, Interview mit Ken Wilber, S. 27.

Lehrerschaft und Führung auf den verschiedenen Stufen

Lehrer sind gut beraten, sich selbst mithilfe der Entwicklungstheorien des Bewusstseins zu untersuchen. Eine solche Betrachtung kann auch für Schüler interessant sein. Im religiösen und spirituellen Kontext sind dabei purpurfarbene Schamanen relevant, autoritäre Gurus auf der blauen Stufe, grüne New-Age-Lehrerpersönlichkeiten und gelbe integrale Lehrer.

Auf der purpurnen Ebene finden wir den schamanischen Lehrer, der oft von großer innerer Kraft getragen ist und sich mit seinem naturmagischen Weltbild identifiziert. Im Gegensatz zu grünen oder gelben Neo-Schamanen glaubt er wirklich innig an die Realität seiner magischen Weltbezüge, die für ihn nicht symbolisch gemeint sind. In seiner Welt ist das Subtile, Traumartige von großer Bedeutung, und dies macht die Lehren oft auch für grüne Schüler interessant, die auf dem Wege sind, die Welt „wieder zu verzaubern". Wenn es ans Eingemachte geht, kommt es aber in der Regel zu Konflikten, da es diesen Lehrern nicht möglich ist, ihr tradiertes Wissen zu relativieren oder anzupassen.

Im traditionellen blauen Mem finden wir den autoritären Führungsstil, der sich aus höheren Ebenen her legitimiert, keinen Widerspruch duldet, Gehorsam und Unterordnung belohnt und Eigeninitiative bremst. Ein solcher Lehrer gibt Anweisungen, die zu befolgen sind und baut meist eine Organisation auf, in der eine klare Rollenverteilung herrscht. Diese Lehrer findet man in traditionellen Religionen und auch in indischen oder tibetischen Guru-Schüler-Verhältnissen. Ihre Licht-Seite ist, dass sie oft sehr stark zum Praktizieren anleiten und Verhältnisse schaffen, die motivierend und willensstärkend sind.

Lehrer auf der pluralistisch-postmodernen, grünen Stufe haben viel Verständnis für die Nöte der Schüler und können oft feinfühlig auf einzelne eingehen. Sie lassen die Schüler am demokratisch-konsensuellen Prozess teilhaben und begründen all ihre Schritte ausführlich. So beantworten sie z.T. Fragen Einzelner auch dann, wenn alle anderen schon längst abgeschaltet haben. Ihre Disziplin- und Ordnungsvorschriften werden lax gehandhabt. Oft ist das Klima in solchen Schulen sehr angenehm, die Lehre ist aber zu wenig willens- und ergebnisorientiert. Sie bringt nur Schülern etwas, die eine eigene starke Motivation haben.

Lehrer auf der integralen oder synthetischen Stufe (Gelb in Spiral Dynamics) haben es einerseits geschafft, ihre früheren Ebenen (Rot, Blau, Orange, Grün) recht gut zu integrieren und können einen Mix aus all diesen Fähigkeiten in unterschiedlichen Situationen ausspielen. Sie zeigen eine hohe Verpflichtung und Verantwortlichkeit für die Ergebnisse der Schüler. Wie die Entwicklungspsychologin Suzanne Cook-Greuter festhält: „Andere werden gesehen als Akteure ihrer Lebensdramen und sind gleichfalls faszinierend für den Synthetiker ... Wenn das Bedürfnis, anderen zu helfen ‚das Meiste aus sich zu machen', auf Widerstand stößt, dann können Synthetiker ungeduldig werden über die langsame Entwicklung der anderen und frustriert sein über deren ‚Widerwillen' zu wachsen trotz ihrer Bemühungen. Dies ist vermutlich die zentrale Schwäche dieser Stufe. Synthetiker tendieren dazu die Personen zu sein, die am stärksten davon überzeugt sind, das eine Höherentwicklung besser ist und gefördert werden sollte, ohne Mühen zu scheuen."[133]

Schließlich findet man spirituelle Lehrer auch auf noch höheren Stufen, etwa der synergistischen Stufe (Cook-Greuter). Solche Lehrer können sich außerordentlich gut in frühere Stufen einfühlen und wirken sehr tolerant, erreichen aber Menschen oft auf „fast magische Weise". Oft wirken sie direkter, weniger strukturiert und impulsiver als die vorherigen Stufen. Ihnen ist relativ egal, was andere über sie denken. Sie beschreiben oft auf lebendige Weise, wie konstruiert und paradox alle Realität und unsere Sprache ist. Das Wohl der Menschheit liegt ihnen am Herzen. Typisch ist eine Art, die sich nichts aus der eigenen Individualität macht, eine Art Schlichtheit und Würde.

Aspekte integraler Lehrerschaft

Wie sieht denn nun aber eine integrale Lehrer-Schüler-Beziehung aus? Dieses Thema wird in der integralen Szene gerade aktuell diskutiert. Der Vorstand der deutschen integralen Bewegung hat 2010 ein Positionspapier zu spiritueller Lehrerschaft herausgegeben:

> *„EinE LehrerIn sollte weiter sein als ihre SchülerInnen, und diese müssen den/die LehrerIn auch überholen können. Anders als in der Prämoderne ist die Lehrerin oder der Guru jedoch kein Fürst oder Herrscher, der für alle Fragen des Lebens der Gruppe zuständig ist. In der Komplexität des modernen und postmodernen Lebens sollte die Vielfalt der Intelligenzen/Kompetenzen optimal genutzt werden. Integral informierte Lehrer/innen gehen daher verantwortungsbewusst mit ihren jeweiligen individuellen Stärken und Schwächen in den verschiedenen Bereichen des Lebens um, und kommunizieren dies auch einer interessierten Öffentlichkeit."*[134]

Das Thema der spirituellen Lehrer-Schüler-Beziehung ist und bleibt zweischneidig. Auf der einen Seite ist es heutzutage verständlich, dass eine Beziehung zwischen zwei Menschen auf den Grundsätzen der Menschen-

---

133. Vgl. Susanne Cook-Greuter: *Neun Stufen zunehmenden Erfassens* (2008), http://bit.ly/qcV1hL.

rechte und demokratischer Gleichberechtigung stattzufinden hat. Das spirituelle Lehrer-Schüler-Verhältnis bleibt aber dennoch ein asymmetrisches, vor allem wenn es um zentrale Aspekte wie spirituelle Entwicklung geht. Weil die Einsicht des Schülers in die Zusammenhänge, die der Lehrer schildert, begrenzt bleiben muss, kann auch nicht alles im Konsens entschieden werden. Dementsprechend sollte die Haltung des Schülers gegenüber dem Lehrer respektvoll sein, aber nicht im Sinne eines nicht mehr zeitgemäßen Personenkults.

Es muss heute möglich sein, Lehrer zu kritisieren und zu hinterfragen. Strategien der Lehrer, sich selbst gegen Kritik zu immunisieren, indem der Kritiker ‚therapiert' wird, sollen nicht hingenommen werden. Eine gute Idee könnte sein, zwischen den rituellen Momenten, in denen jemand als Meister erscheint, und der gemeinsam verbrachten Freizeit, in der wieder demokratische Gleichberechtigung gelten sollte, zu differenzieren.

Der Schüler sollte bei der Wahl eines Lehrers genau vorgehen und Kopf, Herz und Bauch befragen. Ein Zeichen eines guten Lehrers, da sind sich schon die klassischen Traditionen einig, ist natürlich, wen er als Schüler hat und wie die sich entwickeln, welche Eigenschaften sie ausbilden, und welche Ausstrahlung oder auch Schatten sie haben. Wesentliche Prüfsteine für die Integrität von Lehrern sind auf jeden Fall ihr Umgang mit den heißen Themen Geld, Sex und Macht. Auch öffentlicher Erfolg ist selbst eine Herausforderung und kann Schatten in Lehrern wecken, etwa vorhandene Tendenzen von Narzissmus und Selbstdarstellung.

Fazit

Tantra ist kein Weg, der alleine oder mit Hilfe von Büchern beschritten werden kann. Bestimmte Ergebnisse kann man sicher auch in eigener privater Praxis oder in selbstorganisierten Gruppen erzielen – die tieferen Weihen sind im Tantra ohne Lehrer so schwierig zu erzielen wie z.B. in einer Kampfkunst. Die Lehrer-Schüler-Beziehung ist und bleibt eine asymmetrische.

Die Guru-Schüler-Beziehung aus dem traditionellen Tantra, die in der völligen Unterwerfung des Schülers und der Idealisierung des Lehrers besteht, wird im integralen Tantra jedoch relativiert, weil sie nicht anschlussfähig an unsere Kultur ist. Ein integres Lehrer-Schüler-Verhältnis genügt, um den

---

134. Der Text löste eine interessante Diskussion unter (auch namhaften) integralen Lehrern aus, die unter http://bit.ly/ohIu3S nachzulesen ist (2011). Die Idee, dass Lehrer den Austausch und Dialog miteinander suchen sollen, stieß im Feld integraler Lehrer auf weite Zustimmung, inklusive Formen gegenseitiger Supervision und einer Meta-Sangha, einer Gemeinschaft spiritueller Lehrer.

Weg zu meistern. Dabei sollte jedoch sichergestellt werden, dass genug Motivation vorhanden ist, gemeinsam auch die Engpässe eines solchen spirituellen Wegs zu beschreiten. Der Aspekt der Willensschulung ist dabei von großer Bedeutung. Ein verwirklichter Meister, so man sich ihm anvertrauen kann, kann die Suche in vielen Fällen leichter machen – dabei sind aber auch die vielen Gründe zu beachten, die zur Vorsicht mahnen. Ein integraler Schüler wählt seinen Lehrer und seinen Pfad mit aller Sorgfalt und Selbstverantwortung.

8. Tantrische Strömungen im Westen

Nach diesem ausführlichen Streifzug durch die Welt des authentischen, ursprünglichen Tantra möchte ich nun einen Blick in die Kultur werfen, die man heute im Westen unter dem Namen Tantra antrifft. Wir werden da ein Miteinander und Nebeneinander verschiedenster Ansätze vorfinden, die in ihrer Vielfalt auch mit dem Label Neo-Tantra nicht ausreichend beschrieben sind. Dazu kommen eine ganze Reihe von Schulen und Instituten, die entweder in einer tantrischen Überlieferungslinie stehen oder im Alleingang versuchen, eine Art Tantra-Tradition neu zu etablieren.

Frühe Rezeption des Tantra im Westen

Die ersten Berichte über tantrische Kulte und Rituale kamen durch Reisende, Missionare und Orientalisten. Im viktorianischen Zeitalter wurden sie vielfach oberflächlich als Teufelskulte und Beispiele für die zunehmende Dekadenz indischer Religiosität abgestempelt.

Der bedeutendste frühe Tantra-Erforscher war zweifellos der englische Beamte John Woudroffe, der unter dem Pseudonym Arthur Avalon verschiedene Tantra-Schriften übersetzte. Er versuchte die kritischen Passagen zu entschärfen und Tantra als noble, mit den Veden vereinbare Religion zu präsentieren. Bald schon fanden sich Abenteurer und Forscher mit ernsthaftem Interesse ein.

Anfang des 20. Jahrhunderts gelang es einzelnen Europäern, in die Lehren des Tantra eingeweiht zu werden, darunter die Begründer des magischen Ordens *Ordo Templi Orientis* (O.T.O.), Karl Kellner und Theodor Reuss. Im O.T.O. wurden die sexuellen Rituale, in denen sich westliches sexualmagisches Wissen mit Ideen aus dem Tantra vermischte, als höchste Geheimnisse den hohen Einweihungsstufen vorbehalten. Insbesondere für Theodor Reuss wurde die Beschäftigung mit Tantra zum Anlass, eine anti-viktorianische Ideologie der sexuellen Befreiung zu verkünden. Der Tantra-Forscher Hugh Urban stellte fest:

> *„Nahezu alle westliche Literatur über Tantra hat jedoch die gleichen grundlegenden Fehleinschätzungen verewigt, die Reuss` Ansicht östlicher Religionen färbte, nämlich die Gleichsetzung von Tantra mit Sex, die Identifizierung von Tantra-Ritual mit westlicher Sexualmagie, und der Verbindung von Tantra mit sexueller Befreiung und gesellschaftspolitischer Subversion."*[135]

135. Vgl. Urban (2006), S. 108

Noch stärker erscheint dies im Wirken von Aleister Crowley, dem wohl berüchtigsten O.T.O.-Mitglied, dessen okkultes Wissen auch von Tantra und Yoga durchdrungen war. Für ihn war die möglichst intensive Erfahrung verschiedenster, auch tabuisierter, sexueller Praktiken Mittel zu tieferer Erkenntnis und auch zur Selbstvergottung. Crowley und die anderen magischen Logen lieferten den Bodensatz für eine intensive Beschäftigung mit Tantra, die sich in der alternativen Szene der sechziger Jahre auszubreiten begann: vom sexualisierten Ritus, wie man das traditionelle Tantra verstehen kann, zur ritualisierten Sexualität.

Neo-Tantra oder erotisch-therapeutisches Tantra

Im Zuge der sexuellen Befreiung in den späten Sechziger und Siebziger Jahre kam es zu einer neuen westlichen Adaption des Tantra, in der die progressiven und befreienden Elemente im Vordergrund standen – im Gegensatz zu den langen, oft drögen, stark von Gurus geprägten und oft auch konservativ durchsetzten Methoden der Tradition.

Eine wesentliche Rolle bei der Kreation und Verbreitung dieses neuen Tantra spielte wiederum ein Inder: Der ehemalige Philosophieprofessor Rajneesh, der sich als erfolgreicher spiritueller Lehrer Bhagwan und später Osho nennen ließ. In seinen im Ashram in Poona gehaltenen Reden befasste er sich mit verschiedenen Klassikern der spirituellen Weltliteratur, die er charismatisch zu kommentieren verstand. Anfang der 70er Jahre begann er über die tantrische Tradition zu lehren – unter anderem über das shivaitische *Vijnana Bhairava Tantra*, das Lied von *Mahamudra* des buddhistischen Meisters Tilopa und die Gesänge von Saraha, die zur anti-rituellen buddhistischen Traditionslinie des Sahajayana gehören.

Osho verstand unter Tantra vor allem eine alles einschließende, nichtdualistische Weltanschauung. Für ihn ist das Tantra die einzige gesunde Religion, weil es als einzige etablierte Tradition nicht repressiv gegen die Triebe des Lebens, vor allem die Sexualität, ist. Andere Aspekte der Tantra-Tradition fallen bei ihm unter den Tisch. Im Westen wird Tantra heute von den meisten gleichgesetzt mit einer spirituellen Richtung, die nicht gegen, sondern für Sexualität ist. Dass ein so verstandener Tantra-Pfad sich so rasant ausbreiten konnte, ist im Wesentlichen der Verdienst von Osho. Er sah es als Aufgabe der Moderne an, Tantra von ritualistischem und traditionellem Ballast zu befreien. Dafür schlug er den Namen ‚Neo-Tantra' vor, der heute allerdings manchmal auch von Gegnern in abwertender Weise benutzt wird.

Osho regte verschiedene Therapeuten und Gruppenleiter an, zeitgemäße tantrische Gruppen zu konzipieren. Viele der heute praktizierenden Neo-

Tantra Lehrer beziehen sich auf Osho und sind z.T. noch seine direkten Schüler, so z.B. Margot Anand, Begründerin der einflussreichen *Sky Dancing* Schule. Ein Großteil der heutigen Tantra-Szene lässt sich auf Osho und seine Arbeit zurückführen und benutzt von ihm und seinen Schülern konzipierte Methoden.[136]

Die wichtigsten Aspekte des Neo-Tantra im Geiste Oshos

Befreiung, Humanisierung und Spiritualisierung von Sexualität

Das Neo-Tantra nimmt aus der Themenvielfalt der traditionellen Ansätze die Sexualität heraus und setzt sie in den Vordergrund. So unterschiedlich verschiedene Neo-Tantra Ansätze sind, es geht in erster Reihe um die Befreiung und Humanisierung der Sexualität. Der Eros soll von repressiven Glaubenssätzen einer sexfeindlichen Kultur erlöst und in Verbindung mit Liebes- und Beziehungstraining sowie Meditation ein Grundbaustein der spirituellen Praxis werden. So sind eine ganze Reihe neuer erotischer Praktiken in diesem Rahmen entstanden, zum Beispiel die verschiedenen Künste der tantrisch-erotischen Massage (die ich heute nicht mehr missen möchte).

Synthese aus östlichen und westlichen Richtungen

Im Neo-Tantra werden verschiedene westliche Therapieansätze, besonders Körpertherapien in der Tradition von Wilhelm Reich sowie intensive Encounterarbeit oder Primärtherapie, seit den Neunzigern auch vermehrt die systemischen Aufstellungen von Bert Hellinger mit Zen-Meditation, Massage, Tanz und sexualwissenschaftlicher Aufklärung verbunden und integriert. Neo-Tantra ist ein offenes System, in das der entsprechende Leh-

---

136. Rajneesh: „Das Tantra ist eine Tradition gegen jede Tradition. Aber das ist trotzdem noch eine Tradition. Ich dagegen spreche von einer völlig neuen Sache, von etwas, das lebendig, jung, überhaupt nicht traditionell ist. Darum sind alle Religionen, das Tantra ebenso wie die anderen, ritualisiert. Aber heute hat das menschliche Wesen seine Reife erreicht. Umso mehr müssen wir Tantra von allen ritualistischen Strukturen befreien, um es poetischer, spontaner zu gestalten. Genau das mache ich; damit aus dem Tantra wieder eine tieflebendige, gelebte Erfahrung werden kann. Denn es muss euer Lebensstil werden, aber es ist besser, es ‚Neo-Tantra' zu nennen. Sonst werden diese „Experten" weiter Verwirrung in dir anstiften. Ich bin hier, ich lebe das Tantra, und ich provoziere die, die mit mir sind, es wieder zu entdecken, denn wir müssen es heute auf unsere Weise leben. Auf eine Weise, die den Bedürfnissen dieses Jahrhunderts entspricht. Darum entferne ich jede Form von Ritualen daraus; wir können damit nichts mehr anfangen, weil wir Menschen keinen kleinen Kinder mehr sind. Die Kinder lieben die Rituale, deren ständige Wiederholung eine Art Lehrzeit ist." (zitiert nach Margot Anand, Tantra-Weg der Ekstase, Berlin 1990, S. 63 f.)

rer seine Vorlieben vorgabefrei einbauen kann. So kann man im Rahmen von Neo-Tantra-Seminaren auf Tiefenpsychologie nach Freud und Jung, Gestaltarbeit oder auch Methoden aus New-Age und Esoterik wie Tarot, Aura-Soma und Reinkarnationstherapie stoßen. Ebenso werden verschiedene paar- und sexualtherapeutische Ansätze integriert, Formen von Massage und Körperarbeit und stille wie bewegte Meditationen (z.B. mit Vorliebe die von Osho kreierte Dynamische Meditation und seine Kundalini-Meditation) sowie Elemente aus klassischem Tantra ebenso wie aus dem chinesischen Taoismus.

Teilweise stößt man hier auch auf Erkenntnisse von Mysterienschulen, z.B. Arica oder den Diamond Approach, in letzter Zeit auch Weisheitslehrer wie Ramana Maharshi oder Eckhard Tolle. Eine für die Tantra-Szene sehr wichtige Ergänzung ist die Methode des Karezza, eine Form des Liebemachens, in der der Mann auf den Samenerguss verzichtet. Zwar kommt es zum sexuellen Akt, das Paar versucht aber, durch langsame Bewegungen intensive emotionale Zustände zu erzeugen. Zur Karezza-Praxis gehört, dass die Partner stundenlang im Akt verweilen und lernen, sich da völlig hinein zu entspannen.

Art der Inhaltsübermittlung

Allein aus diesen Erläuterungen kann man schon vermuten, dass es sich beim Neo-Tantra um eine sehr heterogene Szene im Umfeld von Seminarleitern und Lehrern handelt, die oft nur sehr wenige Gemeinsamkeiten haben. Ich versuche dennoch einige Kennzeichen der Neotantra-Szene zu nennen, die sie von anderen Tantra-Lehrkonzepten unterscheiden:

- Es wird hauptsächlich in Wochenendseminaren und fortlaufenden Jahresgruppen gelehrt, manchmal auch in Urlaubs-Specials, die eine Woche oder länger dauern.
- Die Gruppendynamik spielt von Anfang an eine wichtige Rolle und wird als wesentlicher Lehrinhalt gehandelt.
- In der Regel werden gemischte Gruppen für Singles und Paare angeboten, (außer es handelt sich um reine Paar-Gruppen).
- Ein guter Teil der Praktiken sind Paarübungen; die Partnerwahl liegt meist bei den Teilnehmern und ist eine wichtige Komponente des Seminars.
- Erotische und sinnliche Übungen und Rituale bilden oft die Highlights der Seminare.

- Partnertausch ist möglich (außer bei explizitem Paar-Tantra), wird aber nicht gefordert.
- Viele Übungen werden im leichtbekleideten Zustand durchgeführt (in vielen Instituten auch nackt); es kommt zu erotischen Kontakten, wenn auch meistens nicht zum Geschlechtsverkehr.
- Oft werden therapeutische und selbsterfahrungsbezogene Elemente eingeführt.
- Gemeinsames Tanzen zu zeitgemäßer Musik und andere lockere Einheiten sind auch charakteristisch.

Andere tantrische Angebote im Westen

Die folgende Aufzählung fasst Angebote zusammen, die sich ebenfalls aus der tantrischen Idee speisen, aber nicht dem Neo-Tantra in engerem Sinne zuzuordnen sind. Zum einen betrifft das das Fortführen bestimmter traditioneller Elemente in okkulten Verbindungen, zum anderen das buddhistische Tantra, das im Westen die ohnehin am meisten verbreitete Form der traditionellen Lehre darstellt. In den letzten Jahren scheinen auch die anderen traditionellen Tantra-Pfade über allerlei Umwege nach und nach in den Westen zu finden, wenn auch auf eine für abendländische Menschen zugeschnittene Form. Ich zähle werde hier Ansätze vorstellen, die für die Synthese des integralen Tantra relevant sind.

Tantra in okkulten Schulen

Die Verbreitung tantrischer Übungen und Rituale im Rahmen okkultmagischer Orden und Schulen ging auch nach Crowleys Tod weiter. Wichtige Vertreter westlicher Magie-Orden praktizierten Sexualmagie und ließen sich stark von tantrischen Konzepten inspirieren.

Die Schriften zur westlichen Sexualmagie sind meiner Ansicht nach wirklich lesenswert und können bei der Rezeption des Tantra im Westen und der Übersetzung mancher Konzepte in eine für westliche Menschen verständliche Sprache von einem gewissen Nutzen sein.

Das Buch *Kali Kaula* des Neo-Schamanen und Magie-Experten Jan Fries halte ich für eine der reichhaltigsten und inspirierendsten Veröffentlichungen der letzten Jahre, die durch Detailwissen und Praxisorientierung besticht.[137]

137. Jan Fries, *Kali Kaula,* London 2010

Buddhistisches Tantra

Wie schon an anderer Stelle erwähnt, wird der buddhistische Tantra-Weg im Westen durchaus noch auf traditionelle Weise praktiziert. Obwohl gerade der Weg des höchsten Yoga-Tantra, das auch Vereinigungs-Praxis vorsieht, streng geheim gehalten und man traditionell erst nach langwierigen vorbereitenden Praktiken zugelassen wird, hat sich offenbar in den letzten Jahren auch hier einiges geändert: Der Dalai-Lama, Tenzin Gyatso, hat vielen Tausenden Menschen, auch im Westen, die Initiation ins *Kalachakra*-Tantra gegeben, das zu den Praktiken der höchsten Stufe gehört, und andere tibetische Lamas haben es ihm gleich getan.

Verbindungen zwischen dem buddhistischen Tantra und dem Neo-Tantra gibt es bisher nur sehr wenige. Von buddhistischer Seite wird streng drauf geachtet, dass sich diese Praktiken nicht vermischen. Mittlerweile gibt es jedoch etliche Neo-Tantra-Lehrer, die buddhistische Initiationen haben und diesen Weg auch praktizieren. Es könnte auch hier noch zu einer gegenseitigen Befruchtung kommen. Hierzu ein langes Zitat aus einem Text meines buddhistischen Lehrers Helmut Poller, der die Notwendigkeit einer Synthese östlichen und westlichen Tantras sehr gut illustriert:

> *„Die meisten Buddhisten im Westen blicken auf das hauptsächlich von Osho begründete erotisch-therapeutische Tantra herab („kein echtes Tantra"), was meiner Meinung nach ganz falsch ist. In den westlichen Gruppen, welche tibetischen Buddhismus üben, ist Sexualität kein Thema, es gibt einen auffällig hohen Prozentsatz von Beziehungsgestörten, sexuell frustrierten Menschen in diesen Gemeinschaften. Wie man meinen kann, zur Verwirklichung der buddhistischen Tantras zu gelangen, ohne befriedigenden Sex und glücksbringende Beziehungen zu haben, ist mir persönlich ein Rätsel. In der tibetisch-buddhistischen Szene im Westen wird die Lösung dieses Rätsels aufgeschoben, indem man erklärt, dass Praktiken sexueller Vereinigung nur sehr weit fortgeschrittenen Schülerinnen vorbehalten sind - und solche gibt es im Westen eben nicht. … Unter den buddhistischen Gruppen im Westen gibt es nur sehr wenige, welche mit mir die Meinung teilen, dass ohne Integration der sexuellen Energie in den Pfad keine Erleuchtung möglich ist. Genau das sagt aber Padmasambhava, der große Meister der buddhistischen Tantras, welcher die Tantras als Erster von Indien nach Tibet brachte:*
>
> *‚Ohne sexuelle Vereinigung gibt es keine Erleuchtung'*
>
> *Andererseits, was nun das erotisch-therapeutische Tantra betrifft, herrschen unter dessen Anhängerinnen häufig große Vorurteile gegenüber dem ursprünglichen spirituellen Tantra. Das größte Vorur-*

teil kommt wohl daher, dass der sexuelle Aspekt im ursprünglichen Tantra eine marginale Rolle zu spielen scheint. In buddhistischen Gruppen werden oft Gottheiten visualisiert, Mantras rezitiert und Ähnliches mehr, aber es findet weder Körperarbeit noch psychologische Arbeit statt und schon gar nicht Paarübungen, die typischerweise schon in Basisseminaren des erotisch-therapeutischen Tantra stattfinden. Aus der Perspektive von Übenden des erotisch-therapeutischen Tantra sieht das buddhistische Tantra so ganz und gar nicht aus wie Tantra. Das ist aber ein Irrtum, der damit zusammenhängt, dass buddhistisches Tantra ein äußerst tiefgründiger und komplexer Stufenweg ist. Im Allgemeinen ist bei vielen Traditionen eine langjährige vorbereitende Schulung erforderlich, bevor in Praktiken eingeführt wird, die sexuelle Vereinigung beinhalten. Diese Praktiken werden nach wie vor sehr geheim gehalten, man erfährt darüber fast nichts aus Büchern (zumindest nichts, was man praktisch anwenden kann). In typischen buddhistischen Gruppen weiß man darüber oft nichts oder verweist darauf, dass derlei nur für weit Fortgeschrittene infrage kommt. Viele Gruppen betreiben ausschließlich die unteren und mittleren Stufen dieses Stufenweges, die Praxis der sexuellen Vereinigung gehört aber in allen Linien zur höchsten Tantra-Stufe, dem sogenannten Anuttara-Tantra.“[138]

Hinduistische Ansätze

Die gesamte Hatha Yoga Bewegung, die eine ungeheure Breitenwirkung hat, ist natürlich auch in gewisser Weise dem rechtshändigen traditionellen Tantra zuzurechnen, wenn auch viele Yoga-Lehrer diesen Ursprung leugnen oder herunterspielen. Insofern wäre das mit Abstand der stärkste tantrische Einfluss auf unsere heutige Zeit! In meiner Konzeption des integralen Tantra wird versucht, den Hatha-Yoga wieder mehr in den ursprünglich-tantrischen Kontext zu stellen.

Ein Lehrer mit großem Einfluss auf die tantrische Szene in Europa ist der ehemalige Schriftsteller und Drehbuchautor Daniel Odier, der in die kaschmirische Kaula-Tradition initiiert wurde. Odier, der das Neo-Tantra recht drastisch ablehnt, lehrt in seinen Seminaren im Wesentlichen die Technik des Tandava- oder Shiva-Tanzes, nach eigenen Angaben ein sehr ursprünglicher Yoga, sowie eine Form der Ganzkörpermassage.[139]

---

138. Vgl. Helmut Pollers Seite www.ratna.info.

139. Odier ist der zurzeit populärste Vertreter des kaschmirischen Shivaismus in Europa. Er scheint die Neo-Tantra-Bewegung besonders skeptisch zu beurteilen, andererseits ist die Authentizität seiner Übertragung und Lehre auch schon mehrfach infrage gestellt worden.

Halb-traditionelle Ansätze

Diamond Lotus Tantra

In Berlin lehrt Andro Andreas Rothe seit 1975 eine eigene Form von Tantra, die seit etwa 1994 *Diamond-Lotus*-Tantra heißt. Dabei speist er sich aus vielfältigen, auch traditionellen hinduistischen und buddhistischen Quellen, ohne dass ersichtlich wird, ob er die Übertragung einer klassischen Linie innehat. Einflüsse westlicher Sexualmagie sind auch nicht zu übersehen.

Andros Tantra setzt die sexuellen Rituale in den Vordergrund und ist sehr auf linkshändige Praktiken zugeschnitten. Gleichzeitig wird hoher Wert auf rituelle Disziplin und die Meister-Schüler-Beziehung gelegt. Andro hat mit seiner Arbeit viele andere Tantra-Lehrer maßgeblich beeinflusst.

Komaja

Eine weitere Form des westlichen Tantra wird in Kroatien, Deutschland und der Schweiz von Aba Aziz Makaja gelehrt. Sein System heißt *Komaja* und sieht sich als ganzheitlicher spiritueller Weg, der eine Brücke von christlichen zu indischen Lehren schlagen soll. In der Lehre von Komaja verbindet sich tiefe Meditationspraxis, intensive Körperarbeit, eine komplexe geistige Schulung und ein Polytherapie genannter Weg zu den eigenen Schatten mit Kunst, Musik und Kreativität, Meisterung des Alltags und tantrischen Sexualtechniken sowie einem polyamoren Partnerschaftskonzept, und das alles in expliziten, strengen ethischen Rahmen. Makaja bezeichnet seinen Ansatz des Öfteren scherzhaft als „tantrisches Shaolin". Die Sexualität wird explizit bejaht und ist zentraler Teil des spirituellen Weges. Eine Besonderheit von Komaja ist die außerordentliche Betonung des Guru-Prinzips und ethischer Vorschriften. Die Vielseitigkeit des Ansatzes und die strikt spirituelle und evolutionäre Zielsetzung nimmt das integrale Tantra schon in großen Teilen vorweg.

Neo-Tantra: Kritik und Lob

Aus Sicht vieler traditioneller Lehrer ist das Neo-Tantra nichts als eine tragische Verirrung. Tantra als Teil der hinduistischen oder buddhistischen Kultur gehört in einen bestimmten religiösen Kontext und soll mit nichts anderem vermischt werden. Verschiedene Vertreter der traditionellen Schulen klagen über die „Irrlehre" des Neo-Tantra und die damit einhergehende Profanisierung.[140] So richtig die Sicht einerseits ist, so sehr werden aus dieser Perspektive

140. Odier, Gespräch mit „Advaita", zu lesen unter http://www.ranva.de/pdf/DanielOdier.pdf; Jan Fries, Kali Kaula, S. 347 f.

die Möglichkeiten, die im westlich-therapeutischen Tantra stecken, unterschätzt. Der amerikanische Tantra-Forscher Hugh Urban fasst zusammen: „[Die westlichen Formen des Tantra] spiegeln, verkörpern und übertreiben viele der zentralen Themen und Widersprüche der gesamten Moderne. Diese Themen schließen den radikalen Individualismus ein, das Fortschrittsideal einer utopischen neuen Welt und letztlich die Identifikation der Sexualität als tiefsten Aspekt der menschlichen Existenz, sogar als "Geheimnis" unserer Psyche und als Schlüssel zum sozialen Wohlbefinden."[141]

Der Philosoph Tom Amarque hat in seinem bemerkenswerten Buch *Entwicklung als Passion*[142] überzeugend dargelegt, dass sich die moderne Spiritualität ab 1870 zu einem gesellschaftlichen Übungssystem entwickelt hat, das den Zweck erfüllt, neue Methoden und Perspektiven zu kreieren und somit der Weiterentwicklung der Psyche zu dienen. Der Einzelne soll dabei Erkenntnisse sammeln, wie er seine Erfahrungswelt erschafft und wie er andere, vielleicht angenehmere Erfahrungen kreieren kann. Letztlich soll der Wille zur Evolution im Ausübenden entwickelt werden. Jeder Mensch im Westen, so Amarque, der meditiert oder einen spirituellen Weg geht, ist Teil dieses sozialen Systems ‚Spiritualität'. Es besteht ein großer Unterschied, ob ein Weg im Sinne einer Religion in seinem Ursprungsland gelehrt wird oder ob er in den Westen „importiert" wird. So gesehen kann auch traditionelles, buddhistisches Tantra im Westen als eine Art Neo-Tantra im Sinne einer neuen religiösen Bewegung verstanden werden, wie z.B. der Diamantweg von Ole Nydahl. Die Argumente der Traditionalisten, die auf das Schema: „Je älter das Wissen, desto besser" hinauslaufen, erledigen sich so von selbst.

Neo-Tantra ist als ein ernsthafter Versuch zu würdigen, Sexualität und Spiritualität zu versöhnen. Aus der Tantra-Tradition hat es den Gedanken übernommen, dass sexuelle Energie die Grundform der Lebensenergie ist und der Energie des Heiligen und Spirituellen wesensverwandt. Die neue Lehre setzt an der schmerzlichen Spaltung von Sexuellem und Heiligem an und ist ein wichtiger Beitrag zu ihrer Versöhnung. Die Bedeutung von Sinnlichkeit, Partnerschaft und Intimität hat einen sehr hohen Stellenwert im Vergleich zur traditionellen Lehre. Somit kümmert sich Neo-Tantra um einige der wesentlichen Bedürfnisse der modernen Zeit.

Ein anderer, nicht zu unterschätzender Aspekt ist, dass die Teilnehmer starke Gruppenerfahrungen machen, vor allem auch in Verbindung mit Methoden der emotionalen Katharsis und der Tatsache, dass das Thema Sex immer präsent und manifest ist. Bei guter Anleitung kann daraus ein gestärktes Selbstbild als Mann oder Frau hervorgehen. Im manchen Tantra-

141. Urban (2003), S. 205.
142. Vgl. Amarque (2010).

Gruppen wird auch das monogame Konzept ausschließlicher Sexualität in der Partnerschaft ausdrücklich hinterfragt und neue Wege, Sinnlichkeit, Lust und auch Sexualität auch mit anderen zu teilen, nicht nur diskutiert, sondern in einem entsprechend achtsamen Rahmen auch angeleitet. Seminar- und Workshopteilnehmer erfahren diesen Prozess oft als tief greifend und essenziell. Sie gewinnen einen neuen, sanfteren und selbstbestimmteren Zugang zum sinnlichen In-der-Welt-Sein im Allgemeinen und zur eigenen Sexualität im Besonderen.

Werner Stephan schreibt: „Die jeweils angewandten Methoden der Selbst-Veränderung sind meist sehr effektiv, manchmal sogar fast unabhängig von den qualitativen Fähigkeiten der LehrerInnen! Und schließlich sind solche Gruppen und Schulen in unserer umfassend geregelten und technisierten Konsum- und Wettbewerbsgesellschaft einer der wenigen Orte, wo gerade solche Wachstumsprozesse in einem geschützten Rahmen noch erfahren werden können! Manch eingerostete Partnerschaft ist wieder erblüht, und viele Singles haben einen neuen Lebenspartner oder zumindest guten Freund oder eine Freundin gefunden. Die Beschäftigung mit Neo-Tantra kann deshalb durchaus eine sinnvolle Vorstufe sein, um sich nach einer gewissen Zeit und ersten echten inneren Erlangungen dann intensiver und tiefgründiger mit der tantrischen Lehre zu befassen."[143]

Man könnte Neo-Tantra also als eine Art Gruppentherapie oder Gruppenselbsterfahrung ansehen, in der es im Kern um den Themenbereich Liebe, Sexualität, Partnerschaft und eigene Lebendigkeit geht. In vielen Fällen stellt sich bei den Teilnehmern eine Durchbruchserfahrung ein, die zu einem größeren Interesse an Transzendenz und Spiritualität führt. Ein mögliches Problem könnte hier noch sein, dass es keinerlei Qualitätssicherung außer dem freien Markt gibt und sich deswegen auch einige Lehrer in der Szene tummeln, die den sehr hohen Anforderungen nicht genügen. Eine neotantrische Gruppe zu meistern erfordert hervorragende Fähigkeiten der Menschenkenntnis, der Leitung, therapeutischen Feingefühls und persönlicher Integrität. In den Händen weniger Befähigten können solche Gruppen nicht zum Erfolg führen und z.T. kann das auch zu persönlichen Verletzungen führen, die nicht professionell aufgefangen werden. Aufgrund meiner Kenntnis der Szene muss ich allerdings sagen, dass es sich hier um Ausnahmen handelt und die meisten erfolgreichen Institute recht gut und professionell arbeiten, zumindest im deutschen Sprachraum.

Aus der Welt der Tantra-Tradition hat das Neo-Tantra in postmoderner Art einige Elemente übernommen und einige weggelassen. Meist wird mit den Chakras gearbeitet, wenn auch auf eine nicht-traditionelle und eher psychologische und selbsterfahrungsbezogene Weise. Die Methoden des Yoga

---

143. Stephan (1998), S. 27

und Pranayama werden nur in einigen Instituten angewandt, die meisten geben westlichen Methoden wie Bioenergetik und den Osho-Meditationen den Vorzug.

Die nichtdual ausgerichtete Philosophie der Tantras wird im neo-tantrischen Kontext entweder selten bemüht oder verflacht.[144] Neo-Tantra, so seine Kritiker, ist eine Spielwiese für selbsterfahrungshungrige Leute, die mehr an einer bestimmten Art des Lifestyles interessiert sind als an einem ernsten spirituellen Wachstum. In der Neo-Tantra Szene ist in der Tat vieles erlaubt und wenig verboten. Es bietet eine Art spiritueller Lehre, die sich manchmal auf das einfache Akzeptieren des So-Seins beschränkt, ohne Notwendigkeit einer disziplinierten Weiterentwicklung oder der Befolgung ethischer Prinzipien.[145] All das kann dazu führen, dass Menschen mit ernsthaftem Wachstumsinteresse das Neo-Tantra als Durchlauferhitzer oder Zwischenstation ansehen und sich im Laufe der Jahre anderen Wegen zuwenden.

Das wird immer mehr Lehrern dieser Richtung klarer, und sie sind seit Jahren bestrebt, ihre Seminare auf eine solidere spirituelle Basis zu stellen. Somit gibt es in der Szene eine erfreuliche Tendenz, sich mit ernsthaften spirituellen Lehren und eben auch mit den hinduistischen und buddhistischen Wurzeln des Tantra näher zu beschäftigen. Ich setze mich deutlich für den mittleren Weg und für eine Synthese aus ursprünglichem Tantra und Neo-Tantra ein.

Neo-Tantra aus der integralen Perspektive

„Heute kann man höchstens aussagen, vielleicht wird dieses abendländische ‚Neo-Tantra‘ eines Tages eine Form von neuem abendländischem Tantra werden, sofern eine jetzt noch fehlende oder zumindest mangelhafte spirituelle Motivation und Praxis hinzukommt!“ Das schrieb Werner Stephan 1998. Seither hat sich einiges getan.

Aus der Perspektive des integralen Tantra hat die neo-tantrische Bewegung den ersten Schritt getan, tantrisches Gedankengut im Westen populär und allgemein zugänglich zu machen. Die Beschäftigung mit Sexualität, die therapeutische Arbeit, die hier geleistet wird, die Beiträge zur Heilung der

144. Auf eine Weise die Chögyam Trungpa wohl „spirituellen Materialismus“ genannt hätte, vgl. Trungpa (2009).

145. Stephan: „Einige der heutigen westlichen Liebesschulen oder neo-tantrische LehrerInnen betonen jedoch in ihren Kursen und Trainings anstelle einer korrekten spirituellen Praxis oftmals z.B. nur den körperlich-energetischen Aspekt oder die psychologischen Aspekte von Sexualität, Liebe und Partnerschaft und ähneln deshalb mehr psychologischen Selbsterfahrungsgruppen vor einem exotischen Hintergrund.“ (Stephan 1998)

Konflikte von Mann und Frau sind hier vorbehaltlos zu würdigen. Sie müssen in das Konzept eines integralen Tantra übernommen werden ohne Wenn und Aber. Die Praxis kann noch effizienter werden, wenn sie ein allgemeines Entwicklungsmodell zur Verfügung hat, das auch in der Lage ist, Schwachstellen auszuleuchten. Neo-Tantra könnte sehr von einer Aufwertung des Geistigen und einem Hintergrund wie dem integralen System von Wilber profitieren.

Ein wichtiges Anliegen des integralen Tantra ist, regelmäßige spirituelle Praxis beim Einzelnen zu ermutigen, z.B. tägliche Körperarbeit, Atemarbeit und Meditation. Im Neo-Tantra wird oft zu sehr das Emotionelle, das Element der Selbsterfahrung in den Vordergrund gedrängt zuungunsten der viel tiefergehenden Wirkungen einer dauerhaften Verankerung in einer täglichen Praxis. Der Einzelne wird durch die herausfordernde Selbsterfahrung in einem erotischen Feld zu oft destabilisiert, aus der Mitte geworfen. Eine weise Tantra-Konzeption setzt dem stabilisierende, regelmäßige Elemente eines langsamen aber steten Kern-Wachstums entgegen.

Ein weiterer Nachteil des westlich-therapeutischen Tantra ist meines Erachtens das Fehlen eines ethischen Rahmens, was dazu führt, dass sich der Einzelne entweder wieder an herkömmlichen ethischen Normen orientiert oder an postmodern-hedonistischen ‚anything-goes'-Ideen. Ein integrales Tantra wird die Mühe nicht scheuen, eine niveauvolle ethische Ausrichtung unter Berücksichtigung der ethischen Gedanken aus den Traditionen und einer umsichtigen Diskussion, die westliche Werte und die heutige Situation würdigt, zu formulieren und das Bewusstsein der Schüler dafür wach zu halten.

Die mancherorts übertriebene Betonung auf dem Sexuellen wird vom integralen Tantra zwar nicht geteilt – wohl aber schätzt das integrale Tantra die vielen interessanten Ansätze, die das Neo-Tantra auf dem Gebiet der Erforschung des Eros entwickelt hat, und möchte darauf nicht verzichten. Das Neo-Tantra gibt die Zusammenhänge richtig wieder. Wir leben in einer Zeit, in der Sex als Ware und Porno-Angebot durch Medien und Internet fast unbegrenzt zur Verfügung steht. Was fehlt, sind tiefe, ekstatische Erfahrungen einer Sexualität, die Lust, Herz und Geist verbindet. Es mangelt der Sexualität an Liebe und an Ganzheitlichkeit – was dies betrifft, ist unsere Kultur seit den 70er Jahren kaum weitergekommen. Neo-Tantra setzt da an, dass Sex in Verbindung mit Liebe und Beziehung gesetzt werden soll und dass sich von da aus heilende Impulse verbreiten können. Was das betrifft, ist das integrale Tantra dem Neo-Tantra zu Dank verpflichtet.

Im Neo-Tantra finden wir oft auch Übergänge zu offenen Beziehungsexperimenten und ‚freier Liebe'. In den Geburtsstunden des Neo-Tantra in den siebziger Jahren des 20. Jahrhunderts war ein Klima von scheinbarer Befreiung des Eros von maßgeblicher Bedeutung für die Entwicklung dieser Richtung: Ideal war fast durchgängig auch die Befreiung von Erotik und Sexualität von den Klauen von Besitzgier und Eifersucht. Dass dies oft auch zu einem rücksichtslosen Ausagieren sexueller Impulse in den einschlägigen Seminaren führte und Verletzungen zur Folge hatte, darf man eher dem Zeitgeist zuschreiben als der ‚tantrischen' Philosophie dahinter. Der Impuls, dass Tantra helfen kann, Beziehungsmodelle zu erweitern und neue Möglichkeiten des liebevoll-erotischen Zusammenlebens schafft, ist auch für das integrale Tantra wichtig. Dies sollte im Rahmen einer Sexualethik stattfinden, die dafür sorgt, dass keine unnötigen Verletzungen dabei geschehen.

Tantra sollte zu guter Letzt nicht zum unreflektierten Ausleben aller sexuellen Impulse führen, sondern hat im Gegenteil, das Ziel, dass die Ausübenden immer freier von Drang und Trieb werden, immer selbstbestimmter und unabhängiger in ihren sexuellen Wünschen.

Fazit

Ich möchte den ersten Teil mit einer Metapher beenden (Menschen mit Computer-Aversion mögen mir verzeihen und den Abschnitt überlesen): Neo-Tantra mutet an wie der Versuch, eine abgespeckte und veränderte, an manchen Punkten nachgebesserte und kompatibel gemachte Version des Tantra auf einem unausgereiften und wackeligen Betriebssystem (grüne New-Age-Kultur) einigermaßen zum Laufen zu kriegen.

Das integrale Tantra stellt ein gut funktionierendes Betriebssystem zu Verfügung, auf dem die Vollversion des genialen, Jahrtausende alten und schon viel erprobten Tantra.exe laufen kann, inklusive der Nachbesserungen aus dem Neo-Tantra. Bestimmte Elemente der ursprünglichen Version laufen heutzutage gar nicht mehr, aber die wesentlichen Ziele werden erreicht. Das Ganze stellt eine Open-Source-Software dar, die laufend nachgebessert wird und erweitert werden kann; ja, es ist von den Betreibern sogar ausdrücklich erwünscht.

Teil II. Praxis des integralen Tantra

9. Integrale Lebenspraxis

Nachdem ich im ersten Teil des Buches die theoretischen Aspekte des Tantra, seine Geschichte und Metaphysik vorgestellt habe, werde ich nun zur Praxis des integralen Tantra kommen. Wir haben gesehen, dass sowohl das klassische Tantra als auch die neuen westlichen Schulen über reichhaltige Methoden verfügen, unterschiedliche Lebensbereiche des Menschen zu trainieren und zu verfeinern: Körper, Geist, Emotionen, Sexualität und Transzendenz. Im ersten Teil habe ich integrales Tantra als Synthese aus der traditionellen und modernen tantrischen Lehre eingeführt, das sich der genauen Landkarte der integralen Theorie bedient, um sich zu einem zeitgemäßen, aufgeklärten, sinnenfrohen ganzheitlichen Weg zu entwickeln.

Wir haben auch gesehen, dass Tantra in erster Reihe Praxis ist. In diesem zweiten Teil soll der Gedanke des integralen Tantra nun als Methode der vielseitigen Entwicklung des Menschen lebendig werden. Um dies zu gewährleisten, greife ich auf die Idee der Integralen Lebenspraxis zurück, die von Ken Wilber und Terry Patten aufbauend auf der Arbeit der transpersonalen Therapeuten George Leonard und Michael Murphy entwickelt wurde.

Integrale Lebenspraxis ist kein neues spirituelles System, sondern ein effektiver und zeitgemäßer Rahmen, in den man jeden Ansatz für persönliches Wachstum auf eine sinnvolle Weise einordnen kann. Menschen können sich auf unterschiedliche Weise bemühen, mehr aus ihrem Leben zu machen: Der eine geht ins Fitnessstudio, der andere liest philosophische Literatur, ein Dritter übt Yoga und meditiert und ein weiterer gründet mit anderen eine gemeinnützige Organisation. Normalerweise setzt man diese Bemühungen nicht in Bezug zueinander. Und doch würde genau dies die Effektivität dieser Unternehmungen erhöhen.

Die integrale Lebenspraxis, oft mit *ILP* abgekürzt, ist ein Modell, das einen Rahmen für ganzheitliches und vielseitiges Üben bietet, dabei individuell gestaltbar bleibt und keine konkreten Übungen vorschreibt, sondern Wert darauf legt, in allen relevanten Lebensbereichen regelmäßig aktiv zu sein. Das soll dem Einzelnen helfen, einen möglichst umfassenden, lückenlosen und harmonischen Weg der persönlichen Entwicklung zu beschreiten. Durch den Rückbezug auf die integrale Theorie versteht sich die integrale Praxis als ein Lebensentwurf, der klassische spirituelle Weisheit mit modernem wissenschaftlichen Denken und postmodernen Einsichten verbindet.

Cross-Training

Die zugrunde liegende Idee ist, dass die Wirkung spezifischer Praktiken steigt, je stärker man sie untereinander kombiniert. Ken Wilber nennt das ‚Integrales Cross-Training'. So wird jemand, der Psychotherapie mit Meditation verbindet, größere Fortschritte machen als jemand, der nur eins davon betreibt. Ich nehme dafür gerne die Metapher: Wenn vier Mann einen Schrank eine Treppe hochtragen wollen, fasst am besten jeder an einer Ecke an und nicht alle an derselben. In dieser Situation befinden sich aber Menschen, die nur ihren Körper trainieren, nur meditieren, nur Therapie machen oder sich nur mit Büchern beschäftigen. Ganzheitlicher und harmonischer kann ihre Entwicklung verlaufen, wenn man sich gleichermaßen dem Körper, dem Geist, der Meditation und der Arbeit am eigenen Schatten widmet.

Module

Der Kerngedanke hinter der integralen Praxis ist also recht einfach: Wenn du als Mensch vielseitig und nachhaltig wachsen willst, so trainiere die unterschiedlichen Schlüsselbereiche möglichst harmonisch und gleichmäßig – diese Bereiche werden als sogenannte Übungs-Module bezeichnet. Das Praxissystem besteht aus vier Kernmodulen, die auf jeden Fall zu berücksichtigen sind, und mehreren optionalen Nebenmodulen. Die Anweisung ist: Wähle aus jedem Modul eine Praxis gemäß deiner Neigung und führe alle regelmäßig durch. Dabei kann der Praktizierende die Methoden, die ihm liegen, relativ frei wählen; wichtig ist vor allem, dass das Modul überhaupt trainiert wird.

Offene Architektur

Integrale Lebenspraxis gibt keine speziellen Praktiken vor, sondern hilft dir, einen persönlichen Satz von Methoden zu entwerfen, die für dich maßgeschneidert und an dein spezielles Leben angepasst sind. Das verstehen die Begründer unter einer „offenen Architektur". Es würdigt das, was du für deine Entwicklung bereits tust, und hilft dir, zu erkennen, in welchen Bereichen du Lücken hast, die dich in deiner Entwicklung vielleicht mehr behindern, als es dir bisher klar gewesen ist! Integrale Lebenspraxis lässt sich mit schon bestehenden geistigen Wegen kombinieren und kann diese auffrischen und vervollständigen. Genau das haben wir im Falle des integralen Tantra vor: Die schon bestehenden vielschichtigen Methoden des Tantra integral aufzufrischen und an die Realitäten unseres heutigen Lebens anzupassen.

Wilbers *Integral Institute* hat zu jedem dieser Module eigene Ansätze herausgearbeitet und benutzerfreundliche Anwendungen erstellt. Leider haben sie den Begriff ILP patentieren lassen; er soll nun für ein ganz bestimmtes Set von Praktiken genutzt werden, das aus ihrer Sicht besonders effektiv sein soll. Darunter leidet der universelle Anspruch, den das ILP als Bezugsrahmen haben soll. Im integralen Tantra beziehen wir uns explizit auf den modularen Bezugsrahmen und die offene Architektur, jedoch nicht auf die spezifischen ILP-Methoden des integralen Instituts. Wer sich dafür interessiert, der sei auf die ausgezeichnete Einführung von Wilber hingewiesen.[146]

Die Kernmodule

Die oben erwähnten vier Kernmodule sind die wichtigsten vier Module, ohne die eine Praxis nicht wirklich integral zu nennen ist. Sie sollen alle berücksichtigt und regelmäßig geübt werden.

Körper – Zu diesem Modul gehört jede Art von Praxis, die den Körper kräftigt und jung und gesund hält. Optimalerweise ist die Praxis nicht nur auf den physischen, sondern auch auf den subtilen Körper ausgerichtet. Mögliche Methoden wären hier etwa Joggen, Krafttraining, Chi Gong oder Hatha-Yoga. Darunter fallen aber auch Praktiken wie bewusste Ernährung, regelmäßiger Schlaf und gesunde Lebensgewohnheiten.

Geist (*spirit*) – In dieses Modul fallen alle Formen von Gebet, Meditation und spirituellen Ritualen. Es geht hier, wie Wilber es formuliert, um die meditative Schulung von Zuständen. Wilber und andere Experten argumentieren, dass die Bedeutung der Meditation für die Beschleunigung der persönlichen Entwicklung nicht hoch genug eingeschätzt werden kann. Im optimalen Fall werden hier verschiedene Praxisformen kombiniert, die den grobstofflichen, den subtilen und den kausalen Bereich anregen, z.B. schamanische Praxis für den grobstofflichen Bereich, Gottheits-Visualisation für den subtilen Bereich und formlose Meditation für den kausalen Bereich. In der traditionellen tantrischen Sadhana findet man tatsächlich alle diese Formen nebeneinander!

Verstand (*mind*) – Hierzu wählt man eine Praxis, die den Verstand zu klarem Denken anregt und einen inspiriert, verschiedene Perspektiven einzunehmen. Außer der intensiven Beschäftigung mit dem integralen Weltbild an sich kann es hier auch um wissenschaftliches Arbeiten gehen, das Lesen akademischer Literatur, geistige Interessengebiete oder Argumentationstraining, in dem man nach einiger Zeit die Rollen wechselt. Schach bis Sudoku fallen ebenso unter diese Rubrik wie planerische und organisatorische Tätigkeiten. Da laut Wilber die kognitive Linie die Entwicklung der anderen entscheidend begrenzen kann, weil ihre Entwicklung eine Voraussetzung für viele andere Entwicklungslinien ist (ich kann nur das entwi-

146. Wilber et al. (2010), *Integrale Lebenspraxis.*

ckeln, was ich – kognitiv – erkenne), sollte der persönliche kognitive Rahmen möglichst umfassend sein.

Psychodynamik – Die Arbeit mit dem eigenen Schatten, den unterdrückten und abgewehrten Anteilen des Unbewussten, ist ebenso eine entscheidende Komponente einer integralen Lebenspraxis. Wilber ist der Ansicht, dass Meditation ohne Schattenarbeit eine existierende Abspaltung oft noch vergrößern und sich somit im Gesamten sogar negativ auswirken kann. Dies ist in den meisten Formen traditioneller Spiritualität leider der Fall. Integriert man eine Form der Schattenarbeit – in Form von Therapie oder systematischer Arbeit an seinen eigenen Schwächen –, kann das Gesamte viel schneller wachsen. Die systematische Arbeit mit Emotionen, das Beleben der emotionalen Linie, wurde von Wilber in einer früheren Veröffentlichung als Nebenmodul angesehen; im Buch *Integrale Lebenspraxis* (und auch in diesem Buch) wird es zusammen mit Psychodynamik und Schatten behandelt, weil die Trennung der beiden Bereiche künstlich erscheint. Auch Gefühle verändern sich über eine Lebensspanne und können von frühkindlicher Egozentrik zu reifer Emotionalität wie Mitgefühl transformiert werden. Das Umwandeln von Emotionen mittels tantrisch-buddhistischer Praxis gehört hier zu den herausragenden Methoden.

Wille – Ich möchte in diesem Buch das gezielte Willenstraining als fünftes Hauptmodul vorschlagen. Zu oft habe ich als Übender und auch als Lehrer schon die Erfahrung gemacht, dass der gute Vorsatz allein nicht reicht, um die Praxis wirklich durchzuführen und die segensreichen Früchte später zu ernten, sondern dass es schon ein gewisses Maß an innerer Disziplin und Fähigkeit zur Selbstüberwindung braucht, um Anfangsschwierigkeiten zu überwinden und dem Leben einen Drall in die richtige Richtung zu geben. Hinzu kommt, dass sich der Wille, wie auch der Verstand und die Liebe, kontinuierlich entwickelt und damit erheblich Einfluss auf zukünftige Unternehmungen und Ziele nimmt.

Gerade in unserer heutigen Zeit, in dem das postmoderne Bewusstsein die spirituelle Szene dominiert, das wenig von Disziplin, Konzentration und Willensstärke hält, finde ich es wertvoll, die Kraft und Entwicklung des Willens zu integrieren und Praxiseinheiten zum Willenstraining mit einzubauen. Darüber hinaus wird mit dem integralen Wachstum der Wille zunehmend umfassender fester und stärker und befindet sich in größerer Übereinstimmung mit der Entwicklung der Gesamtpersönlichkeit. Der ILP-Experte Terry Patten ist der Ansicht, dass die traditionellen Wege in der Regel nur zwei oder drei dieser Basismodule entwickelt haben; der Schattenbereich fehlt nahezu völlig. Das integrale Programm ist immer bestrebt, die traditionell-religiösen Wege zu verstehen und „integral zu informieren", sie damit auf den heutigen Stand zu bringen, damit sie noch wirkungsvoller sind und Menschen von heute ansprechen. Moderne und postmoderne

Wege beziehen zwar das Schattenmodul ein, bei ihnen fehlt jedoch oft ein Verständnis für die Notwendigkeit des Verstandes- und des Willenstrainings.

Nebenmodule

Die Kernmodule sollten im ILP in regelmäßiger Praxis möglichst umfassend trainiert werden. Wilber und Patten schlagen fünf weitere Module vor, aus denen man sich zwei oder drei Praktiken heraussuchen soll, um eine möglichst umfassende Praxis zu gewährleisten.

Ethik – Hier geht es darum, sein Verhalten mit einer konsistenten postkonventionellen Achtsamkeit, Verantwortlichkeit und Integrität zu verbinden. In traditionellen spirituellen Systemen befindet sich die Ethik oft auf einer konventionellen Ebene. In der zeitgenössischen pluralistischen Kultur hat Ethik seinen konventionellen/traditionellen Charakter verloren und wird oft durch ein ethisch-diffuses „anything-goes" ersetzt. Laut Wilber geht es darum, das Verhalten im oberen rechten Quadranten mit postkonventioneller Moral im unteren linken Quadranten zu verbinden.

Sexualität – Dieses Modul befasst sich mit der Bewusstheit im Sexualleben, wie viel Fülle darin existieren darf und kann. Hier geht es auch um die sexuelle Integrität, d.h. inwieweit das Sexualleben mit dem Herzen verbunden ist und inwieweit die Sexualität die Liebe zwischen den Partnern stärkt und mit Klarheit erfüllt oder sich eher in den Dienst der Bewusstlosigkeit, Sucht und Betäubung stellt. Auch Ken Wilber hebt hier hervor, dass es hier um die tantrischen Aspekte von Beziehungen geht.

Beziehungen – Menschliche Beziehungen sind einer der wichtigsten Bestandteile unserer Existenz. Hier lautet entsprechend die Frage: Wie können wir unsere wichtigsten Beziehungen, zu den Partnern, den Eltern, den Kindern, den Freunden und Arbeitskollegen auf eine Weise leben, dass sie Wege der Transformation werden, Ausdruck integraler Achtsamkeit und gegenseitiger Verständigung?

Arbeit – Hier geht es darum, ob und wie wir unsere Erwerbsarbeit und unser Verhalten in Institutionen als Dienst an der Welt und als Bereicherung des Ganzen begreifen. Ist Arbeit für uns eine Form von Karma-Yoga, also des spirituellen Übungsweges des selbstlosen Handelns, oder stellen wir fest, dass sich unsere Arbeit im Widerspruch mit anderen Lebensbereichen befindet? Was wären dann hier die wichtigen Schritte, die vielleicht zu tun sind? Wie kann eine sinnvolle Arbeit in unserer heutigen Welt auf der Höhe der Zeit aussehen? Welche Berufswahl ist zu treffen?

Kunst – In der künstlerischen Gestaltung kann ein Mensch seine Kreativität verfolgen und gleichzeitig eine Verbindung zur Ganzheit, zum Höheren, aufnehmen. Dank der enormen Wichtigkeit kreativer Wege in der ganzheitlichen Selbstvervollkommnung wird die Kunst immer mehr als eigenes Modul betrachtet,[147] während sie in den ersten Veröffentlichungen noch nicht diesen Status hatte.

Freiwillige weitere Zusatzmodule: Dazu können nach Bedarf Dutzende weiterer Module als „Wahlfächer" dazu genommen werden, wie z.B. Männerarbeit, Frauenarbeit, Ökonomie, Ökologie, Entscheidungsfindung, Politik und vieles mehr.

In diesem Kontext möchte ich noch mal an drei wichtige Punkte bzw. Kennzeichen des integralen Tantra erinnern, auf die wir am Anfang des ersten Teiles schon ausführlich eingegangen sind (siehe oben Kapitel 1):

1. Integrales Tantra[148] soll weitestgehend auf die tantrische Tradition zurückgreifen.

2. Integrales Tantra soll die integral-evolutionären Modelle als geistigen Hintergrund mit einbeziehen.

3. Integrales Tantra sollte sich an den Modulen der Integralen Lebenspraxis orientieren.

Was ist das Neue am integralen Tantra?

Ich möchte an dieser Stelle kurz zusammenfassen, was am integralen Tantra das wirklich Neue ist und inwiefern sich integrales Tantra von anderen spirituellen Richtungen unterscheidet.

1. Traditionelles Tantra

Aus dem traditionellen Tantra wird der offene und experimentelle Zugang zur Wirklichkeit übernommen: Statt Autoritäten oder Büchern zu folgen, sollen unter kundiger Anleitung eigene Erfahrungen gesammelt werden. Die traditionellen Modelle des feinstofflichen Körpers werden im integralen Tantra als „hilfreiche Mittel" angewandt. Gleichzeitig aber öffnen wir uns

147. Wilber et al., (2010), S. 44

148. Integrales Tantra ist eine Idee, die auf den Schultern von Riesen steht, die diese Idee über Jahrzehnte vorbereitet haben:
Hier möchte ich insbesondere nennen: Swami Satchidananda mit seinem Integralen Yoga (Swami Satchidananda, *An introduction to Integral Yoga*), der diese Idee schon vorweggenommen hat (ohne allerdings Sexualität und Beziehung zu integrieren); verschiedene Kollegen sowohl aus dem Neo-Tantra als auch vom Hatha-Yoga her kommend; die schon erwähnte Komaja-Schule von Aba Aziz Makaja; der von mir öfters zitierte Werner Stephan, der leider 1999 mit 49 Jahren starb und seine Vision, klassisches und westliches Tantra als tiefschürfenden spirituellen Weg zu konzipieren, nicht mehr verwirklichen konnte; ich verdanke seiner Vorarbeit viel.

neuen, vielleicht optimierten Beschreibungen, etwa aus der Gehirnforschung. Viele der Methoden des traditionellen Tantra werden verwendet und in Ehren gehalten. Im Gegensatz zum traditionellen Tantra bevorzugt das integrale Tantra jedoch Mentoren; statt von einer Guru-Konzeption geht es dabei von einem sich evolutionär entwickelnden Universum aus, relativiert einige metaphysische Annahmen als magisch-mythische Konzepte und nutzt westliche psychologische Modelle für psychodynamische Arbeit mit Menschen.

2. Neo-Tantra

Aus dem Neo-Tantra übernimmt das integrale Tantra den Impuls zur Befreiung, Humanisierung und Spiritualisierung von Sexualität sowie die Betonung auf die Beziehungsarbeit (sowie Impulse zur Erweiterung der Beziehungen in Richtung polyamorer Experimente). Neo-Tantra stellt eine Synthese von Methoden aus Ost und West, aus Therapie, Yoga, Massage und Meditation zur Verfügung, die auch im integralen Tantra zum Tragen kommt. Dem integralen Tantra ist auch die spirituelle und transpersonale Zielsetzung wichtig, die im Neo-Tantra nicht immer gegeben ist. Was dort oft auch fehlt, ist systematische Alltagspraxis und konsequente Willensschulung, damit die Praxis auch in den Alltag einsickert und zu Ergebnissen führt: integrales Tantra ist eine Bewegung weg von spektakulären Wochenendereignissen hin zu einer nachhaltigen, sattva-betonten Basisarbeit. Dies schließt auch einen konsequenten ethischen Standpunkt ein, der im Neo-Tantra manchmal vernachlässigt wird. Der Übergang vom Neo-Tantra zum integralen Tantra ist freilich fließend; einige mir bekannten neo-tantrischen Schulen dürften den integralen Gütekriterien durchaus schon genügen.

3. Hatha-Yoga

Aus dem Hatha-Yoga übernimmt das integrale Tantra die Betonung des Willens und die ethische Orientierung sowie die kontinuierliche, disziplinierte Praxis. Auch der Aspekt der Zentrierung und inneren Ruhe ist wesentlich. Viele moderne Hatha-Yoga-Schulen entsprechen auch schon weitgehend einer vollwertigen integralen Praxis. In den meisten Hatha-Yoga Traditionen klingt jedoch eine altmodische und prüde Einstellung zu Erotik, Sexualität und Lebensfreude im Allgemeinen durch: zu viel Disziplin und zu wenig Freude am Schönen und Lebendigen, ja eine ambivalente Einstellung gegenüber der Sinnlichkeit. Darüber hinaus fehlt es in vielen Hatha-Yoga-Schulen auch an systematischer psychologischer Selbstreflexion und „Schattenarbeit". Emotionen werden eher unter den Teppich gekehrt. In vielen Fällen ist auch noch eine Fixierung auf Gurus und Autoritäten spürbar, die den Einzelnen nicht ganz in seine Selbstverantwortung entlässt.

4. Andere spirituelle Wege

Der tantrische Weg unterscheidet sich von den meisten anderen Wegen durch seine sehr konsequente Integration von Sexualität und Beziehung in die spirituelle Praxis sowie das Einnehmen einer offenen, nichtdualen Haltung, in der alle Dualitäten von richtig/falsch, gut/schlecht, rein/unrein, hoch/niedrig oder geistig/weltlich skeptisch betrachtet werden.

5. Integrale Lebenspraxis (ILP)

Integrales Tantra kann als eine Sonderform integraler Lebenspraxis angesehen werden, die ihre Methoden im Einklang mit der tantrischen Tradition wählt – also z.B. Yoga, Pranayama, tantrische Meditationsformen, Kundalini-Arbeit, sexuelle Praxis, Arbeit mit der Mann/Frau-Polarität und Durchführung tantrischer Rituale.

Mit diesen Überlegung wenden wir uns nun der Praxis zu.

10. Körper

Der Körper, mein Tempel, ist ausgeglichen und gesund – ich stehe mit Freude in der Welt.

Im Tantra wird der Körper als göttlicher Tempel angesehen. Die Schriften fordern dazu auf, diesen Tempel zu pflegen, geschmeidig und gesund bis ins hohe Alter zu halten sowie als Grundlage für Praxis und Transformationsarbeit zu nutzen. Asketische Praktiken, die den Körper zu sehr schwächen, werden in der Regel abgelehnt.

Die hier empfohlenen Praktiken beziehen sich nicht nur auf den physischen, sondern auch auf den feinstofflichen Körper. Im tantrisch-integralen Modell gehen wir, wie im 1. Teil beschrieben, von drei Körpern aus, dem grobstofflichen Körper, wie er von der Anatomie beschrieben wird, einem feinen oder subtilen Körper mit Energiebahnen und -zentren, und einem kausalen oder sehr feinen Körper, der formlos und Träger des Tiefschlaf-Bewusstseins ist.

In Wilbers ILP bezieht sich sowohl das Körpermodul als auch das Spiritualitätsmodul auf alle drei Körper. Dadurch wären diese Praktiken aber deckungsgleich. Aus diesem Grund halte ich es hier so, dass sich das Körpermodul auf den grobstofflichen Körper und das Spiritualitätsmodul vor allem auf den kausalen Körper konzentriert. Im Falle des subtilen Körpers findet ein gleitender Übergang der beiden Module statt. Intensives Pranayama etwa wird der eine als Körperarbeit, der andere eher als Meditation bezeichnen.

Integrales Tantra und Hatha-Yoga

Eine Praxis, die sich in die Synthese des integralen Tantra sehr gut einfügen lässt, ist regelmäßiges Hatha-Yoga. Im Laufe der Jahrhunderte hat sich der Hatha-Yoga, dessen tantrische Wurzeln wir im 1. Teil erforscht haben, zu einer Lehre entwickelt, die auch für Anfänger und leicht Fortgeschrittene gewinnbringend (im Sinne von Körperertüchtigung, Entspannung und Vorbereitung zu Meditation) anwendbar ist. Seine harmonisierende und beruhigende Wirkung auf Körper, Geist und Seele ist mittlerweile ausreichend erwiesen und dokumentiert.[149] Hatha Yoga Übungen verbessern die Gesundheit, stärken das Immunsystem, können

149. Vgl. z.B. die Broschüre *Yoga im Spiegel der Wissenschaft,* Fuchs (2010), http://bit.ly/ntLeSu

Stress abbauen, führen zu tieferer Entspannung, zu mehr Energie und geistiger Klarheit.

Im 20. Jahrhundert hat sich eine immer größer werdende Anzahl von Hatha-Yoga-Schulen entwickelt, die unterschiedliche Stile anwenden. Es ist empfehlenswert, sich mehrere Yoga-Systeme genau anzuschauen, bevor man sich auf eines einlässt, um so das zur eigenen Person passende zu finden. Ich habe Hatha-Yoga in den Traditionen von Iyengar, von Satyananda und Shivananda kennengelernt und die außerordentlich positiven Wirkungen auf mein Leben feststellen können. Es gehört zu den Praxisformen, die ich nach wie vor regelmäßig übe. Auch bei vielen anderen Menschen konnte ich starke Wirkungen regelmäßiger Yoga-Praxis, vor allem auf Geist und Konzentrationsfähigkeit, feststellen.

Hatha-Yoga besteht heute aus dem Üben von Asanas (Körperpositionen), Pranayama-Atmung, Mudra, Mantra sowie Tiefenentspannungsverfahren. Die Übungen trainieren auch den subtilen und den kausalen Körper und bereiten auf tiefere Zustände der Meditation vor. Schon mit einer Übungspraxis von 20 Minuten am Tag können sich viele positive Ergebnisse einstellen.

Yoga und Tantra: Gegensatz oder Ergänzung?

Hatha-Yoga kommt, wie schon angedeutet, ursprünglich aus der tantrischen Tradition und hat gemeinsame Grundannahmen, was den subtilen Körper und seine Chakras, Nadis und die Arbeit mit der Kundalini-Energie angeht. Eigentlich ist yogische Körperarbeit die beste Vorbereitung des Körpers für tantrische Meditation und Ritual.

Doch hat sich in der modernen Welt ein Graben zwischen dem Tantra als Weg des Ekstatisch-Spontanen und dem Hatha-Yoga als Weg des Willens und der Disziplin aufgetan, den es nun wieder zu schließen gilt.[150] Oshos Interpretation von Tantra-Texten, die das Nicht-Tun in den Vordergrund rücken, sich aber an sehr weit fortgeschrittene, praxiserfahrene Jünger wenden, haben sicher dazu beigetragen. Viele haben diese Aussagen auf eine grüne, postmoderne Weise missinterpretiert, dass Tantra ohnehin der höhere Weg und es somit nicht notwendig sei, sich anzustrengen, sondern dass es ausreichen würde, sich eins mit sich selbst zu fühlen – ein schönes Beispiel für eine Prä/Trans-Verwechslung!

---

150. Eine Aufgabe unserer Zeit wäre eine Integration von Yoga und Tantra, unter Vermeidung der von Ken Wilber genannten Fallen Repression, also der Unterdrückung der Lebensimpulse und Regression, womit er die Verleugnung der spirituellen Dimension meint.

Asanas des Hatha-Yoga

In der heutigen westlichen Welt sind vor allem die Asanas, also die Körperpositionen des Hatha-Yoga bekannt. Damit sind verschiedene unterschiedlich überlieferte Körperpositionen gemeint, die in der Regel lange gehalten werden sollen. Ziel ist es, sich in diesen teilweise schwer zu meisternden Positionen völlig zu entspannen und zu meditieren. Hatha-Yoga Übungen können viel wirkungsvoller sein, wenn man entsprechende Visualisierungen[151] dazu nimmt. So kann man bestimmte Kraftsätze für die entsprechenden Asanas affirmieren oder mit Chakra-Konzentration arbeiten.

Für unser integrales Sadhana ist eine tägliche Praxis von 15-90 Minuten Hatha-Yoga sehr effektiv, am besten ganz klassisch der Sonnengruß (Surya Namaskar) und die bekannte Rishikesh-Reihe. Auf jeden Fall sollten eine Vorwärtsbeuge, eine Rückwärtsbeuge, ein Drehsitz und eine Umkehrhaltung täglich geübt werden.

Der Sonnengruß ist ein dynamischer Zyklus von 12 Positionen, die schnell und kraftvoll durchgeführt werden. Man kann ihn in den meisten guten Hatha Yoga Zentren lernen. Meist wird er als Einstimmung benutzt, selten auch als eigener Übungsweg mit mehr Wiederholungen.

Vorwärtsbeuge

Sitze mit gestreckten Beinen auf dem Gesäß. Beuge dich nun, so gut du kannst, nach vorne, Beine bleiben gestreckt. Berühre mit den Fingern deine Zehen, die Stirn berührt nach Möglichkeit die Knie. Entspanne dich in diese Stellung hinein.

Kobra

Liege auf dem Bauch. Setz die Handflächen neben der Brust auf den Boden. Hebe aus dem Rücken heraus Kopf und Brust, so hoch es geht. Entspanne Arme und Gesäß.

Drehsitz

Sitze am Boden. Drücke die linke Ferse gegen die rechte Gesäßbacke. Setze nun den rechten Fuß an die Außenseite des linken Knies. Drehe den Körper nach rechts. Der linke Ellbogen drückt an die Außenseite des rechten Knies. Idealerweise fasst die linke Hand den rechten Fuß. Der Rücken ist dabei möglichst gestreckt. Der andere Arm liegt auf dem Rücken. Blicke soweit wie möglich über die rechte Schulter. Wechsle dann zur anderen Seite.

Eine gute Alternative zu den Einzelübungen ist das Paar-Yoga, in dem man zu zweit mit einem Partner üben kann. Dabei kann man einander helfen, tiefer in die Stellungen zu kommen und sich darin liebevoll begleiten, nebenbei fördert es auch ein gemeinsames sinnliches Körpergefühl.

---

151. Douglas/Slinger (1999), S. 51

Beim Yoga-Üben sollte man ein knappes Sportdress tragen, keine „Schlabberkleidung". Bei entsprechender Temperatur ist es auch zu empfehlen, ganz oder nahezu unbekleidet zu üben, was die Körpererfahrung deutlich vertiefen kann.

Pranayama

Im Anschluss zu den Asanas bietet sich *Pranayama* an, um den subtilen Körper anzuregen. Pranayama gehört zu den kraftvollsten Übungen des Hatha-Yoga und führt schon zu außergewöhnlichen Zustandserfahrungen.

Für den Anfänger bietet sich *Nadi Shodhana,* die Wechselatmung, und *Kapalabhati* an. Fortgeschrittenes Pranayama bildet den Übergang zum Kundalini-Yoga und hat sehr starke Einflüsse auf das energetische System. Aus meiner Sicht ist es ein sinnvolles Vorgehen, zuerst Asanas zu üben, dann Pranayama und schließlich eine Meditation anzufügen, zum Beispiel die im kommenden Kapitel noch beschriebene innere Mantra-Meditation.

Nadi Shodhana, der Wechselatem

Links einatmen, dann Atem anhalten, beide Nasenlöcher geschlossen halten, rechts. Ausatmen. Dann rechts einatmen, Atem anhalten, links ausatmen. Dies ist ein Durchgang. Mach ca. 5 - 16 Durchgänge.

Fortgeschrittene Variante: Einatmen, Anhalten, Ausatmen im Verhältnis 1:4:2 (z.B. 4 sec/ 16 sec/ 8sec). Achte darauf, dass es dich nicht zu sehr anstrengt. Dies führt zum Ausgleich der Polaritäten und zu großer innerer Entspannung.

Kapalabhati (Scheinender Schädel)

Atem beruhigen. Sehr schnell ausatmen (max. 1/2 sec.), und doppelt so langsam entspannt einatmen, 20-100 Mal wiederholen. Dann 1-2mal normal ein- und ausatmen. Dann atme bequem ein, und fülle die Lungen zu 3/4. Halte Luft an, Konzentration auf den Bauch, die Wirbelsäule, den Punkt zwischen den Augenbrauen oder die Schädeldecke. Halte die Luft so lange an, wie es Dir angenehm ist (20-120 Sekunden).

Beckenbodentraining

Wesentlich für die weiterführenden tantrischen Praktiken ist das Training des Beckenbodens, auch PC-Muskeltraining[152] genannt.

Für die Anfängerstufe bestens geeignet erscheinen mir die Übungszyklen von Gerhard Eggetsberger, der sie mithilfe seines Biofeedbackverfahrens entwickelt hat.[153] Diese Methode ist den traditionellen Verfahren ähnlich,

152. ‚PC' bezieht sich hier auf den Pubococcygeal-Muskel (kurz PC-Muskel genannt).
153. Im Internet zu finden unter: www.ipn.at

einfach zu erlernen und recht wirkungsvoll. Im Fortgeschrittenen-Stadium können diese Fähigkeiten in komplexe Pranayama- und Kriya-Meditationen eingebaut werden.

1. *Ca. 10 Minuten dynamische Körperübungen, z.B. Yoga oder Chi Gong.*

2. *Wenn die nötige Fitness vorhanden ist, kann die eigentliche Übung gemacht werden:*

- *Wirbelsäule aufrichten.*
- *Augen unter geschlossenen Lidern in Richtung Nasenwurzel drehen.*
- *Zunge an Gaumen legen.*
- *Beim PC-Anspannen einatmen, langsam bis 10 zählen.*
- *Ausatmen, PC völlig entspannen, bis 10 zählen.*
- *20 - 30mal durchführen (weniger als 20 sind nicht sinnvoll).*
- *Dann eine Minute Pause und PC-Muskel völlig entspannen.*

3. *Schnelle PC-Stöße: 1-2 Sek. Einatmen und anspannen, schnell entspannen und stoßartig ausatmen, 30-60 (mehr ist nicht sinnvoll).*

4. *Am Ende eine Minute ruhig sitzen, Augen und Zunge lösen, gut ausatmen, Hände aneinander reiben und Übung beenden.*

Diese Übungseinheiten 2x/Tag ausführen.

Alternativen zu Yoga

Für Menschen, die mit Hatha-Yoga nichts anfangen können, bieten sich andere ganzheitliche Körpertechniken an wie Tai-Chi, Chi-Gong, Pilates oder bioenergetische Körperarbeit. Eine besonders effektive Methode ist die Feldenkrais-Arbeit, die jedoch schlecht mit anderen Ansätzen zu kombinieren ist.

Daniel Odier, einem westlichen Vertreter des kaschmirischen Shivaismus zufolge sollen die frühen Tantriker der Kaula-Tradition Tandava, einen mystischen Tanz geübt haben, der einer freien Tai-Chi-Bewegung ähnelt. Odier lehrt diesen Tanz in seinen Seminaren. Zentral ist dabei die komplett freie Bewegung, bei der zuerst gelernt werden muss, keine konditionierten Bewegungsabläufe zu bedienen, sondern sich immer und immer wieder der Weisheit des Hier und Jetzt zu besoinnen. Aus Sicht des integralen Tantra ist dies eine vollwertige Praxis, die man sowohl anstelle von Hatha-Yoga als auch zusätzlich üben kann. Nathalie Delay, eine Lehrerin der *Odier*-Tradition, beschreibt die Tandava-Praxis wie folgt:

„Der Tanz beginnt mit einem fühlenden Hinhören auf die gesamten Körperregionen ebenso wie auf den Atemrhythmus in einer sitzenden Stellung. Aus diesem Hinhören entsteht nach und nach eine subtile und sanfte Bewegung. Anschließend zu dieser ersten Phase beteiligen sich die Arme an der Bewegung, die sich dann in einer aufrechten Stellung in einen sehr langsamen und kontinuierlichen Tanz entfaltet. Damit dieser Tanz sich entfalten kann, wird alles willentliche Tun fallen gelassen, um sich ohne Zurückhaltung dem feinsten Hinhören des Körpers und des Atems hinzugeben. Der Atem wird sich tief im Beckenboden bilden und wie eine ununterbrochene Welle unsere Anspannungen und Einschränkungen streicheln und auflösen. In diesem tiefen und fühlbaren Erlauschen unseres ganzen Wesens werden unsere Ängste, unsere Zweifel und unsere Gedanken sanft schmelzen."[154]

Die Schulen des Neo-Tantra, die sich auf Osho berufen, bevorzugen so genannte aktive Meditationen anstelle von Hatha-Yoga. Die Bekanntesten hierbei sind die dynamische Meditation und die Kundalini-Meditation von Osho. Hier wird eine gute Portion emotionale Entladung und Schattenarbeit mit der Körperarbeit vermischt. Diese Meditationen regelmäßig zu üben kann den Körper hervorragend trainieren.

Die Kundalini-Meditation nach Osho besteht aus vier Phasen zu je 15 Minuten.

***Schütteln**: Stehe fest auf dem Boden und lass deinen Körper (auch Kopf und Arme) sich locker schütteln. Spüre, wie sich das Schütteln von den Füßen über das Becken und den ganzen Körper ausbreitet. Das Schütteln ist von unrhythmisch und chaotisch bis harmonisch. Als ob du alle Spannungen und Lasten abschütteln willst.*

***Tanzen**: Lass alle Energie, die du durch das Schütteln freigesetzt hast in Bewegung und Tanz fließen. Sei total und intensiv im Tanz, dein Körper bewegt sich weitgehend wie von selbst. So als ob du Gott danken möchtest für das Leben und die Liebe.*

***Meditation**: Beobachte im Sitzen oder Liegen, wie die Gedanken und Gefühle vorbeiziehen, während du selbst ganz im Moment anwesend bist.*

***Stille**: Lege dich hin und erfahre die Stille hinter den Gedanken und Gefühlen und genieße die Ruhe.*

Ein wichtiger Körper-Aspekt ist Massage, wie sie sich durch die neo-tantrischen Schulen verbreitet hat. Ich werde im Kapitel über Sexualität nochmal speziell darauf eingehen. Zu dem von mir empfohlenen Lebensstil gehört auch das regelmäßige Geben und Nehmen von Körpermassagen, sowohl tantrisch-sinnlichen als auch Heil- und Kräftigungsmassagen. Im

154. http://www.nathaliedelay.com/deutsch/shivaismus.html.

tantrischen Kontext habe ich viele Jahre lang erlebt, wie Menschen aufblühen, wenn sie liebevoll und kunstfertig berührt werden.

Sinnvoll ist es, sich zusätzlich zu diesen eher meditativen Körperübungen sportlich zu betätigen, z.B. in einem Ausdauersport, etwa Laufen, oder auch Krafttraining. Mannschaftssportarten wie Fußball oder Volleyball können sehr förderlich für spirituelle Menschen sein.[155]

Körper und Sinne

Bevor man sich im Tantra intensiv mit Sexualität befasst, soll man sich versuchen, seine Sinne voll zu erfahren und zu sensibilisieren. Durch ein oft hektisches und abgespaltenes Leben haben viele Menschen ihre Sinne abgestumpft. Sie sind aber die Schnittstellen zur äußeren, und wie wir lernen werden, auch zu unserer inneren Welt.

Integrales Tantra steht für ein fortwährendes Schulen der Sinne, um das Sehen, Hören, Fühlen, Riechen und Schmecken wieder in den Vordergrund unserer Erfahrung zu bringen. Zwei Fragen sind dabei zielführend: Wie kann ich meine Sinne so fein wie möglich einstellen? Und unter welchen Bedingungen kann ich die meiste Lust erfahren? Wenn man sich eine Weile lang der letzten Frage nähert, stellt man fest, dass die Lust bei einem Sinnesakt von der Atmung abhängt, der eingesetzten Stimme, von bestimmten Körperbewegungen und davon, wo die Aufmerksamkeit ist. Das sind Schlüsselelemente zum Erleben einer lustvollen Sexualität.

Die drei Schlüssel der Lust

1. Tiefes Atmen in die Herzgegend. Es gibt außer dem normalen Atmen durch Nase und Mund noch eine besondere tantrische Form des Atmens: Einatmen zischend durch angespitzten Mund, Ausatmen durch die Nase; auf diese Weise wird sehr viel Energie frei!

2. Laute machen! Wir sind zum Leisesein erzogen worden und haben oftmals die Fähigkeit zu spontanen Äußerungen verlernt. Oft möchte sich ein Ton lösen, ein langer Seufzer, ein Stöhnen. Erlaube Dir, die Töne rauszulassen, die in dir sind (heißt nicht, dass du extra Töne machen sollst, die nur aus dem Kopf kommen). Finde das Maß, das deiner Lust dient.

3. Spontane Bewegungen. Ein Zucken, ein Sich-Winden, ein Strecken: Oft wird ein Körperimpuls spürbar während einer tantrischen Übung. Gebe diesem Impuls nach und halte ihn nicht muskulär auf: Es ist ein Schlüssel zu tieferem Fühlen. Viele Tantriker erleben auch das pranische Zucken. Durch Sex, Meditation und tan-

---

155. Aus der Sicht meines Lehrers Makaja sind anstrengende Mannschaftssportarten besonders dann geboten, wenn der Körper durch Kundalini-Yoga-Praxis feinstofflich sehr gefordert ist.

trische Übung will die pranische Energie durch die Wirbelsäule schießen, stößt an Blockaden. Durch Zucken und Schütteln lösen sich diese Blockaden mehr und mehr.

Ernährung

Essen ist ein grundlegendes physiologisches, aber auch sozio-emotionales Bedürfnis. Durch gute Ernährung kann die Praxis in erheblichem Maße gefördert werden, ebenso wie durch ungesunde Ernährung immer neue Hindernisse aufgebaut werden. In unserer Kultur ist es leichter, sich ungesund als gesund zu ernähren. Gesunde und förderliche Ernährung bedarf einer Entscheidung und einer beständigen Neuausrichtung und damit eines immer wieder aktiven Willens.

Die Komplexität des Themas möchte ich mit den vier Quadranten des AQAL-Modells von Wilber illustrieren.[156] Zur Erinnerung: Die vier Quadranten stehen für vier grundlegende Perspektiven, die für jedes System gelten: die beiden linken Quadranten für die Innenperspektive, die beiden Rechten für die Außenperspektive. Die beiden oberen Quadranten stehen für das Individuelle, während die unteren Quadranten auf das Kollektive abzielen, also auf das System in Verbindung mit anderen Systemen.

1. Oberer linker Quadrant: Wie esse ich, und wie erlebe ich die Nahrungsaufnahme? Hier geht es um die Praxis der Bewusstheit und Achtsamkeit schon beim Kauf, bei der Zubereitung und speziell bei der Nahrungsaufnahme. Weitere Aspekte dieser Perspektive auf die Nahrungsaufnahme sind: Wie schmeckt das Essen? Wie gut kann ich die einzelnen Zutaten und das ganze Gericht schmecken? Welche Assoziationen habe ich dabei? Inwiefern gelingt es mir, hinzuschmecken und meine Sinne ganz auf das Essen einzustellen? Wie entspannt/gespannt bin ich beim Essen? Aber auch: Was sagt mir meine somatische Intelligenz, was für Nahrung ich aufnehmen und welche ich vermeiden soll?

Der bulgarische Mystiker Aivanhov hat ein Yoga des Essens (*Hrani*-Yoga) formuliert, das er als „die zugänglichste und zugleich dennoch am meisten verkannte Art von Yoga" beschreibt.[157] Für Aivanhov ist das Essen ein Liebesbrief Gottes, den es zu entschlüsseln gilt. Die Mahlzeiten sollen in völliger Stille eingenommen werden. Vor dem ersten Bissen soll man sich durch tiefe Atmung und meditative Stille mit der Nahrung verbinden und alle ‚Körper' dafür öffnen. Bei jedem Bissen sollte man Dankbarkeit und Liebe empfinden und so bewusst wie möglich kauen. Gut wäre es obendrein, sich nicht ganz satt zu essen, sondern etwas früher aufzuhören. Nach dem Essen,

---

156. Zu diesem Abschnitt hat mich das Buch *Integrale Lebenspraxis* (2010) von Wilber, Patten et al. inspiriert.
157. Vgl. Aivanhov (2008).

so empfiehlt er schließlich, sollte man nicht sofort vom Tisch aufstehen, sondern noch einige Augenblicke innehalten und dabei noch ein paar Mal tief durchatmen, bevor man sich dann wieder – frisch gestärkt und mit neuer Schaffenskraft – seiner Arbeit zuwendet.

2. Oberer rechter Quadrant: Was esse ich? Das ist nun eine sehr persönliche Frage, die auf langer Selbstkenntnis, persönlicher Erfahrung, eigenen Experimenten und ernährungswissenschaftlichen Überlegungen basiert. Ich habe im Laufe meines Lebens außerordentlich viele sich teilweise auch widersprechende Ernährungslehren kennengelernt, die zu diskutieren den Rahmen dieses Buches bei Weitem sprengen würde. Über einige Dinge sind sich die meisten einig: So wenig wie möglich schlechte Fette, keinen einfachen Zucker, möglichst kein Fast-Food, nicht zu viel essen und Wasser trinken.

Die Frage nach der Nahrungsaufnahme streift auch das Gebiet der Ethik, z.B. in der wichtigen Frage: Vegetarisch ernähren oder nicht? Aus integraler Sicht empfiehlt es sich aber, das bewusst zu entscheiden, und sich nicht treiben zu lassen. Aus eigener Erfahrung können wir eine vegetarische und (nicht zu fanatisch) ans Ayurveda angelehnte Kost empfehlen.

Ein im Rahmen der Kaulas und der tibetischen Buddhisten oftmals erwähntes Training zum Einüben nichtdualer Indifferenz besteht darin, alles zu essen, ob es dir nun besonders gut schmeckt oder nicht. Helmut Poller schlägt vor, etwa in Ländern, in denen man zu Gast ist, auf Art der Einheimischen zu essen und Vorlieben und Abneigungen grundsätzlich nicht so viel Beachtung zu schenken.

3. Unterer linker Quadrant: Mit wem esse ich? Essen ist als wichtiges soziales Bedürfnis auch eine kulturelle Frage. Meme, Ethnien, Religionen, Familien und Subkulturen unterscheiden sich signifikant darin, was sie zusammen essen und welche Esskultur sie haben. Jede Weltsicht hat, so könnte man sagen, einen eigenen Essensdiskurs. Fragen wie: Kaufe ich lieber im Supermarkt oder im Bioladen ein, hat etwas mit Kultur und Identität zu tun. Die Menschen, mit denen ich das Essen teile, werden zu einem Teil meiner Welt. Es ist sinnvoll, sich dessen bewusst zu sein.

4. Quadrant unten rechts: Wo esse ich und wo kommt das Essen her? Die Umgebung, in der ich mein Essen aufnehme, kann einen wichtigen Einfluss auf mein Wohlbefinden haben. Wie Wilber sagt: „Das Herunterschlingen von Fast-Food im Verkehrsstau … unterscheidet sich vom achtsamen Essen in einem Meditationsretreat."[158]

Hier stellt sich aber auch die Frage, wo ich einkaufe, welche Produktionswege die Nahrungsmittel haben, wer sie geerntet, verpackt, transportiert, kontrolliert und verkauft hat. Mit der Geldbörse lassen sich unterschiedliche

---

158. Wilber, Patten et al. (2010), S. 212 f.

Systeme unterstützen: Ich kann entscheiden, ob ich Fleisch aus Massentierhaltung bezahle oder die regional geerntete Bio-Karotte.

Gesundheitsvorsorge

Aus den Grundprinzipien des Tantra möchte ich hier ein paar Anregungen und Inspirationen zu einem gesunden Leben ableiten:

- Versuche nach den Prinzipien des *sattva*[159] zu leben (zu *tamas, rajas* und *sattva* siehe Kapitel 3); dazu gehört regelmäßige Meditationspraxis, ein ruhiges und einfaches Leben, Zuwendung zum Spirituellen, gute fleischarme Nahrung, dem Körper keine Gifte zuführen, wenig Stress.

- Fast alle Tantra-Autoritäten sind sich einig, dass Rauchen negative Auswirkungen auf den grobstofflichen, aber auch den subtilen Körper hat!

- Regelmäßiger, ausreichender Schlaf ist von erheblichem Vorteil für die Gesundheit – wobei Menschen ein unterschiedliches Schlafpensum haben. Für mich ist es offensichtlich, dass Menschen, die viel meditieren, *sattva*-betont leben und Pranayama praktizieren, ohnehin weniger Schlaf benötigen.

- Bestimmte Asanas wie die Vorwärtsbeuge oder der Drehsitz haben immun-stärkende Wirkung und können bei Erkältungen vorbeugend wirken. Pranayamas und bestimmte yogische Diäten können den Ausbruch von Krankheiten verzögern oder verhindern.

- Yogische Reinigungen wie die Nasenreinigung,[160] *jala neti,* verringern die Gefahr von Erkältungen durch das regelmäßige Reinigen der Nasenschleimhäute.

- Regelmäßige Meditation, wie vom integralen Tantra empfohlen, stärkt nachweislich das Immunsystem.[161]

- Aus Sicht des tantrischen Yoga weisen Depression und Antriebslosigkeit auf eine Schwäche im 2. Chakra hin, die sich durch regelmäßige Praxis bessern oder ganz beheben lässt. Dazu empfehlen sich u.a. Asanas wie der Pflug oder der Bogen.

---

159. Vgl. dazu Fürch (2009)
160. Regelmäßige Nasenspülung mit Salzwasser mithilfe eines Nasenkännchens.
161. Ott (2010), S. 161 ff.

- Auch eine maßvolle, lustvoll erlebte regelmäßige Sexualität wirkt sich positiv auf körperliche und seelische Gesundheit und Fitness aus, wie zahlreiche Untersuchungen nahelegen.

Integral-tantrische Praxis in Verbindung mit guten ganzheitlichen Ärzten und alternativen Heilverfahren – etwa mit Hilfe von Ayurveda[162] oder der chinesischen Medizin – ist zwar kein Garant, niemals ernsthaft zu erkranken, kann aber vor manchen Zivilisationskrankheiten wirkungsvoll schützen. Entscheidend ist hier, die richtigen Dinge zu tun, solange der Körper gesund ist!

Nacktheit

Ein Aspekt, den ich in vielen neo-tantrischen Seminaren als Schüler und Lehrer immer wieder erfahren habe: Die dort erfahrene selbstverständliche und natürliche Nacktheit findet einen tiefen Widerhall in den Herzen. Es fühlt sich wie die Wiederentdeckung einer Ursprünglichkeit an, für die unsere Kultur aber kaum noch einen Platz hat (in FKK-Camping-Plätzen darf man zwar nackt sein, muss aber seine Sinnlichkeit zurückhalten). In unseren Seminaren ist man etwa bei einem Zehntel der Übungen nackt, bei Massageseminaren etwas mehr. Ansonsten haben wir als Bekleidung oft einen *Lunghi*, ein indisches Hüfttuch, umgebunden. Ich empfehle auch, Yoga nackt zu üben. Auf diese Weise wird der Körper unmittelbar erlebt, und viele teilen die Erfahrung: Mein Körper, das bin ich. Eine Vertrautheit mit anderen stellt sich ein, die nichts von gestauter Gier beinhaltet, sondern von freudiger und persönlicher Akzeptanz und Anteilnahme.

Fazit

Als Tantriker trachtet man danach, seinem Körpertempel die Ehre zu geben – das beinhaltet neben gesunder Ernährung, regelmäßigem Sport, Körperpflege und gesunden Gewohnheiten auch eine stete Praxis des physischen und feinstofflichen Körpers. Dies kann sehr individuelle Formen annehmen – man erkennt aber den Tantriker schon an einem gepflegten, angenehmen Erscheinungsbild, ausgesuchter Kleidung, anmutiger Haltung und einer positiven Einstellung zum nackten Körper.

---

162. Zentral für die uralte, mit dem Yoga verwandte, Philosophie des Ayurveda ist, dass Gesunde bestrebt sein sollen, das körperlich-seelische Gleichgewicht so aufrecht zu erhalten, um die Entstehung größerer Krankheiten möglichst zu vermeiden. Dazu kommen Methoden wie Ernährungslehre, Massagen, Kontrolle der Lebensgewohnheiten, Kräuterheilkunde, Reinigungen und Hatha-Yoga, aber auch Farb- und Musiktherapie zur Anwendung.

11. Geist und Spiritualität

Ich erkenne, was ist. In mir herrscht Stille und Frieden, unabhängig von äußeren Ereignissen.

Wer sich ein paar Jahre in der alternativ-spirituellen Szene bewegt hat, weiß, wie unklar der Begriff ‚Spiritualität' gebraucht wird, unter dem sich „alles und nichts" verbergen kann. Mithilfe meines integralen Ansatzes möchte ich klar umreißen, was ich unter Spiritualität verstehe. Ich möchte den Begriff Spiritualität auf drei Sachverhalte begrenzen:

Erstens bezeichnet Spiritualität hohe Stufen in allen möglichen Entwicklungslinien. Das heißt, wenn man kognitiv, moralisch oder emotional sehr hohe Stufen erreicht hat (integral und darüber hinaus), könnte man diese trans-rationalen, postkonventionellen Ebenen als ‚spirituell' bezeichnen.

Zweitens bezeichnet Spiritualität außergewöhnliche mystische Zustände, die grobstofflich, subtil oder kausal sein können und einem auf jeder Ebene begegnen können, als Folge von Trance, Meditation, Ritual; die zuweilen auch als spontane Erfahrungen des Eins-Seins auftreten. Diese Zustände sind nicht von Dauer; es ist aber möglich, wie wir sehen werden, den Zugang zu diesen Zuständen zu erleichtern. Ein nichtduales Bewusstsein ermöglicht sogar ein ständiges Ruhen in der Quelle, aus der all diese Zustände entspringen (ohne dass das unbedingt heißt, dass man – vertikal – höhere Ebenen erreicht hat!)

Und drittens ist Spiritualität auch eine eigene Entwicklungslinie: Im Laufe der Entwicklung durch die Ebenen wird „das höchste Interesse", wie James Fowler die spirituelle Entwicklungslinie bezeichnet, wahrscheinlich einige Veränderungen durchmachen: Von einem egozentrisch auf einen selbst bezogenen Gott (Rot) über einen Sachwalter der Ordnung (Blau) zu rationalen Konzepten des Kosmos (Orange) bis hin zu der Idee eines beseelten Universums (Grün) oder einer absoluten Idee, die der Evolution unterliegt (Gelb).

Was Spiritualität nicht ist: ein In-Sich-Ruhen, Einverstandensein mit sich selber und emotionale Zufriedenheit. Das entspricht psychischer Gesundheit und deutet darauf hin, dass die meisten Entwicklungslinien auf einer Ebene sind und der Mensch dadurch balanciert ist. Das ist zwar ein wichtiges Ziel unseres integralen Tantra, dazu braucht es aber keinerlei spirituelle Praxis; wir vermeiden auch einfach sprachliche Schwierigkeiten, wenn wir es nicht ‚spirituell' nennen.

Spirituelle Praxis im engeren Sinne, womit wir uns in diesem Kapitel beschäftigen wollen, besteht immer aus Bewusstseinstechniken, die wir anwenden, um zu wachsen und uns zu transformieren. Sie bilden sowohl im integralen Wachstumsweg als auch im Tantra den eigentlichen Kern der Praxis. Die wichtigsten spirituellen Praktiken im Tantra sind Meditation, Gebet und Ritual.

Arbeit mit Lehrern und Gurus

Wer schon das Glück hatte, Erfahrungen mit Lehrern und Gurus zu machen, weiß, dass es kaum stärkere Impulse für spirituelles Wachstum gibt, als mit einem Menschen zu arbeiten, der verwirklicht ist und die Lehren gemeistert hat. Nicht nur, weil damit ein starkes Beispiel vorliegt, das dir sagt: Erleuchtung ist möglich, sondern auch, weil die Energiefrequenz des Meisters sich manchmal wie eine Saitenschwingung auf den Schüler überträgt, als ob die Spiegelneuronen im Gehirn auf diese neuartige Frequenz reagieren würden. Andererseits sehen wir auch in vollem Maße die Gefahr des Missbrauchs, der bei tantrischen Gurus sogar höher zu sein scheint. Man kann sich auf einen Lehrer einlassen, aber sollte dabei die Selbstverantwortung behalten und ihm nicht in allem folgen wie einem mittelalterlichen Patriarchen.

Ich mache den Vorschlag, eine ‚Erfahrungswissenschaft' wie integrales Tantra im Westen im Rahmen eines Studiums, einer Art spirituellen Akademie zu vermitteln. Das Lehrer-Schüler-Verhältnis und der dazugehörige Respekt wäre bei dieser Vermittlungsform kulturell ebenso verankert wie die prinzipielle Autonomie und Selbstbestimmung der Studierenden. Im Rahmen der integralen Tantra-Schulung habe ich gute Erfahrungen gemacht, wenn wir verschiedene Lehrer und Gurus einladen. Da kann sich einerseits das Bhakti-Element entfalten, weil viele dieser Menschen wirklich eine besondere Ausstrahlung haben und man sich gern in ihrer Nähe aufhält. Zum Zweiten passiert manchmal auch tatsächlich eine Art Energie-Übertragung (*shaktipat*), wie ich das öfters bei meinem Lehrer Edgar Hofer beobachtet habe. Edgar formulierte übrigens in einem persönlichen Gespräch: „In der heutigen Zeit sollte man sich nicht auf einen Guru beschränken, sondern mehrere haben!"

Meditation

Meditation kann man definieren als „Versenkungstechnik, bei der es zu einer Umschaltung des Bewusstseins kommt".[163] Die Wirkungsweise von Meditation fußt darauf, dass sie eine bewusste Zustandsschulung ist. Es werden meditative Zustände, die manifest, subtil oder kausaler Natur sein

163. Schwäbisch/ Siems (1983), S. 13.

können, bewusst angestrebt und trainiert. Als Folge davon wird der Meditierende freier von der Anhaftung an seine inneren Gedanken, Gefühle und Identifikationsmuster, was wiederum auch das vertikale Wachstum begünstigt.

Die moderne Neurophysiologie hat sich seit einigen Jahren verstärkt der wissenschaftlichen Untersuchung von Meditation gewidmet. In den letzten zehn Jahren ist die Zahl der Untersuchungen in die Höhe geschnellt, in denen viele positive Wirkungen festgestellt werden konnten. „Religiöse Weltanschauungen und Interpretationen werden dabei zunehmend ersetzt durch psychologische und neurophysiologische Erklärungsmodelle, die durch offene und kritische Diskussion innerhalb der wissenschaftlichen Gemeinschaft permanent weiterentwickelt werden", so der renommierte Meditationsforscher Ulrich Ott, der in seinem Buch *Meditation für Skeptiker* die Ergebnisse der Forschung der letzten Jahre wie folgt zusammenfasst:[164]

- In mehreren Metaanalysen konnte der Meditation effektive Wirksamkeit auf die psychische Gesundheit nachgewiesen werden; die Effekte sind von mittlerer Stärke und etwa vergleichbar mit anderen anerkannten Verfahren; sie sind zeitlich stabil und bei Gesunden höher als bei Patienten.
- In verschiedenen Studien wurde eine mittlere bis starke Wirksamkeit bei Stress, Bluthochdruck und Herzkrankheiten nachgewiesen; diese Effekte sind im Durchschnitt geringer als die psychologischen und variieren je nach Studie.
- In der Gesundheitsprävention und Burn-out-Prophylaxe kann Meditation eine wichtige Rolle spielen.
- Neurophysiologisch kann durch Meditation das Gehirn verändert werden, an manchen Stellen, die etwa für Körperbewusstheit, Emotionsregulation, Freude, Präsenz und Aufmerksamkeit zuständig sind, wurde bei Meditierenden deutlich mehr graue Substanz festgestellt als bei Nicht-Meditierern.
- Bei sehr erfahrenen Meditierenden, z.B. manchen buddhistischen Mönchen, konnte eine völlig neue Struktur im Gehirn nachgewiesen werden, die offenbar für das Erleben von Mitgefühl zuständig ist.

Der positive Zusammenhang von Meditation und Stressresistenz, Gesundheit und Motivation gilt inzwischen als so gesichert, dass Meditation auch

---

164. Vgl. Ulrich Ott (2010), *Meditation für Skeptiker.*

dem konsequenten Logiker, dem alles Spirituell-Esoterische fern ist, empfohlen werden kann.

Formen der Meditation

Mit gutem Grund unterscheidet die integrale Spiritualität zwischen grobstofflich-spirituellen Praktiken, wie in unserem Fall etwa Rituale und Kundalini-Yoga, subtilen Praktiken wie den Yantra- und Gottheitsvisualisationen, und kausalen Praktiken, denen die formlose Mystik zugerechnet werden kann.

All diese Methoden finden wir im traditionellen Tantra wieder. Die klassischen Schriften sind eigentlich genaue Anleitungen zu sehr differenzierten Meditationen, die auf allen möglichen Kanälen ihre Wirksamkeit entfalten.[165] Traditionelle Tantra-Meister kennen eine große Vielfalt von Meditationspraktiken, die auf das *adhikara,* also die Neigung des Schülers, seine Stärken und Schwächen, anpassbar sind.

Die gesamte tantrische Tradition ist ein unerschöpfliches Füllhorn vieler verschiedener Meditationsanweisungen. Selbst Kenner der Tradition stoßen ständig auf neue interessante Impulse. Es ist für einen Menschen unmöglich, auch nur ein Zehntel dieser Praktiken regelmäßig zu üben. Im Rahmen eines integralen Tantra ist es sinnvoll, sich unter den verschiedenen Angeboten eins herauszusuchen, zu dem man eine spezielle Neigung verspürt, und diese als Hauptpraxis regelmäßig über eine Zeitspanne von mehreren Jahren anzuwenden. Weitere Meditationen sind als Zusatzpraxis empfehlenswert. Wichtig ist allerdings, überhaupt eine regelmäßige Praxis zu haben, die man täglich übt.[166]

Ich werde nun verschiedene Methoden erklären und dabei dem Schema folgen, ob die Praxis ihren Schwerpunkt eher auf grobstofflicher, feinstofflicher oder kausaler Ebene hat.

Körperlich-spirituelle Praktiken

Zu diesen Formen gehören viele der Methoden, die wir schon im Körpermodul behandelt haben; hier lässt sich offensichtlich keine klare Grenze ziehen. Hatha-Yoga, Tai-Chi und Pranayama sind selbstverständlich auch als spirituelle Praktiken anzusehen.

---

165. Hervorzuheben wäre das *Vijnana Bhairava* Tantra, ein knappes Werk, das 112 völlig verschiedene Meditations- und Bewusstseinstechniken aufzählt.

166. Zum Thema Meditation und Tantra ist kürzlich ein sehr empfehlenswertes Buch von Elmar und Michaela Zadra erschienen, das ich allen ans Herz legen möchte, die sich damit näher beschäftigen wollen, Zadra/Zadra (2008).

Intensive Pranayama-Atemtechnik, verbunden mit langen Anhaltungen, Muskelverschlüssen (bandha) und inneren Visualisationen führt in kurzer Zeit zu starken meditativen Zuständen.

Kundalini-Praktiken

Wenn man Pranayama mit Anhaltungen und Visualisationen längere Zeit übt, können Kundalini-Phänomene auftauchen. Diese Techniken sollte man nur unter der Begleitung eines erfahrenen Lehrers machen, der viel über diese energetischen Zusammenhänge weiß, denn man setzt sich sonst in der Tat unnötigen Gefahren aus.

Noch ausgefeilter sind die Methoden des *Kriya*-Yoga, der subtile Visualisationen mit aktiver Imagination von Energiebewegungen in Wirbelsäule und Chakras mit bestimmten Pranayama-Atemtechniken verbindet. Diese Übungen, die am Übergang von Hatha-Yoga und Meditation stehen, sind sehr effizient beim Erzeugen außergewöhnlicher Zustände und der sanften Erweckung der Kundalini-Energie.

Dasselbe gilt für die körperbetonten *Tsa-Lung-* und *Trulkhor*-Übungen, die sich als das Hatha-Yoga der tibetischen Buddhisten in den letzten Jahren verbreiten. Diese Übungen haben einen enormen Effekt auf den feinstofflichen Körper. Die buddhistische Parallele zum Kundalini-Yoga, das Yoga des inneren Feuers (*tummo*), wird im Westen nur von wenigen Lehrern gelehrt und gehört zu den effektivsten spirituellen Methoden, die ich kenne. Diese Praxis erfordert eine sehr starke Motivation und hohen persönlichen Einsatz, auch an Zeit und Energie.

Im Rahmen eines linkshändigen tantrischen Trainings gehört die Kombination von Körper- und Atemübungen mit erotischen Praktiken, die die Sexualkraft mit einbeziehen, zu den wichtigsten transformativen Methoden, denn das Potenzial der Yoga-Übungen wird dadurch um einiges verstärkt. Solche Techniken sind im alten Indien nur geheim gelehrt worden; sie werden heute aber wiederentdeckt und neu ausgelegt. Ich möchte aber noch mal betonen, dass man sich an solche Techniken nur mit Begleitung eines kompetenten Lehrers herantrauen sollte.

Ich hatte die besondere gnadenvolle Erfahrung, Menschen durch diese Prozesse begleiten zu dürfen und war bei zwei vollständigen Kundalini-Erweckungen anwesend. Seither weiß ich, dass diese große Wonne und ursprüngliche Kraft sich wirklich genau so äußert, wie es in den indischen Yoga-Schriften steht, und dass diese Erfahrung vollkommen real ist und nicht etwa nur ein anderes Wort für etwas mehr sexuelle Kraft und Lebendigkeit, wie es ja in westlich-tantrischen Kreisen manchmal behauptet wird.

Wie man diese Energie allerdings in heutigen neurologischen Modellen beschreiben kann, ist noch ein Rätsel; zeitgemäße Kundalini-Forschung steckt noch in den Kinderschuhen. Von der Schulmedizin und Psychologie wird das Phänomen noch komplett übersehen. So kann auch von einer systematischen Erforschung des Auslöseprozesses nicht die Rede sein. Eines der wichtigsten Ziele des integralen Tantra ist, wie schon öfters erwähnt, den Prozess des Kundalini-Erweckens mit zeitgemäßen Methoden (etwa als eine Art Biofeedback) zu erforschen und zu beschreiben.

In vielen Büchern wird von Risiken und Gefahren des Prozesses berichtet. Meine eigenen Erfahrungen mit Kundalini sind positiv: Zwar kann die Energie bei den Betroffenen einiges an Symptomen auslösen, sie hat sich im Endeffekt aber immer als segensreich erwiesen.

Gefährlicher wird es, wenn die Kundalini-Kraft durch Lebenskrisen oder Extremsituationen erweckt wird – da kann es schon zu dramatischen energetischen Durchbrüchen kommen, die das Nervensystem auch mal überfordert – hier können Tantra-Experten eine wichtige Rolle spielen. Ein guter Lehrer, Meister oder Heiler wird hier versuchen, die Kraft erstmal wieder herunterzufahren und den Menschen in ein Umfeld zu führen, wo die Kraft sich jetzt auf sanftere Weise entfalten kann – denn zurückzuhalten ist sie auf Dauer nicht. Es ist sicher gut, einige Leute im Umfeld zu haben, die sich mit dem Kundalini-Phänomen auskennen.

Meinen bisherigen Beobachtungen zufolge braucht Kundalini, um sich entfalten zu können, einige Bedingungen:

· Der Aspirant muss es wollen und die nötige Reife haben, sonst wird sie sich nach einer kurzen Episode wieder zurückziehen; die Bereitschaft im Inneren, sich auf die Energie einzulassen, sollte da sein.

· Er sollte auch schon einen gewissen spirituellen Fortschritt haben und es sich von seinem Umfeld her leisten können, einige Zeit „nicht normal zu funktionieren".

· In manchen indischen Büchern steht, man sollte vegetarisch und enthaltsam leben, um Kundalini-Yoga zu betreiben. Dass es sinnvoll ist, sein sexuelles Verlangen im Griff zu haben und nicht jeder Sehnsucht nachzugehen, halte ich für richtig. Aber die Menschen mit erwachter Kundalini, die ich kenne, hatten ein Sexualleben und aßen maßvoll Fleisch vor ihrem Erwachen.

· Meist „erwischt" es dabei Menschen mit starken innerseelischen Spannungen oder hoher körperlicher Energie, vor allem in der Sexualität, was offenbar die nötige Energie für den Prozess einbringt.

· Das Wichtigste: Eine Art von Gottvertrauen muss da sein, im Sinne von: „Ich ergebe mich meinem Schicksal, möge mit mir geschehen, was richtig ist." Alle Menschen, bei denen ich diese Phänomene erlebt habe, haben irgendwann die Kontrolle und den Wunsch des Ego, alles selber zu machen, abgegeben. Ich beruhige gerne Schüler, denen das Angst macht: Kontrolle und übermäßige Sorge sind ein sicherer Schutz gegen jede Art von spiritueller Energiemanifestation.

Ich denke, dass ein Weg aus Meditation, Kriya-Yoga und maßvollen linkshändigen Methoden in Verbindung mit Personen, deren Kundalini erwacht ist, viele Möglichkeiten bereitstellt, die spirituellen Früchte des Tantra-Wegs auch wirklich zu ernten.

Subtile Praktiken

Die meisten tantrischen Meditationen sind von subtiler Art, hier konzentriert sich der Ausübende auf ein bestimmtes Meditationsobjekt. Das kann der Atem sein, eine Silbe, ein Bild oder eine komplexe Vorstellung. Im Gegensatz zu den Meditationen ohne ein bestimmtes Objekt wird hier noch mehr der Körper aktiviert.

Gottheitsvisualisationen

Der klassische tantrische Meditationsstil ist die Visualisierung von Gottheiten, verbunden mit der lauten oder leisen Rezitation eines Mantra. Vor allem im buddhistischen Tantra ist es üblich, eine Meditationsgottheit (*ishtadevata*, tib. *yidam*) mit ihren ganzen Attributen möglichst präzise zu visualisieren. Auf diese Weise werden nach und nach die Eigenschaften, für die diese Gottheit steht, im Übenden entwickelt. Bei dieser Praxis handelt es sich um eine für westliche Menschen schwer vermittelbare radikale magische Methode.[167] Die Praxis der Gottheits-Visualisation ist vielleicht Techniken wie Suggestion und positivem Denken ähnlich, hebt sich jedoch durch höhere Komplexität ab. Der buddhistische Lehrer Ole Nydahl beschreibt die Praxis sinngemäß, man solle sich so lange vorstellen, ein Buddha zu sein und danach handeln, bis man es wirklich ist („fake it until you make it").[168]

---

167. Am ehesten haben hier noch okkult-hermetische Traditionen zu diesen Vorstellungen Zugang. Dort findet man vergleichbare Rituale, in denen eine „Gottheit" invoziert wird, um etwa die Bindungen des Egos zu lösen und Erkenntnis über das Wesen des Kosmos zu erhalten.

168. Im Neo-Tantra westlicher Prägung ist diese Praxis hingegen selten in all ihrer Tiefe verstanden und umgesetzt worden; es hat sich jedoch die Idee etabliert, alle Männer als Verkörperung des Shiva anzusehen und auch so zu benennen. Ebenso gelten die Frauen als Verkörperung der Shakti und werden so angesprochen. Auf diese Weise soll die Bewusstheit für die eigene Göttlichkeit bzw. Buddha-Natur verankert werden – was jedoch nicht ausreichen dürfte.

Aus Sicht des integralen Tantra kann die Yidam-Praxis als freiwillige Methode von all jenen durchgeführt werden, die sich zu einer solch radikalen Methode hingezogen fühlen, die evtl. auch in den Genuss einer traditionellen Einweihung gekommen sind und mit der Idee eines Gottes, der ansprechbar ist und ein Gegenüber, etwas anfangen können. In seiner bahnbrechenden Arbeit *Kali Kaula*[169] hat Jan Fries angeregt, diesen Visualisierungsprozess mithilfe moderner Techniken aus dem NLP entscheidend zu unterstützen. Das Buch ist Menschen, die mit Visualisierungen arbeiten, ausdrücklich zu empfehlen.

Yantras

Yantras sind, wie ich im 1. Teil erörtert habe, Meditationsbilder, die sich auf spezielle geometrische Urformen stützen. Übersetzt heißt Yantra so etwas wie „Meditations-Maschine". In manchen tantrischen Richtungen ist die Visualisierung der Yantras eine Hauptpraxis. Durch die Konzentration auf den Mittelpunkt des Yantra Punkt entsteht eine extreme „Energieverdichtung", direkt das archetypische Unbewusste anspricht. Durch Visualisierung und Integration kann die Essenz aufgenommen und verinnerlicht werden.

Eine Form, die zum Kriya-Yoga gehört, ist das sogenannte Chakra-Dharana, bei dem man die yantrischen Symbole, die den sieben Chakras zugeordnet sind, zuerst äußerlich und bei zunehmender Übung innerlich visualisiert. Diese Übung, regelmäßig ausgeführt, kann erheblich auf den feinstofflichen Körper wirken.

Mantra-Meditation

In den klassischen Tantra-Traditionen spielt die Rezitation von Mantras (*japa*) eine wichtige und entscheidende Rolle. Den Mantras, die in der Regel direkt von einem Lehrer empfangen werden und geheim gehalten werden müssen, wird eine außergewöhnliche Zauberkraft (*siddhi*) zugeschrieben, die sich ab einer bestimmten Zahl von Wiederholungen entfalten kann. Die Mantras werden je nach Schule laut, geflüstert oder leise rezitiert oder sogar aufgeschrieben.

Der Tantra-Kenner und Schamane Jan Fries ist der Ansicht, dass Mantras erst dann zu echter Wirksamkeit kommen, wenn wir sie durch geeignete Methoden in unserem Inneren erweckt haben. Einfach das Mantra zu rezitieren ist nicht genug. Stattdessen kann man mit der NLP-Methode der Submodalitäten,[170] also den auditiven Qualitäten des Mantras experimentieren:

Stelle fest, welche auditiven Qualitäten das Mantra hat, und verändere diese:

Selbst/Andere: Sprichst du selbst, oder hörst du etwas von anderen?

---

169. Fries (2010), 260 ff.

Lautstärke: Laut oder leise?

Tempo: Schnell oder langsam?

Stimmlage: Hoch oder tief?

Position der Quelle im Raum: Woher kommen die Laute? Von innen (wo aus dem Körper?), von unten, oben, rechts, links, vorne, hinten, was macht einen Unterschied?

Kombiniere die verschiedenen wirkungsvollen Elemente und hab Freude bei der Erforschung!

Die weltweit bekannteste Methode der Meditation mit Mantras ist sicherlich die Transzendentale Meditation (TM), die im Wesentlichen darin besteht, ein bestimmtes, angeblich persönliches Mantra (das tatsächlich nur aufgrund des Alters aufgrund einer Tabelle zugewiesen wird) zweimal täglich 20 Minuten lang still zu rezitieren, wobei bestimmte Anweisungen zu befolgen sind. Diese Methode scheint außergewöhnlich effizient zu sein, wie verschiedenste Untersuchungen belegen.[171]

Mittlerweile kursieren verschiedene TM-analoge Verfahren, die wenig oder auch nichts kosten und ideologiefrei vermittelt werden. In unserem Institut empfehlen wir die Innere Mantra-Meditation, eine einfache Meditation mit innerer Rezitation eines Keimsilben-Mantra, das nach den einführenden Erklärungen mündlich vermittelt wird. Das Mantra wird leise im Geist wiederholt, der dabei ganz anstrengungslos bleibt. Diese Praxis sollte täglich ein- bis zweimal für 15-25 Minuten durchgeführt werden. Unsere Erfahrung ist, dass gerade durch die Einfachheit der Durchführung Menschen länger dranbleiben und bessere Erfolge erzielen als mit den meisten anderen Methoden.

Kontemplation auf ein Gefühl

Eine tantrische Form der ‚Meditation mit Stütze'[172] ist die *Komaja*-Meditation, bei der die Schüler danach streben, das Gefühl von Verliebtheit, das sie im Leben schon erfahren haben, zu imaginieren und als Gegenstand der Kontemplation zu nehmen, um auf diese Weise zu starken und heilsamen Liebestrance-Effekten zu kommen und diese auch im Alltag aufrechtzuer-

---

170. Mit ‚Submodalitäten' wird im Neurolinguistischen Programmieren (NLP) eine qualitative Untergliederung der Sinnesvorgänge bezeichnet. Im NLP ist man überzeugt, dass die Kombination und Abfolge der Submodalitäten die Grundbausteine des bewussten Erlebens bilden und alle inneren Prozesse als Kombinationen und Abfolge von Submodalitäten beschrieben werden können. Die Veränderung einzelner Submodalitäten ist eine neurolinguistische Kerntechnik und führt auf machtvolle Weise zu einer Veränderung des Erlebens.

171.Was sie weniger empfehlenswert macht, ist der horrende Preis, den eine Einweihung kostet, sowie die kultartigen Glaubensvorstellungen, die mitgeliefert werden

172.Mit ‚Stütze', da es noch an ein bestimmtes Objekt gebunden ist. .

halten. Eine Version dieser Meditation ist es, mit einem Partner Auge in Auge zu praktizieren und so viel Verliebtheit wie möglich hervorzurufen und auszustrahlen.[173]

1. Setze dich in aufrechter Haltung auf ein (Meditations-) Kissen.

2. Schließe deine Augen und konzentriere dich auf dein Herz.

3. Tauche in eine Erinnerung, in der du besonders schöne, liebevolle oder gar ekstatische Gefühle hattest. Das können Situationen starker Verliebtheit oder erotischer Begegnung mit einem anderen Menschen gewesen sein. Was auch immer in dir auftaucht, versuche dich so intensiv wie möglich mit dieser Erfahrung und den Gefühlen zu verbinden.

4. Versuche deine Herzgegend ganz auszufüllen mit dem Gefühl der Liebe, Ekstase und Hingabe.

5. Dann versuche diese Energie als Gefühl oder in Form von Licht oder einer Farbe in den Raum, in die Welt zu verströmen, dein Glück der Welt zu schenken.

6. Verbleibe ca. 10- 20 Minuten in dieser Haltung.

Yoga Nidra

Der hatha-yogische Pfad kennt verschiedene Techniken zur Tiefenentspannung in der liegenden Position des *shavasana,* die zu starken Entspannungsreaktionen im Nervensystem und zu tranceartigen Zuständen führen.

Eine weitergehende Praxis überlieferte der geschätzte Swami Satyananda mit der Technik des *Yoga Nidra,* die entstand, als er sich mit alten Tantra-Schriften befasste. Hier wird durch verschiedene Visualisationen und einer Art innerem *Nyasa* ein Zustand des Tiefschlafs bei gleichzeitigem Wachbewusstsein erreicht, der zusätzlich zu den positiven gesundheitlichen Effekten als eigener Erkenntnis- und Meditationsweg zu verstehen ist.

Luzides Träumen

Im tantrischen Buddhismus und möglicherweise auch im Hinduismus gibt es spezielle Traum-Yoga-Praktiken. Im Wesentlichen geht es darum, die kontinuierliche Bewusstheit bis in die Traum-Phasen hinein aufrechtzuerhalten. Diese Techniken sind vergleichbar mit der westlichen Technik des luziden Träumens, möglicherweise im Ansatz sogar differenzierter und genauer.[174]

Vorbereitende Übungen wie Meditation und Atempraxis bereiten auf die Nacht vor und intensivieren die Bewusstheit. Beim Einschlafen legt man sich nun in eine bestimmte Haltung hin und bringt Bewusstheit in den Zentralkanal. Alle zwei Stunden, so die Anweisung, soll man aufwachen und

173. Vgl. dazu Makaja (1998) und Makaja (2003)

174. Tenzin Wangyal Rinpoche (2008), *Übung der Nacht – tibetische Meditationen in Schlaf und Traum.*

sich auf ein anderes Chakra konzentrieren. Dabei geben die tibetischen Lehrer differenzierte Anweisungen, um zur Luzidität zu gelangen und um spezielle Hindernisse zu überwinden. Dazu gehört traditionellerweise auch die Entwicklung innerer Stärke und Kriegerkraft, um angstfrei durch verschiedene Traumzustände zu navigieren. Meine Erfahrungen mit Luzidität besagen, dass die klare Absicht und die konsequente Übung hier am wichtigsten sind.

Eine noch tiefer gehende Praxis aus dem Buddhismus und der Bön-Tradition[175] ist, die Bewusstheit auch im Tiefschlaf zu halten. Um dies zu erlernen, braucht man der Regel mehrere Jahre konsequenter Praxis.

Kausale Praktiken

Wir kommen nun zu den kausalen Praktiken, deren hauptsächliches Ziel es ist, den kausalen Zustandsbereich und den beobachtenden Zeugen zu trainieren.

In der Tantra-Tradition, vor allem bei den sehr fortgeschrittenen Praktizierenden, finden sich auch ‚Meditationen ohne Stütze', in denen es um reine Betrachtung des leeren Raumes oder ein Sich-Versenken in die Stille geht. Hier sind die Methoden des kaschmirischen Shivaismus ebenso zu nennen wie die *Mahamudra*- und *Dzogchen*-Überlieferungen der buddhistischen Tradition. Helmut Poller ist der Ansicht, dass es hier der exzessiven Praxis bedarf, um eine neue Sichtweise auf die Phänomene zu erlangen.

Die Hauptübung des Dzogchen, auf eine Weise unglaublich einfach, andererseits auch fast nicht ausführbar, ist, sich ständig des Augenblicks gewahr und präsent zu sein, fest im Zeugen, im Beobachter zu harren, und sich durch keinerlei Dinge, die im Bewusstsein auftauchen, ablenken oder beeindrucken zu lassen. Oder wie es in einem klassischen Dzogchen-Text heißt: „Was die Objekte des Geistes betrifft, die nicht zur Ruhe kommende Bewegung der Gedanken, die den fünf Geistesgiften entspringen, lass dich nicht in unnatürliche Aktivitäten verwickeln, wie an zukünftige oder vergangene Dinge zu denken. Indem du den Geist beständig machst und die unruhige Bewegung an ihrem eigenen Ort hältst, wird sie im Dharmakaya befreit."[176]

So erkennt der Praktizierende, dass es keine guten und keine schlechten Dinge gibt, sondern dass alle im Geist entstehen und da wieder vergehen.

---

175. Eine dem Buddhismus nahestehende schamanische Tradition aus Tibet.
176. Aus dem Dzogchen-Text *Große Rigdzin* von Nuden Dorje, zit. nach Helmut Poller, http://kiaos.net/text/t.nonduale.meditation.html

Mikro-Meditationen

Für den heutigen, westlichen Menschen, der in der Regel sehr mit verschiedenen Tätigkeiten beschäftigt ist, empfehle ich darüber hinaus Mikromeditationen für den Alltag. Eine solche Praxis könnte optimal an der Schnittstelle zum Alltag wirken und, oft wiederholt, die meditative Präsenz entscheidend vertiefen.[177] Man kann beim Staubsaugen, beim Teetrinken oder im Bus immer wieder für eine bestimmte Zeit in den Zustand der Meditation gehen. Einige Beispiele:

Halte jedes Mal, wenn es dir einfällt, für 20 Sekunden inne. Versuche, diesen Moment so intensiv wie möglich zu erfahren. Geh danach wieder deiner Beschäftigung nach.

Wenn du dich nach dem Duschen abtrocknest, spüre bewusst das Handtuch, rau oder weich, auf deiner Haut.

Achte beim Türöffnen auf den Türgriff, seine Form und Temperatur und die Art und Weise, wie du ihn niederdrückst.

Wenn du müde bist: Genieße die Schwere und Langsamkeit deines Körpers.

Tantrische Rituale

Für die meisten Schüler sind die Rituale die Krönung des Weges und beinhalten die stärksten Erfahrungen im Zusammenhang mit Tantra. Das Ritual ist das Element, das die tantrische Gemeinschaft vereint, den Kontakt zur Lehre wieder erfrischt und die Inspiration erneuert. Es bietet die Chance zu außergewöhnlichen Zustandserfahrungen, die Möglichkeit zum Übertreten der üblichen persönlichen Grenzen und die Erfahrung von liebevollem, hochenergetischem Zusammensein.

Die überragende Bedeutung des Rituals für das traditionelle Tantra habe ich im Theorieteil ausführlich geschildert. In manchen Neo-Tantra Schulen werden eigene Rituale geschaffen, die sich zum Teil sowohl in der Form als auch in der Zielsetzung von der Tradition ganz lossagen. Hier geht es manchmal leider nur noch um ein fantasievolles, erotisches Setting ohne besonderen spirituellen Anspruch, was die Tiefe des tantrisch Möglichen außer Acht lässt. In einigen Schulen des westlichen Tantra, vor allem den von Barry Long inspirierten, wird ganz auf Rituale verzichtet.

Die Möglichkeit eines integralen Tantra-Wegs ohne Riten existiert; sie wendet sich vor allem an skeptische Charaktere, denen sinnliche und blumige Zeremonien eher Unbehagen bereiten. Diese Art von Tantra würde da mehr

---

177. Vgl. Zadra & Zadra (2008), *Tantra und Meditation.*

Ähnlichkeit zur taoistischen Sexuallehre oder zu manchen Varianten des Hatha-Yoga aufweisen.

Aufbau eines Tantra-Rituals

Die meisten magischen Rituale scheinen kulturübergreifend einer Art ‚Grammatik' zu gehorchen.[178] Wenn diese entschlüsselt und transparent gemacht wird, kann die Arbeit sehr kraftvoll werden, ohne zu sehr an bestimmten kulturellen Formen anzuhaften. Das allgemeine Schema eines tantrischen Rituals besteht aus fünf Abschnitten:

- Als erstes widmet man sich der Vorbereitung und dem Schmücken des Raumes sowie der Reinigung des eigenen Körpers. Dann schließt man einen Schutzkreis zur Bannung unerwünschter Phänomene und innerer Zentrierung. Es folgt die Verehrung und Beschwörung der Ritual-Gottheiten, oft mithilfe von Yantras, Mantras und Visualisierungen.

- Die nächste Phase ist die innere Reinigung oder das innere Opfer, was die Auflösung des grobstofflichen Körpers symbolisiert. Dies kann je nach Tradition in verschiedenen Formen passieren.

- In einem weiteren Schritt folgt die Identifikation mit der Gottheit. Der Ausübende bittet die Gottheit, in ihn einzukehren und in seinem Körper für die Ritualdauer zu residieren und Platz zu nehmen. Zu diesem Zweck dienen ausführliche Mantra-Rezitation sowie Gesten und Berührungen.

- Aus dieser ‚Gottheitsform' heraus werden dann oft weitere magische Ritualpraktiken zum Erreichen spiritueller oder weltlicher Zwecke ausgeübt.

- Zum Abschluss folgt eine Auflösung der Gottheit, verschiedene Wunschgebete, etwa dass die Früchte der Übung allen zugutekommen mögen, sowie andere abschließende Elemente.

Sexuelle Rituale

Für sexuelle Rituale empfiehlt es sich, bereits über ein gewisses Maß an Reife und meditativer Praxis zu verfügen, um die aufkommenden Energien

178. Für mich war diesbezüglich die Beschäftigung mit anderen Mysterienschulen, etwa dem Golden Dawn, Wicca oder manchen zeitgenössischen magischen Orden eine große Hilfe.

kanalisieren und verarbeiten zu können. Es folgt eine Beschreibung eines für westliche Teilnehmer adaptierten Maithuna-Rituals:

Im klassischen Ritual der 5 m´s werden Substanzen genutzt, die im Sanskrit alle mit dem Buchstaben m beginnen: madya, Wein; mamsa, Fleisch; matsya, Fisch; mudra, geröstetes Getreide und maithuna, ritueller Geschlechtsverkehr. Dies sind die Substanzen, die alle Tabus in der traditionellen vedischen Spiritualität darstellen. Die Tantriker pflegen in einem heiligen Akt diese Tabugrenzen und damit die Grenzen der Konditionierung zu überschreiten, um so in die Nichtdualität vorzustoßen, die kennzeichnend für die tantrischen Lehren ist.

Im Ritual ist es dem Tantriker gestattet, sich selbst als Gottheit, als Shakti und Shiva, zu verkörpern. Dieser Gottheit, dem höheren Selbst in uns, opfern wir die Aggregate unseres niederen Selbst, könnte man vereinfacht sagen. Deswegen soll bei diesem Ritual nicht der gewöhnliche Genuss der Speisen, des Weins und der Lust im Vordergrund stehen, sondern soll der Genuss uns über unsere gewöhnliche Person hinausführen.

Zum tantrischen Ritual soll niemand aus Bedürftigkeit oder aus rein sexuellem Interesse kommen. Es ist eine Art Gottesdienst, bei dem Gott und Göttin in uns selbst gehuldigt werden. In unserem inneren Kern sind wir nämlich tatsächlich Shiva-Shakti, sind wir göttlicher Natur. Die verschiedenen Schichten der Persönlichkeit können das nur überlagern, so wie Wolken die Sonne verdunkeln. Der Kern aber ist immer rein. Und im tantrischen Ritual wird einfach mal der Kern in den Mittelpunkt gerückt und nicht die ganzen Zwischenschichten des Ego.

Nach 45 Minuten tantrischer Vereinigung tauchen die meisten Menschen in einen anderen Raum ein. Sex wirkt dann wie eine sanfte Droge und führt in andere Dimensionen: je tiefer die Trance, umso wirkungsvoller das Ritual.

Am Ende der Vereinigung wird mit einem Mantra die Kanalisierung eingeleitet. Dann soll jeder und jede noch mal für sich allein die Kraft ausklingen lassen kann. Je fortgeschrittener die Leute, desto länger kann man die Abschlussmeditation machen. Man sitzt gut eine halbe Stunde, jeder für sich. Das ist die Zeit, in der Kundalini aufsteigen kann, die Göttin ganz in uns erwacht. Hier gilt es aber auch, ganz wach und achtsam zu sein, weil nun auch die antierotischen Kräfte, die Dämonen, die Schuldgefühle, hochkommen können.[179]

In manchen tantrischen Schulen gibt es auch weitergehende sexuelle Rituale, die sich mit dem Brechen bestimmter Tabus beschäftigen und die Vereinigung mit mehreren Personen oder besonders tabubehaftete Praktiken beinhalten. Solche Praktiken sind nur an sehr fortgeschrittene Praktizierende weiterzugeben, die es als Weg ansehen, ihr Bewusstsein durch das Bestehen neuer Herausforderungen zu erweitern.

---

179. Vgl. Silvio Wirth (2010): *Maithuna – die große Vereinigung,* Connection Spezial Juni 2010, unter http://bit.ly/nWRcfr.

Todesrituale

Eine andere Art von Ritualen, die im Tantra manchmal praktiziert werden, konfrontieren die Ausübenden explizit mit dem Thema des Todes. So gibt es Übungen, sich den eigenen Tod bewusst vorzustellen, eine Nacht auf dem Friedhof zu verbringen, oder allein im dunklen Wald oder an einem unheimlichen Ort zu verweilen. Der tibetische Buddhismus kennt die radikale Praxis des *Chöd*, in der der Adept im Detail visualisiert, seinen eigenen Körper den zornvollen Göttern und Dämonen als Opfer darzubieten.

Wer es nicht ganz so drastisch mag: Auch die Vergegenwärtigung der eigenen Vergänglichkeit ist eine Auseinandersetzung mit dem Prinzip des Todes. Dazu eine von Helmut Poller vorgeschlagene buddhistische Meditation:

> *„Mach dir bewusst, dass jedes Phänomen irgend wann wirklich vollständig verschwinden wird, egal ob es sich um einen Berg oder einen menschlichen Körper handelt, DEINEN Körper zum Beispiel. Schau zurück, was alles und wer alles ist schon aus deinem Leben verschwunden? Auch alles, was jetzt hier ist, wird verschwinden, und alles, was noch kommt! ... fühle EBEN JETZT diese vollständige Unsicherheit, die unser ‚Dasein', eben jedes ‚Dasein', ständig durchzieht. Das ist etwas schwierig zu konfrontieren, aber es ist unmittelbar evidente Wahrheit und der Schlüssel zu allem Weiterem. Entspanne dich in die Vergänglichkeit von allem und jedem."*[180]

Das Öl-Ritual, eine moderne Neuschöpfung

Eins der aus meiner Sicht tiefgehendsten und gewinnbringendsten Rituale hat seine Wurzeln nicht im traditionellen Tantra, sondern in der Aktionskunst der sechziger Jahre.

Um dieses Ritual durchzuführen, braucht es einen warmen, mit einer dicken Plastikplane ausgekleideten, relativ dunklen Raum. Die Teilnehmer werden der Reihe nach hereingeführt und setzen oder legen sich unbekleidet in den Raum. Die Augen sind während der Aktion geschlossen. Nun schütten Helfer nach und nach auf sensible Weise bis zu 5 l angewärmtes Öl auf die liegenden Teilnehmer und die Plane, während die Leiter mit Hilfe von Musik und Tranceanweisungen die Teilnehmer dazu animieren, über die Folie zu gleiten. Dabei kommt man in engen Berührungskontakt mit den anderen Teilnehmern. Diese Erfahrung kann bis zu 2 Stunden ausgedehnt werden. Wichtig für das Vertrauen ist die klare Anweisung, dass es sich um einen sinnlichen und transzendenten, aber keinen explizit sexuellen Raum handelt.

---

180. Helmut Poller, *Nonduale Meditation, nonduale Sichtweise,* unter http://www.kiaos.net/text/t.nonduale.meditation.html.

Die Effekte dieses Rituals sind eine außergewöhnliche Tiefenentspannung und nicht ein nicht beschreibbarer spezifischer Trancezustand, der enorme und lange anhaltende Effekte hat. Von den Leitern erfordert ein solches Ritual sehr viel Fingerspitzengefühl und Achtsamkeit. Mein Rat ist, solche Rituale nur mit im Tantra erfahrenen Teilnehmern durchzuführen.[181]

Fazit

Meditationen und Rituale gehören im integralen Tantra zu den Kernpraktiken. Ich habe in diesem Kapitel zum spirituellen Modul eine ganze Reihe von Methoden aufgezählt, die helfen sollen, sich dem Göttlich-Transzendenten zu nähern. Wer diesen Weg gehen will, ist darin gut beraten, sich eine oder mehrere Hauptpraktiken herauszusuchen und diese mit einer bestimmten Regelmäßigkeit zu üben. Genauere Anweisungen findet man in einschlägigen Meditationsbüchern. Besser noch, man lässt sie sich von einem kompetenten Lehrer erklären. Manche der Übungen, speziell die sexuellen Rituale oder die äußerst effektiven Kundalini-Yoga Methoden sollten nur in Begleitung eines kompetenten Lehrers praktiziert werden.

Regelmäßige Praxis ist sicherlich wichtig. Um die Effekte zu vertiefen und wirklich spirituelle Erfahrungen zu machen, ist es sinnvoll, sich einmal jährlich oder auch öfters im Rahmen eines Einzelretreats oder einer Intensivwoche mit spiritueller Praxis zu beschäftigen, um in tiefere Erfahrungsräume zu kommen oder einfach, um die Batterien frisch aufzuladen.

181. Vgl. Silvio Wirth (2002), *Wie ein Fisch im Wasser,* unter http://bit.ly/qwsY3W.

12. Verstand

Die Kraft meiner Gedanken hilft mir, mich auszurichten und meine Gaben wirksam der Welt zu schenken.

Als wichtigstes Element des Verstandes-Moduls nennen Ken Wilber und Terry Patten die Entwicklung der Fähigkeit, mehr und umfassendere Perspektiven und dadurch eine immer komplexere Sichtweise von Selbst, Anderen und Welt einnehmen zu können.[182] In diesem Sinne ist es eine einfache und grundlegende Praxis, neue und ungewohnte Perspektiven auszuprobieren. Dies kann durch Lektüre geschehen, durch Gespräche mit unbekannten Menschen (die in manchen Angelegenheiten vielleicht anderer Ansicht sind als man selbst), durch Reisen oder dem Aufsuchen neuer Lebens-Situationen. Aus einer solchen Art der Neugier und gewappnet mit guter Unterscheidungsfähigkeit (die ebenso trainiert werden kann), werden die Sichtweisen immer umfassender und einschließender. Gleichzeitig haben sie großen Einfluss auf die anderen Module, weil man z.B. dem mitfühlenden Geist oder der Meditation neue und bessere Landkarten liefern kann.

Im spirituellen Kontext steht vor allem die Entwicklung des Geistes und des Verstandes unter einer neuen Betrachtungsweise. Noch in den 70′er und 80′er Jahren des 20. Jahrhunderts erlebte der New-Age-Irrationalismus seinen Höhepunkt. Um dem „linkshirnigen engstirnigen männlich dominierten wissenschaftlichen gespaltenen Mind" zu entkommen, wurden viele Angebote gemacht, die sich zusammenfassen lassen als „Erleben und Fühlen statt Denken". Interessanterweise hatten einige der Verstandes-Verächter, wie etwa Osho, selbst hervorragende intellektuelle Fähigkeiten. Positiv an dieser Entwicklung ist sicherlich, dass das Geistig-Mentale nicht mehr überbewertet wird. Auf gute Modelle und geistige Orientierung bei einem spirituellen Weg zu verzichten, ist aus integraler Sicht jedoch genauso fatal, weil einem dadurch die Werkzeuge verloren gehen, seine Entwicklung zu verstehen und auszurichten.

Integrales Training

Für Schüler des integralen Tantra empfiehlt es sich also, ihren Verstand regelmäßig zu trainieren, sei es durch regelmäßiges Lesen anspruchsvoller Texte, durch Studium einer Wissenschaft, durch Denkspiele wie Schach oder Sudoku und nicht zuletzt die Beschäftigung mit den geistigen Grund-

182. Wilber, Patten et. al (2010), S. 97 ff.

lagen des Tantra. Eine integrale Perspektive kann auch die klassischen Tantra-Theorien (von denen ich das hinduistische Trika und das buddhistische Vajrayana besonders erwähne) ergänzen und ihnen dennoch ihre besonderen Stärken lassen, z.B. die Beschreibung von transpersonalen Zuständen.

Wer den Weg des integralen Tantra gehen will, sollte sich auch mit den wichtigen Schriften der integralen Schule beschäftigen, vor allem mit den wesentlichen Vorstellungen von Ken Wilber, aber auch von Jean Gebser, Teilhard de Chardin oder Shri Aurobindo. Wenn der Schüler anfängt, selbst ‚integral' zu denken, seine Erfahrungen nach Ebenen und Quadranten zu sortieren und Querverbindungen zwischen Informationen aus verschiedenen Quellen zu suchen, ist ein erster Schritt getan.

Anwendungen integralen Denkens

Durch einige Beispiele möchte ich verdeutlichen, wie praktisch die Beschäftigung mit integralem Denken für verschiedene Lebenssituationen sein kann.

Integration der Entwicklungsspirale

Im Kapitel 2 habe ich das Modell von Spiral Dynamics vorgestellt. Die meisten Menschen, die sich darauf beziehen, stellen früher oder später fest, dass sie mit manchen dieser Farben vertraut sind und sich wohlfühlen, mit anderen vielleicht weniger anfangen können und zu manchen vielleicht sogar eine Abneigung empfinden.

Eine Möglichkeit, sich das noch besser zu vergegenwärtigen, ist, die Spirale durch farbige Materialien versinnbildlicht auf den Boden zu legen und sie dann abzuschreiten. Achte dabei, wenn du z.B. zum roten Mem gehst, auf alle Ideen, Fantasien, inneren Bilder etc., die dir in den Sinn kommen, und kommuniziere sie, während dich ein Partner begleitet und Notizen macht. So kommt einiges an interessantem Material zusammen. Dabei kann es interessant sein, Lücken zu finden, einzelne Meme, die bei dir nicht integriert sind und mit denen du auf Kriegsfuß stehst, genauer zu analysieren und anzuschauen, wie auch neue Perspektiven zu finden, was die Lichtseiten dieses Mems sind und wie du sie mehr in dein Leben einbauen kannst. Manch einer hat Schwierigkeiten etwa mit roter Vitalität oder blauer Aufopferungsfähigkeit, Pünktlichkeit und Integrität oder auch orangenem Geschäftssinn und Pragmatismus, um drei Beispiele zu nennen.

Die integrale Stufe, die durch die Farbe Gelb repräsentiert wird, untersucht die bisherige Evolution des Menschen systematisch und wendet die gefundenen Prinzipien auf die eigene Entwicklung an. So kann man Lücken finden und füllen und Schwachpunkte benennen und heilen, was sicherlich ein längerer Prozess ist und auch in den Bereich der Schattenarbeit geht.

Quadrantenabsolutismus vermeiden

Der integralen Theorie können wir entnehmen, dass jedes Phänomen mindestens vier Perspektiven der Betrachtung zulässt. Wir können eine Sache von außen anschauen, sie messen (OR), sie in Bezug zu anderen Sachen setzen (UR), oder aber eine individuelle (OL) oder kollektive (UL) Innenperspektive einnehmen; wir hatten das schon weiter oben in Bezug auf Wilbers AQAL-Modell besprochen.

In Bezug auf einen Traum etwa kann ich die REM-Phase beobachten und die Physiologie des Organismus messen (OR), ich kann den Träumenden nach dem Sinn, Inhalt und den Empfindungen seines Traumes fragen (OL), ich kann den Traum mit ihm zusammen in einem Gespräch deuten (UL), oder aber ich stelle ihn etwa in den Kontext eines größeren Experiments mit vielen Probanden, in dem es Geld aufzutreiben gilt, Geräte für einen Schlafraum zu besorgen, Räume zur Verfügung zu stellen etc. (UR).

Ein Problem, das immer wieder bei Vertretern einer bestimmten gesellschaftlichen Gruppe auftritt, ist, dass sie nur einen Quadranten sehen und die anderen tendenziell ignorieren. So neigen Naturwissenschaftler dazu, die linken Quadranten und damit jede Art von Innerlichkeit, Subjektivität und Psychologie zu negieren. Alternativmediziner betrachten manchmal eine Krankheit nur als den Ausdruck innerer Themen oder Störungen, neigen also zum Oben-Links-Absolutismus. Für andere, vielleicht aus Business oder Politik, gibt es nur Geld, Systeme und Institutionen, also Unten-Rechts, während manche Sozialwissenschaftler betonen werden, dass unsere Gesellschaft und alles, was wir denken, nur eine Folge von sprachlichen Vereinbarungen ist, etwa dass Eigenschaften wie ‚männlich' und ‚weiblich' nichts als kulturelle Konstruktion wären (Unten-Links-Absolutismus). Ein integral geschulter Beobachter wird immer versuchen, alle vier Perspektiven einzunehmen und alle für relevant anzusehen und zu große Einseitigkeiten in Beschreibungen anderer zu erkennen und zu hinterfragen.

Prä/Trans-Verwechslungen erkennen

Eine weitere Anwendungsmöglichkeit der integralen Denkweise ist das Aufdecken von Prä/Trans-Verwechslungen (s. Kapitel 2), besonders in spirituellen Kontexten. Als prä-personal können wir frühere Schichten des Bewusstseins bezeichnen, in denen das Ego noch nicht im vollen Ausmaß ausgebildet ist. Im Alkoholdelirium, in Formen des Aberglaubens, aber auch in therapeutischen Regressionen können wir von einem Rückfall in präpersonale Bewusstseinsformen sprechen. Im Gegenteil dazu schließen transpersonale Formen der Erfahrung unser gewöhnliches Ego-Bewusstsein ein und fügen ihm eine Wirklichkeitserfahrung hinzu, die sich noch realer anfühlt: Man könnte sagen, das Rationale wird transzendiert und eingeschlossen.

Was das Prärationale und das Transrationale gemeinsam haben, ist, dass sie beide nicht rational sind und sich in dieser Hinsicht ähneln. So tauchen häufig verschiedene Denkfehler auf, die auf dieser Verwechslung basieren. Ein Beispiel wären therapeutische Regressionen, bei denen man ins ‚innere Kind' hinabsteigt, um alte Wunden noch mal neu anzuschauen und zu heilen; diese haben an sich nichts mit transpersonaler Spiritualität zu tun. Bestenfalls kann aus einer solchen Schattenarbeit mehr persönliche Stabilität erwachsen, was einen im nächsten Schritt auch spirituell durchlässiger machen könnte.

Eine andere Form von Prä/Trans-Verwechslung liegt vor, wenn Eigenschaften von weniger komplexen Ebenen, etwa der Physik, auf komplexere, also biologische oder geistige Systeme angewandt werden, z.B. der Versuch, Bewusstsein mit Quantenphysik oder Holografie erklären zu wollen. Im Buch *Eros, Kosmos, Logos* von Ken Wilber werden einige dieser Versuche, die oft auch dem New-Age-Spektrum zuzuordnen sind, überzeugend zurückgewiesen.[183]

In unserem Kontext und im Rahmen der Arbeit an dem Verstandesmodul ist es wichtig, sich selbst auf solche Verwechslung von Höherem und Niederem zu überprüfen. Sind meine Emotionen und mein Dramatisieren wirklich gerechtfertigt? Sind alle alternativen Bewusstseinszustände, die man in Seminaren lernen kann, transpersonaler oder eher vielmehr präpersonaler Natur?

Auch der No-Mind Ansatz im Neo-Tantrischen Kontext muss unter dem Begriff der Prä/Trans-Verwechslung angesehen werden. Transrational in diesem Sinne wäre ein Ansatz, der den Mind zwar in seiner Würde und Größe anerkennt und ihn auch pflegt, fördert und trainiert, ihm aber die Rolle eines Dieners und nicht des Hausherrn zuweist.

Metatechniken der Weiterentwicklung

Der integrale Philosoph Tom Amarque stellt in seinem Buch *Entwicklung als Passion*[184] die Frage, wie integrales Handeln aussieht. Die Bedingungen für effiziente Weiterentwicklung sind nach Amarque genau dann gegeben, wenn

- ausreichend geübt wird (*Wiederholung*);

183. Wilber (1996), S. 184 ff. und S. 527 ff.
184. Vgl.Amarque (2011).

- sich aus der Übung neue Formen herausdifferenzieren und feinere Unterscheidungen getroffen werden (*Differenzierung*);
- Wiederholungen und Differenzierung führen zu „nicht-linearen" Entwicklungssprüngen, durch die neue komplexere Ordnungen entstehen (*Emergenz*);
- aus der Emergenz ein neues „Paradigma" entsteht, das wieder ausdifferenziert werden kann (*Innovation*).

Ein Beispiel: Gitarre lernt man durch viele Übungsstunden (Wiederholung), was zu immer feineren Differenzierungen führt (z.B. feinere Rhythmen mit der rechten Hand – Differenzierung). Emergenz findet dann statt, wenn man ein neues Lernplateau erreicht und z.B. rausgefunden hat, dass man mit Barrégriffen über das volle Brett leichter Reggae-Akkorde spielen kann. Diese Erkenntnis und Innovation (Barrégriffe und alles, was es mit sich bringt), wird nun auf alle anderen musikalischen Formen ausgeweitet (Innovation). Genau diese Prozesse finden auf jeder Ebene statt, wenn Weiterentwicklung passiert – Amarque nennt dies *Daimonotechniken.*

Habe ich gelernt, in einem Bereich mittels Daimonotechniken meine eigene Entwicklung in die Hand zu nehmen, etwa beim Gitarrespiel, kann ich lernen, diese Prinzipien in alle anderen Lebensbereiche (Schachspielen, Liebe, Abspülen) zu transferieren. Diese Fähigkeit kennzeichnet dann eine Daimonotechnik 2. Grades und ist ein inspiriertes gelbes Bewusstseins.

Genau das ist, was integrales Tantra auch anstrebt: Inspirierte und freudvolle Weiterentwicklung auf allen Ebenen durch eine Mischung aus einerseits stetiger Übung und andererseits kontrollierten Grenzerfahrungen, die Emergenzsprünge ermöglichen.

Tantrisches Denken

Tantrisches Denken ist meistens komplex und bestrebt, die Perspektive der Ganzheit einzunehmen. Tantra geht davon aus, dass es nichts gibt, was an sich rein oder unrein ist, sodass alle Elemente des Lebens zu Bestandteilen des spirituellen Weges gemacht werden können. Dabei entfernt sich der Tantriker von herkömmlichen traditionellen Normen, die für ihn nicht mehr gelten, auch wenn er sich äußerlich noch daran zu halten scheint. An einigen Beispielen möchte ich illustrieren, was die Folgen tantrisch-philosophischen Denkens, einer tantrischen Sichtweise, für unser Leben und unseren Alltag sein können.

Umgang mit Verlangen im Vajrayana-Buddhismus

Nach den Lehren des Buddhismus ist unser eigentliches Wesen klar und rein, egal wie verwirrt oder verblendet wir sein mögen. Wie der Himmel von Wolken verdeckt sein kann, bleibt er doch klarer Himmel – zeitweilig verdunkelt, aber nicht zerstört. So ist es mit Gier, Hass und Unwissenheit, sie erzeugen Leiden und können unseren Geist verdunkeln, aber ihm letztendlich nichts antun.[185] Mithilfe geeigneter spiritueller Übungen kann man dieses grundlegend reine Wesen erfahren.

Die Idee des ursprünglichen buddhistischen Hinayana-Pfades ist, dass das Verlangen der Sinne nach angenehmen Reizen letztlich die Ursache für Frustration und Leiden ist, daher soll der Adept versuchen, seine Sinne nach und nach für angenehme Reize zu desensibilisieren, seinen Geist vor der Aufregung von Verlangen zu schützen und somit mehr und mehr in Ruhe und Gleichmut zu weilen.

Im Tantra gilt hingegen der Ansatz, die kraftvolle Energie des Verlangens als Ressource und Mittel auf dem geistigen Pfad zu begreifen. Tantra versucht, jede Erfahrung als Vehikel zur Ganzheit zu nutzen.

Tantra heißt, die Erfahrungen gewöhnlicher Freude als Mittel zu nutzen, um Ganzheit oder Erleuchtung zu begreifen. Durch geschickten Umgang mit Verlangen und zunehmende Vertrautheit mit Freude lässt sich Seligkeit erlangen. Wenn der Schüler es schafft, immer mehr Glück und Freude zu erfahren, ohne sie mit begehrlichem Verlangen oder Schuldgefühlen zu „beflecken", kann die Erfahrung tiefer werden. Dazu ist es nötig, sein Verständnis zu erweitern, geistige und körperliche Energien mehr und mehr zu meistern, immer intensivere Erfahrungen von Freude zu machen und so immer besser zu leben.[186]

Letztlich geht es bei der Praxis des Tantra auch darum, wie viele Sinnesfreuden man zulassen kann, ohne außer sich zu geraten. Normales Verlangen unter einem geistigen Deckmantel zu kultivieren führt nur zu mehr Verstrickung und Unzufriedenheit. Nach buddhistischer Auffassung rührt das daher, dass der Mensch die Eigenschaft hat, das Objekt der Begierde zu idealisieren. Sollten wir nun tatsächlich erhalten, was wir wollen, kommt schnell die Ernüchterung auf und wir sind wieder frustriert, neues Verlangen kommt auf und so geht es weiter ohne Unterlass.

Die tantrische Lösung ist nun die völlige Umwandlung unserer Sichtweise. Durch die tantrische Alchimie, zu der intensive Praxis unabdingbar ist, wird die Energie des Verlangens, die uns normalerweise von einem Konflikt in den nächsten bringt, in eine transzendente Erfahrung von Freude und Weis-

185. Lama Yeshe (1993), S.16
186. Lama Yeshe (1993), S.32

heit verwandelt. Wo unsere Erfahrung von Freude normalerweise von Anhaftung und Unwissenheit verdunkelt ist, wird durch das konsequente Üben tantrischer Techniken die Freude nach und nach mit der Erfahrung von Licht gekoppelt, und so wird unser Organismus immer mehr fähig, auch sehr ekstatische Freude zu empfinden, ohne wieder ins Dunkel zu fallen. Dazu braucht es aber einen sehr gesammelten Geist und eine heldenhafte Einstellung.[187]

Offenheit im kaschmirischen Tantra

Ein Gedanke der ansonsten sehr komplexen kaschmirischen *Trika*-Philosophie ist, sich durch erhöhte Offenheit auf die eigene Erfahrung und intensivere Erlebniszustände einzulassen. Die dazu erforderliche Arbeit geschieht unmittelbar und jenseits von Konzepten. Sie erschließt sich aus der Unmittelbarkeit und inneren Wachheit gegenüber allem, was erscheint.

Der 2010 verstorbene tantrische Eingeweihte Ulrich Hennigs schreibt über diese offene Haltung:

> *„Maximal geht es um das Entdecken dieser bereits immer bestehenden Ganzheit, ja mehr noch, sie nicht zu verhindern … Wir ertragen das Offene der Ganzheit scheinbar nicht gut. Stilles, gewahrendes Bewusstsein ist für viele nicht leicht auszuhalten. Hinderlich ist das, was wir die ganze Zeit machen, in dem wir versuchen, uns zu verbessern, unsere Kränkungen aufzuheben oder richtig zu sein oder überhaupt etwas werden zu wollen. Vertrauen in die Stimmigkeit des Ganzen, also auch in die Unsicherheiten und Unwägbarkeiten des Lebens, ist die Stärkung, die wünschenswert ist. Schließlich sind wir es, die die Welt hervorbringen, und zwar in der Form, in der wir sie erleben. Warum sollten wir Angst vor uns selber haben und glauben, wir seien nicht gut genug oder zu gut für diese Welt? ... Mit den Worten von Nisargadatta Maharaj ‚Euer Wesen ist bereits vollkommen' möchte ich anregen: ‚Lasst es uns bemerken und begreifen. Halten wir innerlich still und gewahren.'"*[188]

Kreative Grundhaltung: Offene Weite

Eine offene und kreative Haltung heißt nicht unbedingt, Konventionen nicht einzuhalten und Mitmenschen unnötig zu schockieren. Gurdjieff, der offenbar tantrische Lehrer und Meister hatte, empfahl seinen Schülern, nach außen immer angepasster und nach innen immer unangepasster zu werden.

187. Lama Yeshe, (1993), S.33
188. Hennigs (2005), S. 117f

Je kreativer ich innen werde, je schöpferischer ich mich in jedem Moment erlebe, desto weniger habe ich es nötig, meine Unangepasstheit nach außen darzustellen.

Es ist eine gute tantrische Alltagspraxis, zu beobachten, welche Stereotype den Alltag formen und prägen. Wie stehe ich am Morgen auf, mit welchem Gesichtsausdruck betrete ich die Küche, mit welchen Handgriffen halte ich mein Zimmer in Ordnung? Wie sind meine Gewohnheiten im Umgang mit anderen Menschen? Wie gut glaube ich meinen Partner, meine Kinder, meine Arbeitskollegen zu kennen?

Die stereotypen und stets gleichen Weisen, Dinge und Menschen zu beurteilen, zu denken, in Gefühlsmuster einzutauchen und zu handeln, sind nach tantrischer Sichtweise das Gefängnis, in dem wir uns bewegen, auch wenn wir uns für frei halten. Die meiste Zeit des Tages bewegen wir uns in Gewohnheiten, in dem, was wir schon kennen. Wir glauben, wach zu sein, und Dinge zu tun, befinden uns aber, von einer anderen Perspektive aus gesehen, im Tiefschlaf.

Die Praxis, die Tantra hier empfiehlt, ist zäh, unspektakulär und hört niemals auf: Sei wachsam und präsent mit dem, was ist. Je mehr wir mit unserer Aufmerksamkeit aus den Erinnerungen der Vergangenheit und den Plänen der Zukunft ins Jetzt kommen, umso mehr werden mitbekommen, erfahren. Wir haben nämlich Tausende von Augen und Ohren, und es gibt in jedem Moment viele Wege, die man wählen kann.

Tabubruch und Gewohnheiten

Die alten tantrischen Meister, insbesondere die des linken Weges, haben ihre Schüler daher durch verschiedene Initiationen geführt, in denen sie Tabus brechen mussten, sei es in der Ernährung, in der Sexualität oder im Umgang mit Tod und Vergänglichkeit. Der Schock, den der rituell durchgeführte Tabubruch verursachte, öffnete schlagartig die Mauern der Borniertheit und eine kreative, nichtdualistische Sichtweise konnte den Schüler ergreifen und inspirieren.

Diese Praktiken haben aber nur dann einen tiefen, nachhaltigen Sinn, wenn sie verbunden werden mit beständiger Wachheit im Alltag und einem Training, sich den Gewohnheiten und Süchten nicht mehr zu unterwerfen. Diese kreative Haltung setzt unglaubliche Kräfte frei, die sich dann in hoher Kreativität und schöpferischem Potenzial niederschlagen, die man an verschiedenen tantrischen Meistern bewundert.

Fazit

Tantra rät: Sobald du eine Gewohnheit an dir entdeckt und enttarnt hast, versuche sie zu brechen. Vielen macht es Angst, denn die kleinen ewig gleichen Erfahrungen und Verhaltensweisen geben eine scheinbare Sicherheit. Die meisten unserer Weisen zu denken, zu fühlen zu handeln und nicht anders zu können, sind die Wurzel der Süchte. Süchte sind nichts anderes als Gewohnheiten, die so ins System integriert sind, dass wir nicht von ihnen lassen können, selbst wenn uns völlig klar ist, dass sie schädlich für uns sind. Und es geht hier nicht nur um chemische Süchte oder Verhaltenssüchte wie Arbeits- oder Internetsucht, sondern auch um festgefahrene, starre Haltungen wie die starke Verurteilung bestimmter Begebenheiten oder Menschen oder die Neigung, alles von einer depressiven und selbstmitleidigen Seite anzusehen. Ein tantrischer Freund von mir erzählte mir, dass er eine solche Abneigung gegen das Rauchen und Nikotin entwickelt hatte, dass sein Meister ihm vorschlug, in der Bahn oder der Fähre mal öfters ins Raucherabteil zu gehen, damit seine starre Haltung aufweichen und wieder offener werden könne. Das soll keine Ermutigung sein, auf eine sinnvolle, rhythmische Tageseinteilung zu verzichten, die oft auch Kraft gibt und vieles vereinfacht. Es geht darum, alle Routinen mit Bewusstsein zu durchdringen und fähig zu sein, auch anders zu handeln – und es immer wieder auch zu tun.

13. Psychodynamik

Wenn es nichts mehr zu verbergen gibt und ich mich ganz annehmen kann, geschehen die nötigen Veränderungen von selbst.

Das vierte entscheidende Basismodul ist die so genannte Schattenarbeit oder Psychodynamik. Die integrale Psychologie stellt, wie wir schon sehen konnten, ein Modell für die lebenslange stufenartige Weiterentwicklung des Selbst bereit. Jeder Mensch entwickelt sich von einer Ebene zur nächsten, die Übergänge sind krisenartige ‚Drehpunkte'. Sollte der Übergang aus irgendeinem Grund nicht so gut gelingen, dann bleibt meistens ein unintegrierter Rest auf der problematischen Stufe fixiert. Der Mensch entwickelt sich dann nicht in seiner Ganzheit weiter. Ein Teil bleibt abgespalten, der in bestimmten Situationen dann wieder nach vorne treten kann – ein Phänomen, das mehr oder weniger auf alle Menschen zutrifft. Diese Abspaltungen werden durch bestimmte Umstände wieder aktiviert und wirken dann als Schattenseiten einer Persönlichkeit.

Der Schatten

Der Schatten ist die dunkle Seite der Psyche und betrifft Aspekte in uns, die wir zurückgewiesen, verleugnet, vor uns verborgen oder auf andere Menschen projiziert haben. Dabei kann es sowohl um Gefühle als auch um Gedanken und Überzeugungen gehen. Sichtbar wird der Schatten in Form von verzerrten und ungesunden Verhaltensweisen, z.B. immer zu spät kommen, den Partner kontrollieren müssen, unberechenbare Wutanfälle bekommen, Auseinandersetzungen aus dem Weg gehen, Beruf und Finanzen nicht zu bewältigen, keine Fehler eingestehen können und grundsätzlich Schuld verlagern, neue Herausforderungen meiden usw.

Der innere Kampf mit den eigenen Schattenanteilen, die Energie, die wir aufwenden, um bestimmte Anteile nicht sichtbar für uns und andere werden zu lassen, kostet viel Kraft und bestimmt unbewusst unser Leben und unsere Entscheidungen. Um diese Kraft für konstruktives und bewusstes Leben zur Verfügung zu haben, ist es wichtig, die Unterdrückung dieser Anteile aufzuheben und die Schatten zu integrieren.

Ein Beispiel ist etwa die unterdrückte Wut mancher Frauen, die eher verzweifeltes und ohnmächtiges Weinen kombiniert mit Rückzug zeigen, anstelle die Wut über die Grenzverletzung zu spüren und daraus die Kraft zu nehmen, Konsequenzen zu ziehen. Der Grund, dieses Verhalten entwickelt zu haben, war vielleicht eine Mutter, die das ebenso nicht konnte, oder Ereignisse in der Kindheit, bei denen die Wut nicht positiv gespiegelt und begleitet, sondern verurteilt und bestraft wurde. Daraus könnte die Schlussfolgerung gezogen worden sein: „Wenn ich wütend bin, werde ich nicht geliebt, besser passe ich mich an."

Es ist eine Eigenschaft des Schattens, dass ein Teil von uns ihn nicht sehen will. Zum Wachsen gehört aber dazu, dass wir zulassen, was wir als unangenehm empfinden. Im Falle besonders schwerer Fixierungen ist aus ganzheitlicher Perspektive eine therapeutische Intervention nötig, die genau auf diesen Entwicklungsdrehpunkt abgestimmt ist. Durch systematisches Durcharbeiten dieser Anteile mithilfe eines Therapeuten können diese Schatten wieder beleuchtet in das bewusste Selbst integriert werden. Schattenarbeit hört auch nach der Therapie nicht auf; nach und nach können wir eine aufgeschlossene und neugierige Haltung zu unseren eigenen Schattenanteilen und denen anderer entwickeln.

Schattenarbeit und Meditation

In einem viel diskutierten Statement in seinem Buch *Integrale Spiritualität* hat Ken Wilber die Vermutung geäußert, dass sich die traditionellen spirituellen Systeme so gut wie nie um die Schattenproblematik – dieses „da einmal genau hinschauen, wo ich lieber nicht bei mir hinschauen möchte" – gekümmert haben. Intensive Meditationspraxis ohne Schattenarbeit läuft jedoch Gefahr, die Schattenbereiche noch mehr abzuspalten, weil Meditation immer die Nicht-Identifikation fördert. Wenn nun aber beispielsweise jemand seine Wut nicht fühlen kann und dann auch noch meditiert, ist das Risiko hoch, dass er sie noch viel tiefer verdrängt und sein Schatten sehr groß wird. Hier ein Zitat aus dem Buch *Integrale Lebenspraxis*, das diesen Punkt hervorhebt:

> *„Wenn ich meditiere, kann ich beobachten, wie meine Angst und Traurigkeit als Objekte in mein Gewahrsein treten. Ich kann meine Identifikation damit loslassen. Ich kann sogar die zeitlose Gegenwart entdecken, in der Angst und Traurigkeit nicht wirklich sind. Aber solange ich ergänzend keine Schattenarbeit mache, konfrontiere ich mich wahrscheinlich nie wirklich mit meinem Schatten.*
>
> *Meditation hilft uns, das große Selbst zu realisieren, ohne sich den Problemen des endlichen Selbst direkt zuzuwenden. Eine integrale Lebenspraxis tut beides: Sie heilt das endliche Selbst, indem sie es mit seinem Schatten vereint, und sie entdeckt das unendliche Selbst, das nicht von dieser Welt ist. Selbst durch stundenlanges Verweilen in intensiven meditativen Zuständen verwandelt sich der Schatten nicht zwangsläufig ins Licht. Der Ruf vieler ansonsten wunderbarer spiritueller Menschen hat durch Skandale um Sex, Macht und Geld Schaden gelitten, die (manchmal auf sehr subtile und paradoxe*

Weise) auf ihre unbewussten Schattenimpulse zurückzuführen sind."[189]

Tantra, Yoga und Schattenarbeit

Im Hatha-Yoga z.B. wird meines Erachtens vielfach versucht, die Schatten zu ignorieren und alles auf der körperlichen Ebene, durch Entspannung oder positives Denken, zu lösen. Hier ist vielleicht ein wichtiger Kritikpunkt angebracht, was die Gefahren eines rein hatha-yogischen Weges sein könnten.

Das linkshändige traditionelle Tantra hat die Adepten zwar mittels der Praxis des Tabu- und Ekeltrainings und sexueller Praxis durchaus mit ihren Schatten konfrontiert. Auch der für diese Schulen typische besonders enge Kontakt zum Meister fördert je nach psychologischer Feinfühligkeit des Guru diese Art der Selbsterkenntnis. Eine systematische Durchleuchtung der verborgenen Schattenbereiche des einzelnen Schülers fand jedoch nicht statt. Da die Methoden des Tantra sehr kraftvoll sind und den Machtaspekt forcieren, kann es auch gefährlich werden, wenn die Ausübenden z.B. große Redekunst, Charisma und erotische Ausstrahlung entwickeln, weil diese sich in den Dienst der Schattenanteile stellen können. Damit der tantrische Weg integral informiert wird, soll man ihn unbedingt mit einer tiefgreifenden Schatten-Praxis ergänzen.[190]

In manchen Schulen des Neo-Tantra ist die therapeutische Arbeit an den Schattenanteilen geradezu der wichtigste und zentrale Bereich. Maßgeblich waren hier die Mode-Therapien der 70-er Jahre, vor allem Bio-Energetik, Encounter und Primärtherapie.[191] Die dahinterliegende Idee war, dass der Mensch erst mal einen therapeutischen „Vollwaschgang" bräuchte, bevor er zu Tantra überhaupt fähig sei. Heutige Tantra-Therapeuten wenden sich immer eher den sanfteren Methoden zu. Die Idee der brachialen Brechstangen-Therapie hat heute nicht mehr so viele Anhänger wie früher, vor allem, weil sie den Erwartungen nicht entsprechen konnte, einen „neuen Menschen" hervorzubringen.

Schattenarbeit sollte im integralen Tantra eine wichtige Komponente sein. Aus meiner Erfahrung als Tantra-Lehrer stelle ich fest, dass intensive Schattenarbeit, vor allem gruppentherapeutischer Art, bei Anfängern wichtiger

---

189. Wilber, Patten et al., (2010) S. 94.

190. Die Reinigungen, die in den Traditionen hier meist empfohlen oder verordnet werden, können keine Therapie ersetzen.

191. In den Neunzigern wandten sich manche Neo-Tantriker auch der Aufstellungsarbeit von Bert Hellinger zu, obwohl diese den Grundideen des Tantra in manchen Punkten geradezu widerspricht.

ist und in fortgeschrittenen Stufen etwas mehr in den Hintergrund treten kann, wenn es mehr um Transformationsprozesse geht.

Methoden für das Schatten-Modul

Wie oben erwähnt, geht es darum, die eigenen Schattenanteile aufzuspüren, zu erkennen, anzunehmen und zu reintegrieren. Am besten fängt man dort an, wo der größte Leidensdruck herrscht, der dazu aufruft, das eigene Leben zu verändern: Kann ich keine gesunde Beziehung führen? Habe ich Schwierigkeiten meine Gefühle zu spüren und auszudrücken? Bin ich beruflich und finanziell zufrieden und erfolgreich? Kann ich meine Bedürfnisse ausreichend wahrnehmen und artikulieren? Habe ich Schwierigkeiten, meine Männlichkeit oder Weiblichkeit zu leben?

Welche Formen der Schattenarbeit sind nun als Begleitung des tantrischen Prozesses geeignet und angemessen? Optimal im Sinne einer Integralen Psychotherapie[192] ist, eine große Palette verschiedener Methoden zur Verfügung zu haben, die für Krisen auf unterschiedlichen Stufen und Drehpunkten unterschiedlich gut geeignet sind. Demzufolge sind Lehrer des integralen Tantra gut beraten, sowohl Kenntnisse in einigen Methoden zu haben und sich dazu auch noch auf ein Netzwerk von Therapeuten und Fachleuten verlassen zu können. Ich möchte im Folgenden nun eine Reihe von Methoden aufzählen, die im Rahmen eines integral-tantrischen Weges zielführend sein können.

Sexualtherapie

Weil das integrale Tantra auch eine Auseinandersetzung mit der eigenen Sexualität bedeutet, sind maßvolle sexualtherapeutische Interventionen gerade bei Einsteigern oft förderlich. Gute Sexualtherapie setzt sowohl im körperlichen Bereich durch Körperübungen an als auch im Bereich der Überzeugungen, Glaubenssätze und Selbstbilder und ignoriert auch nicht den Beziehungsaspekt. Es erfordert ausgebildete Therapeuten mit Fachwissen und Feingefühl. Viele westliche Tantra-Lehrer haben dies erkannt und sich entsprechend weitergebildet.

---

192. Zur integralen Psychotherapie gibt es eine gute Studie von Wulf M. Weinreich, der aus der Theorie von Wilber und seinen eigenen Erfahrungen als Praktiker ein umfassendes Modell einer Integralen Psychotherapie zusammengestellt hat. Vgl. Weinreich: *Integrale Psychotherapie*, 2005.

Integrale Verhaltenstherapie

Tantra fördert wie andere Yoga-Methoden durch kontinuierliche Übung an sich selbst und ganzheitliches Lernen auch das Herausbilden und Heranreifen positiver Eigenschaften. Hier gibt es einige Parallelen zu der Vorgehensweise der Verhaltenstherapie; diese Methoden können Hand in Hand arbeiten. In der modernen Verhaltenstherapie werden Ansätze wie die Steigerung der Selbst-Effizienz, also der Fähigkeit und Kompetenz, die Arbeit an sich selbst in die Hand zu nehmen, versucht. Hier steht nicht der Mensch als hilfesuchender Patient im Vordergrund, sondern er wird zum Experten und Gestalter seiner Wirklichkeit. Das achtsamkeitsbasierte Training nach Jon Kabat-Zinn verbindet solche verhaltenstherapeutischen Ansätze mit buddhistischer Achtsamkeits-Meditation und lässt sich problemlos in einen integralen Methodenkanon einreihen.

Bonding

Eine körperliche und expressive Methode, die Eingang in verschiedene Richtungen des Neo-Tantra gefunden hat, ist die Bonding-Arbeit nach Dan Casriel. Wichtig am Bonding ist das Erfahren nicht-sexueller körperlicher Nähe, während man gleichzeitig zum offenen und freien Ausdruck der Emotionen ermutigt wird.

Bei der Bonding-Methode wird der Ausübende von einem Begleiter unterstützt, der mit ihm in eine Position des nahen ganzkörperlichen Kontakts geht. Dabei wird der Protagonist darin unterstützt, alles auszudrücken, was er dabei empfindet, sei es Wut, Schmerz, Angst oder Freude. Der Gefühlsausdruck kann sich bis zum starken Weinen oder zum Schrei intensivieren, was hinterher oft zu einer erheblichen Erleichterung führt.

Die Methode kann helfen, alte Wunden aufzuspüren und neue Glaubenssätze einzuüben. Ich halte sie für eins der effektivsten therapeutischen Verfahren. Aus meiner Sicht ist es vor allem förderlich, in der Arbeit mit leicht fortgeschrittenen Einsteigern eine Form des Bondings zu üben. Die Fähigkeit, körperliche Nähe bei gleichzeitig geöffnetem Herzen aushalten und genießen zu können, ist aus meiner Sicht eine Grundvoraussetzung für jede tiefer gehende tantrische Praxis.[193]

Quantum Light Breath

Eine andere Methode, die Schattenarbeit mit intensiver Atemarbeit und Meditation verbindet (und sich für tantrische Settings geradezu ideal eignet)

---

193. Vgl. Konrad Stauss, *Bonding-Psychotherapie,* München, 2006.

ist die Quantum Light Breath Meditation des amerikanischen Psychotherapeuten Jeru Kabbal. Hier wird durch intensives Atmen und lyrische Musik emotionales Material an die Oberfläche geholt. Man soll das dann auf eine nicht-identifizierte Weise beobachten. Der sehr wirkungsvolle Prozess, der etwa eine Stunde dauert, führt am Ende zu mehr Selbstannahme und der Integration verdrängter Anteile.

Gemeinsam Wachsen

Einer der stärksten Heilfaktoren ist, seine Licht- und Schattenseiten auch mit anderen in einer Gruppe teilen zu können, damit gesehen und einfühlsam behandelt werden zu können. Manche Anbieter setzen auf Methoden aus der Gestalt-Therapie, dem Psychodrama oder der Encounter-Arbeit. In unserem Institut arbeiten wir mit dem Forum, einer Methode, die aus der ZEGG-Gemeinschaft stammt. Das Forum sieht sich explizit als Methode für mehr Wahrnehmung, Transparenz und Vertrauensbildung und nicht als Heilverfahren.

Transpersonale Therapie

Weil Tantra ein spirituelles und transpersonales Weltbild vertritt, sind verschiedene Spielarten transpersonaler Therapie vor allem da für die Störungsbilder der höheren Ebenen am besten geeignet, wo Grundlegenderes schon erfolgreich geklärt ist. Hervorheben möchte in diesem Kontext drei transpersonale Therapie-Methoden: die Analyse C. G. Jungs, den *Diamond Approach* nach A.H. Almaas und die *Psychosynthese* nach Roberto Assagioli. Diese Methoden sind sehr geeignet zur Begleitung eines integral-tantrischen Prozesses, da sie auch Wachstumsmodelle liefern, die mit der integralen Theorie vereinbar sind.

Projektionen und Schatten

Wie kann nun aber eine regelmäßige Schattenpraxis aussehen, die man zu Hause üben kann und für die man keine Fachleute braucht? Zur Schattenarbeit gehört der wichtige Aspekt, sich seiner eigenen Projektionen bewusst zu werden. Darunter versteht man die unbewusste Verlagerung eigener Wünsche, Gefühle oder Vorstellungen auf andere (Personen oder Objekte). Projektionen werden, wie C. G. Jung schon erkannt hat, von inneren Schatten verursacht, die Teile unserer Seele verdecken.

Eigene Projektionen zu erkennen zeigt uns den Weg zu unseren eigenen unterdrückten Gefühlen und Bedürfnissen, dabei kann es sich sowohl um die Projektion von negativen Gefühlen, Gedanken, Verhaltensweisen als auch von positiven, bewundernden Eigenschaften handeln. Folgend ein paar Beispiele, wie das Zusammenspiel von Schatten und Projektionen aussehen kann:

Beispiel A: Ich verachte Menschen, die schnell wütend werden und verurteilend über andere Menschen sprechen, zutiefst und will gar nichts mit Ihnen zu tun haben, meide sie und gehe ihnen aus dem Weg. Der zugrundeliegende Schatten könnte hier sein: Ich verachte meine eigenen Wutgefühle und ebenso meine Urteile über andere Menschen. Anstelle das bei mir selber zu erforschen, vielleicht als menschliche Schwäche zu erkennen und bewusst daran zu arbeiten, verurteile ich dieses Verhalten bei meinem Gegenüber, was bis zum Kontaktabbruch führen kann. Die Chance für mich bestünde darin, im Kontakt den anderen gegenüber meine ursprünglichen Gefühle authentisch auszudrücken.

Beispiel B: Ich bewundere meinen spirituellen Lehrer und idealisiere ihn, beschäftige mich auf verehrende und unkritische Weise mit ihm und fühle mich als großer und tiefer Anhänger, der den Wunsch nach Erleuchtung an den Mister abtritt (Bitte, Guru, erleuchte mich!) Die Projektion wäre hier vielleicht, dass ich selber diese Qualitäten in mir trage und pflegen möchte … wenn ich das erkenne, kann ich Schritte machen, meinen spirituellen Weg in eigene Hände zu nehmen und ein mündiger, selbstverantwortlicher Schüler zu werden, der Fortschritte macht. Unser Schatten betrifft oftmals auch unsere Lichtseite, über die er sich legt, unsere innere Verweigerung, zu erkennen wie großartig, liebenswert und wertvoll wir sind!

Eine Form der Schattenarbeit, die auch ohne Therapeut ausgeführt werden kann, ist die am *Integral Institute* gelehrte 3-2-1-Methode.[194] In aller Kürze hier die Grundidee: Wenn etwas bei dir besondere Emotionen auslöst, liegt es nahe, dass da möglicherweise ein Schattenanteil verborgen ist (weil dieselbe Sache andere Menschen nicht weiter beeindruckt). Dieser Schatten tritt also zuerst in der dritten Person, im Außen auf. Es gilt die Situation, die einen erregt hat, aufzuschreiben und genau zu beobachten. Als nächsten Schritt: Sprich mit der Person oder dem Ereignis, das dich so erregt hat, tritt in einen inneren Dialog mit ihr/ihm. Als letzten Schritt nimm es in die erste Person: Werde zu dieser Person (oder diesem Ereignis): Versuche die oder das andere so gut wie möglich nachzuvollziehen und zu verkörpern und finde heraus, was es mit dir und deinen Schatten zu tun hat.

Der Vorteil dieser Art von Methoden ist, dass sie jederzeit auch allein und zu Hause vollzogen werden können, z.B. täglich fünf Minuten vor dem Einschlafen oder einmal die Woche mit der Situation, die dich in dieser Woche am meisten beunruhigt hat.

---

194. Ähnlich ist auch die bekanntere Methode *The Work* nach Byron Katie.

Fazit

Ein integraler Ansatz kann die Augen für die enorme Wichtigkeit des psychodynamischen Ansatzes liefern. Die wenigsten Menschen sind zu hoher emotionaler Reife fähig, auch da bedarf es eines lebenslangen Trainings. Wie wir erkannt haben, können Schatten auf jeder Stufe erscheinen und mit der ganzen Wucht einer Lebensthematik Aufmerksamkeit fordern. Oft ist es gut, sich die Hilfe von Fachleuten zu holen, um das eigene Wachstum zu beschleunigen.

14. Emotionen

Meine Gefühle sind Ausdruck meiner Lebendigkeit und Wegweiser zu meiner Essenz.

Der konstruktive Umgang mit Emotionen, das Erlernen emotionaler Intelligenz und Methoden zur Öffnung des Herzens bilden den Kernbereich der Psychodynamik und sind eng mit der Schattenarbeit verflochten. Ich möchte im folgenden Abschnitt einige Möglichkeiten des integralen Tantra aufzählen, auf eine positive und kluge Art mit Gefühlen umzugehen.

Im Verlauf der Evolution hat sich bei uns ein Repertoire an Emotionen herausgebildet. Sie haben ursprünglich unser Überleben gesichert und unsere Lebensqualität erhöht, z.B. indem die Emotion Angst Kräfte freisetzt, schneller vor einem Raubtier zu flüchten. Emotionen haben mit dem limbischen System zu tun, einer phylogenetisch älteren Hirnstruktur als unser denkendes Vorderhirn. Vom limbischen System aus können neuronale Impulse das ganze Vorderhirn überfluten.

Der vielleicht berühmteste Emotionsforscher Paul Ekman spricht von 8 Basisgefühlen, die weltweit quer durch die Kulturen beobachtbar sind: Zorn (Wut, Ärger), Trauer (Schmerz), Angst (Furcht), Freude, Liebe, Überraschung, Ekel und Scham. Alle anderen Gefühle sind nach Ekman Differenzierungen dieser Haupt-Emotionen.

Emotionale Intelligenz

Mit dem 1995 erschienenen Buch von Daniel Goleman wurde das Konzept der emotionalen Intelligenz populär. Emotional intelligente Menschen verfügen über folgende Fähigkeiten: Sie können eigene Gefühle wahrnehmen, differenzieren, akzeptieren, angemessen damit umgehen sowie die Gefühle anderer differenziert wahrnehmen und einschätzen. Diese Fähigkeiten können, sofern nicht stark ausgeprägt, mit bestimmten Techniken und Methoden entwickelt werden.

Der Tiefenpsychologe Leslie Greenberg trifft dabei die wichtige Einteilung in primäre, adaptive Emotionen, die durch die Erfüllung oder Verletzung der Grundbedürfnisse unmittelbar und spontan entstehen, und sekundäre Emotionen, die nachgeordnete Reaktionen auf primäre Emotionen darstellen und diese oft verschleiern. So kann z.B. Wut die primäre Emotion Angst verdecken. Manche Menschen wiederum weinen, wenn sie primär wütend sind. Sekundäre Emotionen sind in Lebenssituationen entstanden, in denen es nicht möglich war, die primären Gefühle zu zeigen. Da sie nicht auf

Grundbedürfnisse hinweisen, sind sie im momentanen Leben in der Regel dysfunktional. Emotionale Intelligenz heißt unter anderem auch, zwischen primären und sekundären Gefühlen unterscheiden zu können.

Die Menschen unserer Gesellschaft haben in den wenigsten Fällen, schon rein kulturell bedingt, die Fähigkeit zum Ausdruck primärer, adaptiver Gefühle erlernt. So bringen die meisten Menschen bestimmte emotionale Schemata aus ihrer Kindheitsentwicklung mit, wegen derer sie versuchen, primäre Gefühle zu vermeiden, zu verdrängen und durch entsprechendes Verhalten nicht zu spüren oder zu zeigen. Dies wiederum kann, wenn es strukturell geworden ist, dazu führen, dass bestimmte Grundbedürfnisse gar nicht mehr wahrgenommen werden, zumal das Fühlen der Basisgefühle, so die Emotionsforschung, immer ein Hinweis auf die Befriedigung oder auch eben meist Nichtbefriedigung der psychosozialen Grundbedürfnisse ist.

Emotionale Intelligenz in Beziehungen

Intime Beziehungen können durch das Erfahren von ähnlichen Situationen im Hier und Jetzt Erinnerungen an diese ‚wunden Punkte' auslösen und damit automatisch diese vermeidenden Emotionsschemata in Gang setzten. Für den Partner kann das so aussehen, dass jemand im Verhältnis zu der objektiven Situation in der jetzigen Beziehung emotional überreagiert. Die Chance solcher Situationen liegt darin, die wunden Punkte als Hinweis für alten Schmerz zu erkennen und mit geeigneten therapeutischen Methoden, mit Unterstützung oder mit zunehmender Selbstkenntnis auch eigenständig zu bearbeiten und zu heilen.

Diana und Michael Richardson erörtern in ihrem Buch *Zeit für Gefühle*[195] sinnvolle Methoden zum Umgang mit wunden Punkten in einer Beziehung.

Als Erstes soll man unterscheiden, ob gerade eine sekundäre Emotion (Herz ist verschlossen, ich vermeide den Kontakt, vergangene Strukturen kommen hoch) oder ein primäres Gefühl (Herz ist offen, Kontakt zum Partner und zum Augenblick möglich) vorliegt. Im Falle sekundärer Emotionen oder Dramen ist es wichtig, das erst zu erkennen. Wenn ich z.B. dem Partner nicht in die Augen sehen kann und ihn mit ‚Du'-Botschaften überschütte, habe ich vermutlich eine sekundäre Emotion. Es gilt dann, Schritte zu tun, um mich wieder in meine Mitte zu bringen bzw. das darunter liegende Grundgefühl wahrzunehmen. Aus Sicht der Autoren ist in dem Moment ein physischer Rückzug am sinnvollsten, zusammen mit der Mitteilung, dass man wieder kommt, sobald man sich selbst wieder zentriert hat. Alleine bringt man sich dann wieder in einen weniger überfluteten Zustand, z.B. durch das Trinken von Wasser, körperliche Bewegung oder emotionaler Ausdrucksübungen. Wenn

195. Richardson & Richardson (2006).

diese Episode vorüber und man sich seiner primären Emotionen und Bedürfnisse wieder bewusst geworden ist, geht man wieder mit dem Partner in Kontakt und teilt es ihm mit. Wichtigster Test dazu: Kann man ihm in die Augen sehen?

Umgang mit Emotionen

Es gibt drei funktionale Ansätze, was die Bewältigung unerwünschter Emotionen betrifft und zu denen man situationsabhängig immer wieder greifen kann:

1. Zum einen der Ansatz, Emotionen zu beherrschen und auch eine gewisse emotionale Erziehung. Emotionen sollen auch durch eine gesunde Lebensweise, bestimmte Formen der Sexualität und Ernährung moduliert werden. Diesen Ansatz verfolgen die meisten religiösen Traditionen, vor allem der Hatha-Yoga und die chinesischen Pfade, aber auch die Schule der Verhaltenstherapie.

2. Das genaue Gegenteil davon wird in der Bioenergetik und Primärtherapie vorgeschlagen: Emotionen sollen kathartisch durchgelebt werden. Bei diesem Ansatz werden die Gefühle intensiviert und übertrieben, in den Körper gebracht und ausgedrückt bis zur emotionalen Läuterung.

3. Eine dritte Methode wird von spirituellen Lehrern wie Eckhart Tolle, Samuel Widmer oder Osho erwähnt: Emotionen sollen voll gefühlt, aber nicht ausgedrückt werden. Vielmehr sollte man lernen, still damit zu sitzen und inneren Abstand dazu zu gewinnen.

Der letzte Ansatz ist die Vorstufe zur eigentlich tantrischen Praxis des Umwandelns der Emotionen, die ich nun noch näher präzisieren will. Emotionen sind dem Menschen gegeben und lassen sich im Laufe der persönlichen Entwicklung transformieren und veredeln. Aus tantrischer Sicht sollte man Emotionen nicht beherrschen oder unterdrücken, sondern sie als Rohmaterial betrachten. Der tantrische Buddhismus etwa hat recht fortgeschrittene Methoden zur Umwandlung von negativen Emotionen entwickelt. Hier soll die Emotion voll gefühlt und zur Leerheit hin geöffnet werden: Man nennt dies auch die ‚Selbstbefreiung des Gefühls'. Das ist eine Praxis für Fortgeschrittene, die ihre Schatten schon gut kennen, in der Lage sind, Bedürfnisse zu äußern und schon eine gewisse Stabilität im Umgang mit starken Energien haben. Im Buch *Integrale Lebenspraxis* versuchen Terry Patten und Kollegen, diese Praxis zu systematisieren.[196]

Das erste Ziel ist es, zu den primären Gefühlen zurückzufinden und zu lernen, sie zu fühlen und auszudrücken. Wenn dieses Ziel erreicht ist, beginnt

---

196. Wilber, Patten et. al. (2010), S. 90 f.

die nächste Stufe, bei der es darum geht die Energie der entsprechenden primären, authentischen Gefühle zurückzugewinnen und kreativ zu nutzen.

Hierzu macht es Sinn, folgende sechs Schritte zu erlernen und zu üben:

1. Beobachte, was du fühlst und wie sich die Gefühle energetisch und physisch äußern.

2. Lasse die Tendenz, deine Gefühle zu verurteilen, zu unterdrücken oder anders darauf zu reagieren, los. Erlaube dir diese Gefühlen und nehme sie bewusst an!

3. Wenn die Gefühle sich auf jemanden oder etwas beziehen, lasse diese Beziehung zu der Person/Sache bewusst los: Von „Es geschieht mir" hin zu: „Die Gefühle entstehen in mir". Übernimm die volle Verantwortung für deine Gefühle!

4. Spüre die Energie, erlaube durch bewusstes Atmen, dass sie ins Fließen geraten; die Gefühle verändern sich dann!

5. Richte deine Aufmerksamkeit auf die Gefühle, bis du ihre flüchtige Natur erkennst.

6. Lasse zu, dass die unverfälschte Energie von selbst frei wird, indem sie sich frei und positiv ausdrückt – es ist wesentlich, dass du die Gefühle akzeptierst und zulässt, dass sie sind, wie sie sind.

Wege zur Herzöffnung

Einer der wichtigsten Vorgänge im integralen Tantra ist die bewusste Entwicklung der Herzkraft und Liebesfähigkeit. Das schließt zusätzlich zur Schattenarbeit, die von alten Blockaden befreien soll, auch eine bewusste Arbeit mit den Kräften des Herzchakra ein. Tantra kennt verschiedene Wege, die Herzenergien zu befreien, die wichtigsten möchte ich kurz aufzählen.

Bhakti-Yoga

Tantra hat eine gemeinsame Wurzel mit dem indischen Weg des Bhakti Yoga (Verehrung der Gottheiten im Bild, in sich selbst, in anderen). Die Liebe zum Höchsten, zum Göttlichen, zu erfahren, kann auf verschiedenen Wegen erreicht werden. Ein einfacher und für viele Menschen zugänglicher Weg ist das Singen von Mantras, Bhajans und heiligen Gesängen verschiedener Kulturen, das im integralen Tantra gepflegt wird.

Andere Bhakti-Methoden können sein: das Hören heiliger Geschichten, das rituelle Gestalten eines Altars, die Durchführung von Ritualen. Makaja spricht davon, dass es die natürliche Religion und die erste Stufe des Bhakti ist, die Liebe und Verliebtheit dem eigenen Partner gegenüber immer zu kultivieren. Er unterstreicht dies durch die Entwicklung der schon mehrfach erwähnten Komaja-Meditation.

Tonglen

Eine Praxis zur Entwicklung des Mitgefühls aus dem Mahayana-Buddhismus, die wir in den Kanon unseres integralen Tantra übernommen haben, ist das Tonglen. Diese Meditation besteht, kurz gesagt, darin, das Leiden und die Verwirrung des Gegenübers einzuatmen und Mitgefühl und liebende Güte auszuatmen. Dadurch kann man die Qualitäten des Herzens entwickeln: Freundlichkeit gegenüber allen Menschen, Mitgefühl mit den Leidenden, Mitfreude mit den Sich-Freuenden und Gleichmut gegenüber den Schwankungen des Lebens. Verschiedene Formen des Tonglen für Einsteiger:

1. Tonglen für dich selbst.

Teile dich auf in Person A (der mitfühlende, warme, liebende Teil) und Person B (der gerade verbittert, zornig, frustriert usw. ist) A öffnet sein Herz und erzeugt beim Einatmen tiefes Mitgefühl für B, der sich dadurch auch ein Stück weit öffnen kann. Beim Ausatmen sendet A Warmherzigkeit, Vertrauen und Glück zu B, bis dieser das auch fühlen kann.

2. Tonglen zu vergangenen Lebenssituationen.

Erinnere dich an Situationen, in denen du dich schlecht verhalten und weswegen du noch Schuldgefühle etc. hast. Beim Einatmen übernehme nun Verantwortung, bekenne dich dazu und bitte um Verzeihung. Beim Ausatmen spüre Versöhnung, Vergebung, Heilung.

3. Tonglen für andere.

Suche dir als Übungsobjekt zunächst einen guten Freund aus oder jemand, der dir nahesteht. Atme seinen Schmerz, Ärger usw. ein und entfalte maximales Mitgefühl, ströme beim Ausatmen Heilung, Liebe, Freude, Glück usw. aus. Nach und nach kannst du dein Meditationsobjekt ausweiten bis hin zu Menschen, die du scheinbar nicht akzeptierst.

Transformation der Sexualkraft

Sexualität gilt als eine Art Rohmaterial, das zu wirklicher Liebe verfeinert werden kann und soll. Ich sehe es als einen Königsweg zur Herzkraft an, seine Sexualität zu transformieren und zu veredeln. Das kann geschehen durch die Kombination von Sexualität mit Atemtechniken, Bandhas und Visualisationen, durch abwechselnde Phasen von sexueller Praxis und sexueller Abstinenz und durch die Kultivierung der emotionalen Öffnung für den Partner. Ich werde solche Techniken ausführlicher in den Kapiteln Sexualität und Beziehung beschreiben.

Therapeutische Methoden

Eine Sache ist es, die Herzkraft zu entfalten und zu kultivieren, eine andere, die Hindernisse zu beseitigen, die die Energiekanäle verstopfen. Das Neo-Tantra hat viele therapeutische Übungen bereitgestellt, um Blockaden zu überwinden und den Herzkanal ‚freizuputzen'. Grundsätzlich hinterlässt ein gelungener therapeutischer Prozess nach seiner Beendigung ein Gefühl eines ‚geöffneten Herzens'. Dieses Gefühl wird verstärkt, wenn der Körper in einen solchen Prozess mit einbezogen wird. Ein hoffnungsvoller westlicher Ansatz ist die schon erwähnte Bonding-Methode nach Dan Casriel.

Fazit

Der reife und bewusste Umgang mit Gefühlen ist im Tantra zentral. Sie sollen nicht unterdrückt werden, weil sie ein wichtiger Ausdruck der Lebensenergie sind. Der tantrische Königsweg im Umgang mit Emotionen ist, sie in Wahrnehmung reiner Energie umzuwandeln, was man im klassischen Tantra ‚Selbstbefreiung des Gefühls' nennt. Im integralen Tantra ist auch die Pflege des offenen Herzens eine wertvolle Praxis – dazu bieten sich verschiedene Wege an.

15. Wille

Der wahre Wille in mir ist Antrieb zu Wachstum und Erfüllung.

Die Hauptmodule der Integralen Lebenspraxis sind Körper, Geist/Verstand, Spiritualität und Schatten. Aufgrund meiner eigenen Erfahrung bin ich der Ansicht, dass Wille bzw. Willenstraining ein fünftes Kernmodul sein sollte. Wie unser Verstand und unsere Gefühle kann sich auch unser Wille entwickeln. Da aber der Wille die besondere Qualität ist, durch die Entwicklung erst möglich wird, sollte eben auch der Entwicklung des Willens besondere Aufmerksamkeit gewidmet werden.

Unter Wille verstehe ich die Kompetenz, sich selbst Ziele zu setzen und diese auch zu erreichen. Wenn etwa zu wenig an Fähigkeiten oder Inspiration da ist, ein Ziel zu erreichen oder aber wenn die Ziele sich ständig ändern, ist der Wille noch zu schwach.

Im Rahmen des integralen Modells könnte man davon sprechen, dass es eine willensbezogene oder volitionale Linie gibt, die ebenso durch Ebenen verläuft wie die kognitiven und emotionalen Entwicklungslinien. Wille ist der Antrieb zu Wachstum und Evolution, und Wille kann rückgekoppelt auch auf den Willen selbst angewandt werden, um zu wachsen und stärker zu werden. Im Einklang mit verschiedenen Lehren des Yoga, Tantra oder der europäisch-okkulten Hermetik bin ich der Ansicht, dass zu einer geregelten und zielgerichteten Praxis eine systematische Schulung des Willens notwendig ist. Dies stellt sicher, dass man die anderen Bereiche wirklich konsequent und regelmäßig übt und sich nicht durch gelegentliche Störungen und Entmutigungen rausbringen lässt (bzw. schnell wieder hinein findet).

In den von mir angeleiteten Gruppen finde ich immer wieder das Phänomen, dass Menschen ihre gut eingeschliffene Praxis nach einiger Zeit wieder aufgeben, wie mir überhaupt ein Mangel an Motivation und Willenskraft ein typisches Kennzeichen des postmodernen Bewusstseins und, des grünen Mems zu sein scheint. Ein guter Teil der Schattenseite des grünen Mems hängt damit zusammen, dass unsere Generation ein etwas zwiespältiges Verhältnis zum Willen hat. Jede Entwicklung über das durchschnittliche Milieu hinaus, in das man sozialisiert wurde, ist aber immer ein gezielter Willensakt.

Motivationen für den tantrischen Weg

Aus Sicht des integralen Tantra ist es wichtig, sich zu Beginn der Praxis über die Motivation klar zu sein, weshalb man sich auf so eine Praxis einlassen möchte. Diese Motive können sehr unterschiedlich sein, und dies wird im Bereich des Neo-Tantra tendenziell unterschätzt, denn die Motivationen bestimmen den Weg der Entwicklung mehr als man vermuten würde.

Meiner Erfahrung nach zählen zu den wichtigsten und am häufigsten auftretenden Motiven: Interesse an anderen Formen der Sexualität, Partnersuche, Wunsch nach Vertiefung der bestehenden Beziehung, Neugier, aber auch das Bedürfnis, dem Leben mehr Tiefe zu geben oder einen spirituell-ganzheitlichen Weg einzuschlagen. Auch in Bezug auf einen Partner können die Absichten sehr verschieden sein: Einige möchten sich alleine auf den Weg machen, andere wollen den Weg nur mit ihrem Partner gehen. Manche Menschen hoffen, in solchen Seminaren und Trainings einen geeigneten Partner zu finden, andere wiederum möchten ihre Partnerprobleme lösen oder sich von einengenden Lebensumständen befreien, vielleicht suchen sie sogar die Kraft, sich vom bisherigen Partner zu lösen. Wieder andere wollen sich von ihrem Partner unabhängig entwickeln und besuchen tantrische Workshops, um dort Gleichgesinnte zu finden, während der Partner zu Hause bleibt, was in manchen Fällen zu Schwierigkeiten führt, in anderen wieder nicht. Ich zitiere hier Werner Stephan, der sich stets für eine Integration traditioneller Werte ins Neo-Tantra eingesetzt hat:

> *„Bei der Betrachtung der anzustrebenden Ziele kann man grundsätzlich zwei Arten unterscheiden: gewöhnliche und spirituelle Ziele. Gewöhnliche Ziele gibt es so viele wie Sand am Meer: Das Erlangen von viel Geld, Macht und Einfluss, Wissen [jedoch nicht Weisheit!], Erfolg, Glück, sexuelle Zufriedenheit, sinnliche Lust oder Super-Orgasmen, aber auch Ansehen oder sogar Ruhm, Ehre, Heil- und Wunderkräfte usw. Das Verwirklichen gewöhnlicher irdisch ausgerichteter Ziele kann uns zeitweise großes Glück und momentane Zufriedenheit bringen, aber über kurz oder lang degenerieren diese Gefühle und Verwirklichungen wieder, und es stellt sich erneut Unzufriedenheit, Frustration und Leiden ein. Gewöhnliche Ziele zu verwirklichen bringt bestenfalls kurzzeitige Befriedigung, jedoch kein endgültiges Glück und keine anhaltende Zufriedenheit."*[197]

Spirituelle Ziele werden in den unterschiedlichen Systemen verschieden bezeichnet, es ist aber immer ein Streben zu höheren Entwicklungsstufen

197. W. Stephan, *Regenbogen-Tantra* (1998), Manuskript im Besitz des Autors.

und Zuständen und letztendlich zur vollen Erleuchtung. Nochmals Werner Stephan:

> *„Wer nun also zunächst einmal primär nur eine vertiefte sexuelle Erfahrung und eine dadurch verbesserte Partnerbeziehung anstrebt, ist somit ganz gut beraten mit einem Jahrestraining in einer Liebesschule. Um allein ein erfülltes, gesundes und befriedigendes Sexualleben, Gesundheit, Glück und Zufriedenheit zu verwirklichen, braucht man das Tantra im traditionellen hinduistischen oder buddhistischen Sinne mit seinen jahrelangen Studien, Meditationen und Übungen nicht zu bemühen und kann sich so diese einfacheren Wünsche und Bedürfnisse schneller und zielgerichteter erfüllen! Wer andererseits den echten und endgültigen Nutzen aus der tantrischen Lehre gewinnen will wie endgültige Befreiung von allen Leiden und volle Erleuchtung oder Buddhaschaft, der wird nicht umhin kommen, sich auch mit den traditionellen asiatischen Formen des Tantra zu befassen!"*

Im Verlaufe eines Übungsweges können sich die Ziele und Motivationen ohnehin ändern, weil man auf eine neue Stufe gelangt ist oder transpersonale Erfahrungen gemacht hat, die überwältigend sind. Ich selbst z.B. bin als junger Mann hauptsächlich aus dem Grund, meine erotischen Fähigkeiten zu verfeinern, zum Tantra gekommen. In der Praxis habe ich dann schnell einige sehr außergewöhnliche Zustandserfahrungen gemacht, nach denen es mir hauptsächlich darum ging, wieder in solche Ekstasebereiche zu gelangen, die weit über dem sexuellen Erleben waren. Das führte mich dann z.B. zu der Beschäftigung mit den traditionellen Wegen und zu intensiver Meditationspraxis. Erst nachdem ich nichtduale Momente erfahren konnte, hat sich ein unbändiges Verlangen nach völliger Transzendenz entwickeln können, weil ich die Erfahrung kenne. Ähnlich habe ich das von vielen meiner Wegbegleiter und Schüler gehört. Wichtig scheint mir, dass jeder Strebende sich in seiner Praxis mit etwas wirklich Inspirierendem verbinden kann, das für ihn selbst Sinn macht und eine Quelle für Flow-Erfahrung ist.

Integrale Willenstheorie

Die Ausarbeitung einer integralen Willenstheorie wurde von Tom Amarque geleistet. Er beschreibt[198] verschiedene Stufen der Willensentwicklung

198. Tom Amarque, *Entwicklung als Passion,* (2011).

beim Einzelnen, die mit der persönlichen Weiterentwicklung Hand in Hand gehen und die ich hier kurz zusammenfasse:

Am Anfang des Lebens herrscht der *Bio-Überlebenswille*, hier besteht der Drang hauptsächlich darin, weiterzuleben, zu essen, zu trinken und äußert sich auch im der Wunsch nach Geborgenheit.

Der danach auftauchende *Sicherheitswille* ist Ausdruck des Bedürfnisses nach Selbstsicherheit in Kampf, Spiel und Aggression; er korrespondiert mit dem Kriegerbewusstsein, dem roten Mem.

In der späteren Kindheit bildet sich der *Wille zur Anpassung und Konformität* heraus, der Wunsch, sich an Regeln zu halten und so zu sein wie die anderen.

Von wesentlich höherer Komplexität ist dann schon der *Leistungswille*, der sich darin abzeichnet, sich klare Ziele und Absichten zu setzen und diese dann zu erreichen, über einen Zeitraum von oftmals vielen Jahren, etwa der Wunsch nach einem Schulabschluss oder einer Karriere. Dieser Wille kann erst ab einer bestimmten Kulturstufe, nämlich dem orangenen Mem, erreicht werden und hängt damit zusammen, dass es schon ein Selbst gibt, das sich als unabhängig und leistungsfähig erfährt.

Der *kreative Wille*, die nächste Entwicklung, sucht schon nach Gipfelerfahrungen im selbstbestimmten Handeln; es werden keine sozial anerkannten Statuspositionen mehr angestrebt, sondern der Wunsch nach Selbstverwirklichung, *Flow* und authentischem Selbstausdruck ist bestimmend. Der Einzelne sucht sich einen bestimmten Lebensbereich, um sich darin selbst zu verwirklichen und tiefe Freude zu erfahren.

Transpersonal wird der Wille dann auf der nächsten, schon sehr hohen *evolutionären* Stufe: Das Individuum hat hier das Prinzip der ständigen Selbstverbesserung und des Flows in einem bestimmten Bereich schon verstanden und wendet nun ganz bewusst die Prinzipien des kreativen Willens (bei Amarque heißen sie *Daimonotechniken*) auf andere Lebensbereiche an. Ein Mensch, der diesem evolutiven Willen folgt, findet in jeder Lebenspraxis Selbstausdruck, Euphorie und Freude, und jede seiner Handlungen wird zu einem Weiterentwicklungsakt. Ein solcher Mensch transzendiert sich beständig selbst und sieht sich als ‚Agenten der Evolution': Er ist in der Lage, seine eigene Wirklichkeit selbst zu navigieren. Die eigene Entwicklung wird so zu einem Spiel des Flows, durchgängig und mühelos.

Im weiteren Verlauf dieses Prozesses können noch weitere transpersonale Formen des Willens auftauchen, nämlich der *konstrukt-bewusste* und der *nonduale* Wille, in dem die Unterscheidung von Selbst und Nicht-Selbst aufgehoben ist, und der einzelne ganz zum ‚Werkzeug' eines höheren, übergeordneten Willen geworden ist.

Yogisches Willenstraining

Hatha-Yoga wird auch als der Pfad des Willens betrachtet, und viele Yoga-Meister haben durch ihr Beispiel bewiesen, dass eine hohe Verwirklichung auch zu einem starken und ausgeprägten Willen führt. Für den Yoga-Meister Swami Shivananda, der uns viele Willensmeditationen für den Alltag beschrieben hat, ist Wille eine ‚Seelenkraft', eine innere Steuerungskraft. Durch wache Aufmerksamkeit auf die Willensschulung und bestimmte Übungen und Gewohnheiten wird der Wille systematisch gestärkt. Gelegentliches Fasten, Schweigen oder Zölibat können alles Übungen sein, die zwar anfangs unangenehm sind, aber den mittelfristigen Zweck haben, die innere Konsistenz des Nervensystems zu stärken.

Tantrische Ansätze

Mein Lehrer Makaja hat eine Reihe von tantrischen Willensmeditationen gesammelt. Makaja räumt als ausgesprochener Willensmensch auch gerne mit dem Mythos des Neo-Tantra auf, dass Tantra ein anstrengungsloser Weg des reinen Fließens sei. Erst auf einer hohen, nichtdualen Stufe fühlt sich der Willensakt mühelos und anstrengungsfrei an – am Anfang ist es aber nötig, leidenschaftlich zu streben. Makaja erwähnt unter anderem folgende Willensübungen:

1. Bemühen, bei geistigen Anstrengungen völlig entspannt zu bleiben und daher nicht zu ermüden.

2. Bei Hunger erst willentlich das Gefühl der Sattheit zu erzeugen und erst dann ganz achtsam zu essen.

3. Bei Ermüdung erst das Gefühl von Wachheit erzeugen und sich erst dann hinzulegen.

4. Sich immer etwas leichter zu kleiden als andere, um den Körper ein wenig zu fordern und zu fördern.

5. Phasen sexueller Enthaltsamkeit oder des Orgasmusverzichts beim sexuellen Akt ebenso zu pflegen wie maßvolles Fasten oder Schweigen.[199]

Als Methoden zum Willenstraining ist das Einhalten fester Gewohnheiten, persönlicher Integrität und ethischer Grundhaltungen wesentlich, die man sich u.U. mit einem Belohnungs-System selbst anerziehen muss. Meiner Meinung nach geschieht konsequentes Wachstum nur dort, wo ein solches Willenstraining vorhanden ist. Das ist auch einer der Hauptgründe, warum man sich in einer Gruppe oder mit Lehrer schneller entwickelt.

---

199. Makaja, *Komaja- Kunst*, (1998), S. 118ff.

Einen flow-betonten Willensbegriff findet man auch in Erzählungen tantrischer Meister. In den unvergleichlichen Legenden der 84 Mahasiddhas, uns durch die Übersetzung von Keith Dowman[200] zugänglich, verlauft die spirituelle Initiation immer nach demselben Schema: Ein durch ein besonderes Talent oder auch einen speziellen Makel außergewöhnlicher Mensch findet aus unterschiedlichen Gründen zu einem Meister, der ihm Unterweisung erteilt und ihn eine ganz besondere, auf ihn speziell zugeschnittene Hauptpraxis lehrt.

Bei einem Reichen, der sich von seinem Gold nicht trennen will, ist das dann die meditative Betrachtung der Schätze, bei einem extremen Faulpelz das Starren auf die Fußspitzen, bei einem Lüstling eine besondere Unterweisung für den Moment des Orgasmus, es kann aber auch eine außergewöhnliche Askese sein wie das Gelöbnis, sich ab jetzt ausschließlich von Fischabfällen zu ernähren. Wir finden aber immer eine Hauptpraxis, die der speziellen Beschaffenheit des Initianden entgegenkommt und in der dieser dann riesige Fortschritte macht, die sich dann auf sämtliche Lebensbereiche ausweiten – der Lüstling relativiert seine Gier, der Faule wird fleißig usw. So schafft die tantrische Lehrmethode keinen Widerstand. Diese Methode ist kennzeichnend für die ganze Tradition.

Polaritäten integrieren

Die Autoren des Buches *Integrale Lebenspraxis*[201] wenden sich an Praktizierende mit Ratschlägen, um nicht aus der Übung zu fallen. Es ist sowohl weibliches Mitgefühl nötig, also Selbstfürsorge, Freude und Vergebung als auch männliches Mitgefühl als gesunde positive Selbstdisziplin. Eine hypermaskuline Strategie, die Widerstände ignorieren und sich über sie hinwegzusetzen, führt nicht weiter, da wir dadurch zu dualistisch werden, in ‚gute' und ‚schlechte' Impulse polarisieren und ungewollte Anteile in den Schatten verdrängen. Nach einiger Zeit pflegen die meisten dann zu rebellieren und die Praxis ganz zu vermeiden. Ebenso wenig fruchtet auch der hyper-feminine Umgang mit Widerständen, nämlich dem Impuls nachzugeben, der gerade am stärksten ist. Da Gefühle sich ständig verändern, lassen wir uns meistens nur treiben, statt uns auf die Praxis einzulassen.

Ein Mittelweg könnte sein, die Praxis kontinuierlich zu halten und die Widerstände aber mit Mitgefühl und Interesse zu betrachten und sie als Zeichen für unterdrückte Bedürfnisse anzunehmen, die wir uns dann ja erfüllen können. Ich denke, beides ist geboten: eine gewisse regelmäßige Praxis, um den Menschen aus der üblichen Trägheit und Resignation herauszubringen,

200. Dowman (1991).
201. Wilber, Patten et al. (2010), S. 420 ff.

und eine Hauptpraxis, die jeder für sich in einer Domäne tut, in der seine größten Talente und Leidenschaften liegen. Hier ist ein Lehrer oder Guru vor allem dann von Vorteil, wenn die Fähigkeit zur Selbstmotivation noch nicht ausreichend vorhanden ist – und das ist bei den meisten Menschen eben noch der Fall!

Fazit

Der Wille ist der besondere Motor der Evolution in einem Menschen. Er entwickelt sich ebenso wie Verstand und Gefühl und verändert sich qualitativ mit der Stufe, auf der wir uns befinden. Im integralen Tantra ist Willenspraxis ein eigenes Modul. Während der Hatha-Yoga als reiner Willens-Weg gilt, sucht der traditionelle tantrische Weg zusätzlich zu einem allgemeinen Willenstraining nach Möglichkeiten, die Praxis auf die besonderen Fähigkeiten und Interessen des Praktizierenden abzustimmen. Ein konsequenter Weg der Weiterentwicklung wird einen Mittelweg zwischen dem männlichen Umgang mit Widerständen (Augen zu und durch) und dem weiblichen Umgang (dem Widerstand nachgeben) wählen: Kontinuierlich weiterpraktizieren UND die Störungen ernstnehmen und darunter liegende Bedürfnisse erfüllen.

16. Ethik

Wer ethisch lebt, kommt zu innerer Ruhe und schafft ein Umfeld für Erwachen.

Zu einem spirituellen Weg gehört eine konsequente ethische Einstellung. Von den Quadranten her ist die Ethik als Hauptpraxis für den Quadranten unten links anzusehen. Ich sehe Ethik auch weniger als freiwilliges Nebenmodul, das man praktizieren oder auch lassen kann, sondern gemeinsam mit dem Willen als eine Art ‚Rahmenmodul', als Bindeglied zwischen spiritueller Praxis und gelebtem Alltag.

Ethik verstehe ich hier als Nachdenken und willentliches Umsetzen der Frage: „Was soll ich tun?" Sie kann natürlich nur allgemeine Prinzipien guten Handelns oder ethischen Urteilens begründen. Die Anwendung dieser Prinzipien auf den Einzelfall ist dann Aufgabe der praktischen Urteilskraft. Aristoteles vergleicht dies mit der Kunst des Arztes und des Steuermanns. Diese verfügen über ein theoretisches Wissen etwa über Medizin oder Navigationskunde, das aber je nach Situation anders angewandt werden muss.

Konventionelle und postkonventionelle Ethik

Viele Menschen assoziieren mit dem Wort Moral einen durch Autoritäten vermittelten Handlungskodex, den sie innerlich mehr oder weniger nachvollziehen können und deswegen mit Recht manchmal auch ablehnen. Ethik, die sich mit der Begründung der Moral beschäftigt, klingt noch etwas akzeptabler, scheint aber in unserem Sprachgebrauch ebenfalls aus der Mode gekommen zu sein.

In der Postmoderne kann man einen Verfall der konventionellen ethischen Werte verzeichnen. Mit der Dekonstruktion eines gottgegebenen und gottgewollten Hintergrunds wird es für manche Menschen nicht mehr nachvollziehbar, warum man sich noch traditionellen und konventionellen Prinzipien entsprechend verhalten sollte. Die Gefahr liegt heute darin, dass viele Menschen nun gar keinen Bezugspunkt für ihr Handeln finden und sich vor eine sonderbare Wahl gestellt fühlen: Zynischer Pragmatismus, grüne relativistische Ethik nach der Maxime ‚Gut ist, was sich für mich jetzt gerade richtig anfühlt', oder mangels Alternative doch zurück zu den Normen von vorgestern?

Die positive Chance, die in dieser Entwicklung liegt: Es ist nun eher in unserer Hand, menschengemäße Normen zu finden und danach zu handeln.[202] Wir haben jetzt eine unabhängige und freiwillige Beziehung zu Ethik als einer persönlichen Wahl. Ethisches Verhalten gibt einem, wenn man sich einmal entschieden hat, Klarheit und Sicherheit. Menschen auf dem spirituellen Weg hilft ein ethischer Rahmen, ihre Ziele zu erreichen und im Leben umzusetzen.

Der integrale Ansatz führt ethisches Denken und Handeln auf einer höheren, postkonventionellen Stufe ein. Wenn ich durch meine geistige und spirituelle Entwicklung in der Lage bin, das große Ganze klar zu sehen sowie die eigene Bedeutung darin, und ich alles tue, um aufzuwachen, um meinen Beitrag zur Evolution zu bringen – so kann das starke SOLLEN und WOLLEN auch heute wieder gefühlt werden.

Ethisch ist in diesem Kontext das Handeln, mittels dessen ich meine spirituellen oder integralen Ziele am schnellsten und sichersten erreiche, um in der Welt mehr zum Guten zu bewirken, weil ich erkannt habe, dass gewöhnliche Ego-Spielchen mir und anderen nicht mehr genug bringen und z.B. soziale Ungerechtigkeiten, ökologischen Klimawandel oder psychologische Neurosen nach sich ziehen. Wenn diese Erkenntnis tief genug ist, bin ich motiviert, auch gegen meine Neigung zu handeln, weil ich wirklich was vorhabe, was tiefer geht.

Ich schlage vor, Ethik auf einer postkonventionellen Stufe als einen Prozess zu sehen, der sich immer mehr von einem ‚Du darfst nicht' und der Drohung mit Strafe entfernt und zu einem positiven ‚Du kannst' hin tendiert, aus der Einsicht heraus, dass das Einhalten positiver ethischer Normen das Lebensglück erhöht. Ethisches Verhalten kann in diesem Sinne ein raffinierter und gut durchdachter Hedonismus sein: Der tugendhafte Mensch ist auch in der Lage, intensiver zu genießen, weil sein ‚Instrument' gut gestimmt ist, weil er seine Schatten kennt und sich nicht in Gewissenskonflikte bringt. Man könnte es auch so nennen: Ethisches Handeln, Willenskraft und die Praxis der ILP-Hauptmodule bedingen und verstärken sich gegenseitig.

---

202. Der Kontext früherer Zeiten, der Menschen zu ethischem Verhalten erzogen hat, war der von Himmel oder Hölle (im Abendland) bzw. eine relativ materialistische Interpretation des Karma (in Indien). Wohlverhalten wird nach dem Tod belohnt, Fehlverhalten bestraft. Hier ist die Angst Hauptmotivator, und wenn das System auf der Verhaltensebene auch funktioniert, muss man aus heutiger Sicht doch sagen, dass dabei Repression und struktureller Gewalt Tür und Tor geöffnet wird, und es den meisten unmöglich ist, da zurückzuwollen!

Ethik und die vier Quadranten

Integrale Ethik ist bestrebt, stets mehrere Perspektiven zu berücksichtigen; im AQAL-Modell sind die vier grundlegenden Perspektiven durch die vier Quadranten gekennzeichnet.

Ethik im Quadranten **oben links** (innen individuell) ist die ganz persönliche Gewissensfrage nach dem richtigen Handeln. Die Praxis oben links beruht auf Selbstreflexion, auf dem sich selber immer wieder infrage stellen und dem Bestreben, immer feiner mit Herz und Verstand hinzuschauen.

Im Quadranten **oben rechts** (außen individuell) ist das tatsächliche Verhalten relevant, also wie ich die Erkenntnisse von oben links durch Körper, Sprech- und Handlungsorgane in die materielle Realität umsetze.

Der Quadrant **unten links** (innen kollektiv) ist die eigentliche Domäne der Ethik, in der es darum geht, gemeinsame Entscheidungen zu treffen, wie wir uns gegenseitig und die Dinge um uns herum behandeln wollen, auf welche Normen wir uns festlegen möchten und wie wir das begründen – und das auf den unterschiedlichen Ebenen, auf denen sich jeder von uns befindet.

Der Quadrant **unten rechts** (außen kollektiv) schließlich bezieht sich auf unsere Fürsorge zu den uns umgebenden sozialen und ökologischen Systemen. Wie können wir unser Wirken so einsetzen, dass diese Systeme ‚funktionieren'? Dabei liegt die Betonung nicht auf der Gesinnung, sondern auf den Folgen unserer Handlungen, die für möglichst viele von größtem Nutzen sein soll.

In diesen Bereich gehört auch die „grundlegende moralische Intuition", ein Basisprinzip der integralen Ethik, das uns anleitet, die größtmögliche Tiefe für die größte Spanne zu schützen und zu fördern.[203] Mit ‚Tiefe' ist hier die Entwicklungsebene gemeint, auf der ein Wesen steht (ein Frosch hat mehr Tiefe als ein Pantoffeltierchen), mit ‚Spanne' die Anzahl der Wesen, die von der Handlung betroffen sind, auf welcher Ebene auch immer. Wie im Konkreten die größte Tiefe für die größte Spanne gefördert werden kann, ist immer die Frage der praktischen Weisheit und Urteilskraft, aber die moralische Intuition kann dazu eine Richtschnur sein.

Stufen der Ethik

Der amerikanische Psychologe Lawrence Kohlberg hat verschiedene entwicklungspsychologisch gegebene Stufen des moralischen Verhaltens empirisch nachzuweisen versucht. Er unterscheidet zwischen zwei Stufen der prä-konventionellen Ethik, in denen Menschen vor allem egoistisch nach

---

203. Wilber (1996), S. 684ff.

ihrem Vorteil streben, (was in Spiral Dynamics der Stufe Rot entspricht), zwei konventionellen Stufen, in denen die moralischen Normen der Umgebung unhinterfragt akzeptiert und eingehalten werden (Blau bis Blau/ Orange) und zwei höheren, postkonventionellen Stufen, die ich hier etwas eingängiger vorstellen werde. Ganz allgemein hängt das Erreichen dieser Stufen eng mit der kognitiven Entwicklung zusammen. Nur eine Minderheit von Erwachsenen erreicht diese Ebene, meistens auch erst nach dem 20. Lebensjahr.

In der fünften Stufe werden moralische Normen hinterfragt und nur noch dann als verbindlich angesehen, wenn sie gut begründet sind. Kennzeichnend für diese Stufe ist die Idee des Gesellschaftsvertrags. Es muss einsichtig sein, dass diese Norm gerecht und nützlich für alle ist und man sich darauf einigt, dann wird sie auch akzeptiert. Nur etwa ein Viertel aller Menschen erreicht diese Stufe. (Orange/Grün)

Die sechste Stufe der Orientierung am universal-ethischen Prinzip wird schließlich nur noch von weniger als 5 % der Menschen erreicht. Hierbei wird die noch diffuse Begründung von Normen der fünften Stufe verlassen, und es handelt sich nicht mehr um konkrete moralische Regeln, sondern um abstrakte Prinzipien (wie etwa die Goldene Regel oder der kategorische Imperativ von Kant).

Das eigentliche Stufenmodell Kohlbergs geht bis zur 6. Stufe. Kohlberg hat später Vermutungen geäußert, es könne eine 7. Stufe geben, in der moralische Urteile transzendent begründet werden.

Postkonventionelle tantrische Ethik

Wie soll eine postkonventionelle tantrische Ethik also aussehen? Um uns an diese Frage anzunähern, werde ich zunächst die ursprüngliche religiöse yogisch-hinduistische und buddhistische Ethik untersuchen, die den Kontext für das traditionelle Tantra geformt hat, um sie dann auf unsere Zeit anzuwenden. Im Anschluss daran möchte ich die unkonventionellen ethischen Prinzipien der tantrischen Lehren streifen, die ja unter dem Einfluss der nichtdualen Lehren entstanden sind. Alle diese Vorüberlegungen fließen dann in einen Kodex des integralen Tantra ein, in dem ich thesenartig die aus meiner Perspektive wichtigsten Prinzipien eines integralen tantrischen Pfades formuliere.

Traditionelle Ethikansätze

Das *Projekt Weltethos*, von Hans Küng aus der Taufe gehoben, versucht, die Normen der großen Systeme und Weltreligionen nach Gemeinsamkeiten zu durchsuchen. Vertreter aller Weltreligionen konnten sich auf eine Art moralischen Grundkonsens einigen, der diese vier Punkte beinhaltet, die demzufolge so etwas wie allgemeine religions- und kulturübergreifende Grundwerte darstellen:

1. Nicht verletzen oder töten: Gewaltlosigkeit
2. Nicht stehlen
3. Nicht lügen
4. Kein sexuelles Fehlverhalten

Diese Grundwerte findet man in den zehn Geboten des Christentums ebenso wie im Koran. Im Hinduismus entsprechen dem die ersten vier Yamas des Yoga[204] und im Buddhismus die ersten vier Silas.[205]

In fast allen Systemen wird interessanterweise auch die Goldene Regel genannt: Behandele andere so, wie du von ihnen behandelt werden willst. Ich werde nun versuchen, diese ethischen Normen auf zeitgemäße Art auszulegen.

1. Gewaltlosigkeit erscheint als eine Norm, die fast allen religiösen und humanistischen Ethiken gemein ist. Es geht um physische, emotionale und mentale Gewaltlosigkeit. Die Frage ist, durch welche Praxis dieser Frieden erreicht werden kann. Immer mehr Menschen sind zur Erkenntnis gelangt,

---

204. Die Ethik des Yoga ist sehr vielfältig; traditionell begründet sie sich aus den 5 *Yamas* und den 5 *Niyamas* aus dem Yoga-Sutra des Patanjali. Diese Prinzipien haben einen enormen Einfluss auf das spirituelle Leben in Indien gehabt und sind allgemein bekannt. Die meisten yogischen Schulen beziehen sich auf sie, interpretieren sie allerdings jeweils etwas anders. Die 5 Yamas sind *Ahimsa*: Nichtverletzen, Liebe und Respekt gegenüber den Wesen; *Satya*: Wahrhaftigkeit in Gedanken, Worten und Taten; *Asteya*: Nicht stehlen, nicht nehmen, was einem nicht gegeben wird; *Brahmacharya*: Kein sexuelles Fehlverhalten; *Aparigraha*: Unbestechlichkeit, sich nicht manipulieren lassen, keine weltlichen Güter anhäufen. Die 5 Niyamas sind *Saucha*: Reinheit bezüglich Körper, Rede, Gedanken, Ernährung, persönlicher und beruflicher Umgebung; *Santosha*: Zufriedenheit entwickeln. Bestrebung aus allem das Beste zu machen, mit dem sein, was ist; *Tapas*: Disziplin, Askese, das tun was nötig ist ohne Murren; *Swadhyaya*: Selbststudium, Introspektion, Studium der Schriften; *Ishvara Pranidhana*: Hingabe ans Göttliche.

205. Im Buddhismus finden wir eine ähnliche Konzeption mit den fünf Silas, hier in der Erläuterung von Thich Nhat Hanh: Kein Lebewesen töten oder verletzen – nach Thich Nhat Hanh wäre dies das Gebot der mitfühlenden Zuwendung. Nichtgegebenes nicht nehmen, Großzügigkeit praktizieren und Ausbeutung, wo auch immer, verhindern. Keine unheilsamen sexuellen Beziehungen pflegen und sich im rechten Umgang mit den Sinnen üben- die Sicherheit und Unversehrtheit von Einzelnen und von Familien schützen, Menschen vor sexuell ausgelöstem Leid bewahren. Nicht lügen oder unheilsam reden – durch achtsame und wahre Rede Freude bereiten und andere erbauen. Sich nicht durch berauschende Mittel das Bewusstsein trüben – dies schließt nach Thich Nhat Hanh neben Drogen auch unachtsamen Konsum ein sowie bestimmte Filme, Zeitungen und Unterhaltungen.

dass echte Gewaltlosigkeit aus der Tiefe kommt und auch das Ergebnis gelungener Schattenarbeit ist.

2. Nicht stehlen, nicht nehmen, was einem nicht gegeben wurde, und auf der anderen Seite Werte wie Großzügigkeit, Gebefreudigkeit und Gerechtigkeit stellen die zweite ewige ethische Norm dar. Wir müssen versuchen, diesem eine zeitgemäße Interpretation zu geben, auch von dem Hintergrund unseres kapitalistischen Wirtschaftssystems, unverantwortlichen Bankgeschäften und skrupelloser Gestaltung der Globalisierung (der Schattenseite des orangenen Mems). Als spiritueller Mensch und Tantriker sollte man diesen Dingen nicht gleichgültig gegenüberstehen, sondern aktive Solidarität mit der Mitwelt zeigen.

3. Nicht lügen, immer die Wahrheit zu sagen, ist die dritte allgegenwärtige Norm. Dies wurde wiederholt als Ethik der richtigen Rede interpretiert. Jeder sollte versuchen, mit Worten so bewusst umzugehen, dass dadurch Friede gemehrt und Leid vermindert wird. Achtsamkeit der Rede und das Bemühen, Konflikte zu schlichten, könnte Teil einer solchen Ethik sein. Im tantrischen Kontext bedeutet das aus meiner Sicht besonders auch, wahrheitsgemäß über Sexualität zu sprechen. Aus meiner Erfahrung ist mir bekannt, dass Affären außerhalb der Beziehung oft verschwiegen werden, mit allen Folgen für das gesamte System. Das Verschleiern von Verhütungspannen ist nur ein besonders unangenehmer Nebeneffekt. Wichtig ist die Ehrlichkeit gegenüber allen Beteiligten, dass Vereinbarungen gegenüber Partnern eingehalten werden. Das ist nun auch schon eine Überleitung zum nächsten Punkt.

4. Das vierte Gebot, nämlich sexuelles Fehlverhalten zu vermeiden, wird von verschiedenen Kulturen ganz anders interpretiert. In manchen Yoga-Schulen heißt es einfach völlige Enthaltsamkeit. Im christlichen Zusammenhang bedeutet es, die Ehe nicht zu brechen und „des anderen Weib nicht zu begehren". Im Kontext eines zeitgemäßen Tantra muss diese Regel neu definiert werden. Ein sexuelles Verhalten ist so auszuüben, dass die Lichtseite des Sex wie Freude und Liebe in der Welt zunimmt und nicht die Schattenseiten der Sexualität wie Sucht, Abhängigkeit und Unfreiheit. Der Tantriker sieht die Sexualität als Gefäß für sein Wachstum und nicht als Instrument für die Befriedigung seiner Sehnsucht. Damit spreche ich nicht gegen lustvollen Sex und orgastische Freude!

Für mich heißt ethische Sexualität auch, dass der/die andere immer als Subjekt, als Person und Mensch und nicht als pures Objekt der Begierde gesehen wird. Weil das Thema für unsere Fragestellungen essenziell ist, werde ich mich der Sexualethik in einem extra Abschnitt im folgenden Kapitel zur Sexualität widmen.

Andere wichtige ethische Normen

Nüchternheit

Die buddhistischen *Silas* nennen die Abstinenz von Rauschmitteln. Diese konventionelle ethische Norm sehe ich im Zusammenhang mit einer Spiritualität, die sich von der Welt und ihren Reizen abwendet. Im Tantra geht es aus meiner Sicht eher um einen maßvollen, bewusstseinserweiternden und nicht-süchtigen Umgang mit Rauschmitteln. Dazu gehört eine eigenverantwortliche aber strenge Inventur, welche Stoffe, Substanzen, Mittel und Handlungen meinem Körper und Geist schaden und die Selbst-Verpflichtung, solche immer mehr zu lassen.

Als Tantriker bin ich eingeladen, mir viele sinnliche Genüsse zu ermöglichen und zu schenken, ausgenommen eben diejenigen, die mich immer unfreier und abhängiger machen. Diese muss ich dann lassen, bis ich sie kontrolliert und suchtfrei genießen kann. In einigen Fällen kann das sogar heißen, auf diese Genüsse bis ans Lebensende zu verzichten. Außerdem bemüht sich der Tantriker im Umgang mit bewusstseinsverändernden Substanzen, sie auf *Vira*-Art zur Steigerung der Energie und des Bewusstseins und nicht auf *Pashu*-Art zur Berauschung, Betäubung und Abstumpfung einzusetzen. Im Gegensatz zum Abstinenten muss der Tantriker hier noch wacher sein!

Vegetarismus

Die Frage, ob Vegetarismus zum tantrischen Weg gehört, ist dabei von großer Wichtigkeit und sollte in jeder Tantra-Gruppe als offene, undogmatische Diskussion geführt werden. Grundsätzlich gibt es hier vier Argumentationsstränge: Einen gesundheitlichen, einen ökologischen Ansatz, einen, der gegen Massentierhaltung sowie einen, der gegen die Tötung der Tiere argumentiert.

Aus gesundheitlicher und ökologischer Sicht empfiehlt sich jede Reduzierung des Fleischkonsums. Um Massentierhaltung nicht zu unterstützen, sollte man sich ausschließlich auf massentierhaltungsfreie Tierprodukte beschränken.

Die grundsätzliche Frage, ob Tiere getötet werden dürfen, wird meines Erachtens am radikalsten von Peter Singer diskutiert.[206] Wenn man sich hier aber klar mit ‚Nein' positioniert, hätte das meines Erachtens zur Folge, dass man vegan leben müsse, weil auch Milch oder Eier nicht produziert werden können, ohne den Tod von Tieren in Kauf zu nehmen. Diese Argumente sind auch gegen die hinduistischen Dogmen vorzubringen, die Fleischkonsum vehement ablehnen, aber Milchprodukte in den Mittelpunkt der Ernährung stellen – ein ethischer und logischer Widerspruch!

Yogische Tugenden

206. Singer (1994).

Ich möchte hier noch zwei der yogischen Gebote auslegen: Besitzlosigkeit (*aparigraha*) kann für den modernen Menschen bedeuten, der Gier nach mehr Besitz zu entsagen und damit auch der Unfreiheit, die das mit sich bringt. Stattdessen sollte ein Tantriker seine weltlichen Angelegenheiten so zu regeln trachten, dass er dadurch eine hohe Freiheit für seine Praxis hat und relativ frei von äußeren Zwängen bleibt. Auch eine rechte Lebensführung ist dabei anzustreben, d.h. dass er sein Geld auf eine ethische Weise verdient (was natürlich je nach Stufe und Perspektive unterschiedlich eingeschätzt wird).

Das Gebot der Zufriedenheit (*santosha*) – kurz zusammengefasst als die Fähigkeit, mit dem zufrieden zu sein, was ist – lässt sich vielleicht ergänzen im Sinne des schönen Spruchs, der dem christlichen Theologen Oetinger zugeschrieben wird: „Herr, gib mir die Kraft, die Dinge zu ändern, die ich ändern kann, die Gelassenheit, das Unabänderliche zu ertragen und die Weisheit, zwischen diesen beiden Dingen die rechte Unterscheidung zu treffen."

Die tantrischen Wurzelgelübde

Im tantrischen Buddhismus gelten für einen Eingeweihten spezielle Gelübde, die entscheidend unterstützen sollen, die Dualität zu überwinden. Sie bilden zusammen mit grundsätzlicheren Normen, die die Tantras mit anderen buddhistischen Richtungen teilen, das ethische Grundgerüst des Weges.[207]

Ich möchte hier einige der tantrischen Gelübde nennen, die für das integrale Tantra interessant sein können:

- Das intensive Bestreben, mit anderen in seiner Sangha (Wachstumsgemeinschaft) friedlich und ohne Streit auszukommen.
- Das Gelübde, stets dzu zu Selbstverwirklichung anzustreben und sich selbst als fähig dazu erachten – hier gilt schon als Bruch der Gelübde, wenn man sich selbst als dazu unfähig betrachtet!
- Körper, Geist und Gefühle sollten immer geschätzt und in Ehren gehalten werden, selbstzerstörerischer Askese und gefährlichem Lebensstil soll entsagt werden.
- Bestimmte Substanzen (darunter Alkohol und Fleisch) sollten im Ritual benutzt werden, auch als Zeichen, dass man dualistische Einteilungen in ‚erlaubt' und ‚verboten' verwirft.

---

207. Genauere Infos kann man der Seite www.ratna.info meines Lehrers Helmut Poller entnehmen.

- Das weibliche Prinzip und die Frau sollte geschätzt und geehrt werden, geistig wie auch ganz körperlich – in der heutigen Zeit schließt das meiner Ansicht nach auch die wechselseitige Verehrung des männlichen Prinzips mit ein.

Kennzeichnend für die Ethik der höheren Tantras ist, dass sie sich von gesellschaftlichen Konventionen gelöst hat und die religiösen und gesellschaftlichen Normen unter bestimmten Bedingungen auch überschreitet. Im traditionellen Tantra wird Wert darauf gelegt, dass sich der Schüler nun an neue Gebote und an die erleuchtete Präsenz eines realen Meisters bindet, da die Gefahr da ist, durch unbewusste Handlungen wieder in überwundene Stufen zurückzufallen.

Für das integrale Tantra schlage ich einen Mittelweg vor: Wir respektieren allgemein verbindliche Normen des menschlichen Zusammenlebens, wohl wissend, dass sie nicht in Stein gemeißelt sind, sondern Hilfen, sich in der Komplexität der relativen Welt zurechtzufinden. Dazu kommen auch ethische Anweisungen der tantrischen Mysterienschulen, die dazu geeignet sind, schneller zum Wesenskern der Dinge vorzustoßen.

Kodex des integralen Tantra

Aus diesen Vorüberlegungen lässt sich ein integral-tantrischer Ethik-Kodex destillieren. Dieser Kodex ist nicht abgeschlossen, sondern kann dynamisch erweitert und verbessert werden. Ich habe ihn absichtlich kurz gehalten, damit er als Inspiration wirken kann. Wer integrales Tantra praktiziert, soll sich aber aktiv mit ihm auseinandersetzen:

1. Verpflichtung zu regelmäßiger integral-tantrischer Praxis zum Ziel der eigenen Entwicklung und zum Wohle der anderen.
2. Körperliche, emotionale und geistige Gewaltfreiheit.
3. Großzügigkeit, liebende Güte und Gerechtigkeit im Materiellen; nichts nehmen, was einem nicht gegeben wurde; ethischer Umgang mit Geld.
4. Rechter Gebrauch des Wortes, mitfühlende Kommunikation, nicht lügen.
5. Sinnvoller Umgang mit Sexualität – ob nun asketisch, mono- oder polyamor – dass Freude und Liebe in der Welt zunehmen. Das beinhaltet einen hohen Grad an Verbindlichkeit und Ehrlichkeit in Freiheit und Selbstbestimmtheit. Sexualität soll als Gefäß des Wachstums dienen und nicht der Befriedigung der Gier. Andere sollen nicht missbraucht und objektiviert werden.
6. Der Glaube an das Gute oder an eine positive, alles durchdringende Kraft, mithin an Gott.

7. Tantrischer Umgang mit sinnlichen Genüssen: Als Tantriker schenke ich mir alle Genüsse und werde von nichts abhängig – in dieser Kunst perfektioniere ich mich mehr und mehr.

8. Den Körper (mit Gefühlen und Gedanken) zu schätzen und zu achten als hervorragendes spirituelles Gefäß: Daraus folgt das Streben nach einem reinen sattva-betonten Leben, keine Vergiftung, keinen gesundheitsgefährdenden Lebensstil, weitestgehende Freiheit von allen Süchten und Abhängigkeiten.

9. Die nichtduale Sichtweise zu pflegen mit allen Konsequenzen, inklusive des korrekten Gebrauchs der tantrischen Substanzen (5 M's etc.).

10. Das Weibliche (und in Konsequenz auch das Männliche) zu ehren.

Dieser Kodex ist eine Zusammenfassung der Überlegungen, die ich in diesem Kapitel erörtert habe. Der erste Punkt ergibt sich aus der allgemeinen Zielsetzung des integralen Tantra, er entspricht auch dem Bodhisattva-Gelübde in der buddhistischen Tradition. Die Punkte 2-5 sind die vier grundsätzlichen, auch von Hans Küng benannten universalen Normen. Punkt 6 ist das Ergebnis der panentheistischen Ausrichtung des integralen Tantra. Die letzten vier Punkte sind aus der Diskussion um die spezifisch tantrischen Werte entstanden.

Fazit

Die Bedeutung einer ethischen Ausrichtung für einen spirituellen Weg kann gar nicht hoch genug eingeschätzt werden. Integrale Ethik versucht ihre Prinzipien nicht mit Macht durchzusetzen, sondern sieht sich als Angebot, das Leben freudvoller, konsequenter und mit mehr Integrität zu gestalten, in der Praxis und im Leben besser vorwärtszukommen.

Aus verschiedenen Quellen und Überlegungen ist ein ethischer Kodex entstanden, der Grundlage für ein integrales und tantrisches Handeln sein kann.

17. Sexualität

Unsere Körper öffnen sich der Liebe und der Freude - ekstatisch und tief.

In der heutigen Zeit assoziieren die meisten westlichen Menschen das Wort Tantra mit Sexualität.[208] Ob nun der spirituelle Sex tatsächlich der esoterische Kern der tantrischen Tradition ist oder ob das eine neue Erscheinung darstellt, so ist doch die Frage, ob und auf welche Weise die Sexualität als Feld der Übung und Transformation genutzt werden kann.

Ein zeitgemäßer tantrischer Ansatz muss sich dieser Ebene stellen und dazu beitragen, wie eine segensreiche, freudvolle und spirituelle Sexualität aussehen könnte. Ich denke, dass Tantra im Vergleich zu anderen spirituellen Lehren im Modul der Sexualität seine besondere Basis hat. Wer sich auf den tantrischen Weg begibt, wird sich meistens auch mit seiner Sexualität beschäftigen wollen.

Wozu tantrische Sexualität?

In unserer Kultur haben viele Menschen das Bedürfnis und den Wunsch, einen Weg zu finden, der die heilige Dimension von Sex, Sinnlichkeit und Erotik anerkennt und ehrt. Das erklärt aus meiner Sicht den großen Erfolg, den die Sichtweise des Tantra als Schule der spirituellen Sexualität im Westen hatte und immer noch hat.

Indische alte Meister hielten dabei den linken Weg für schwierig und gefahrvoll, weil einer, der noch kein Yogi ist, nicht in der Lage sei, Sex anders als für seine egoistische Gier zu nutzen und so seine Verstrickung ins Leiden eher erhöht als sie verkleinert. Diese Sichtweise ist eng und nicht mehr zeitgemäß. Ich erwähnte schon an anderer Stelle, dass ich nichts Falsches dran finden kann, schon Anfängern, die Yoga und Meditation üben, gleichzeitig auch Techniken zur Harmonisierung der Sexualität beizubringen. Ich glaube sogar, dass für uns Menschen im Westen mittlerweile ein asketischer Weg der schwierigere und gefahrvollere ist, weil wir mit den heißen Energien, die bei der Unterdrückung entstehen, nicht immer gut umgehen können.

Der Weg des Tantra, richtig gelehrt, schafft eine Geschmeidigkeit und Kunstfertigkeit im Umgang mit sexueller Kraft, die uns nicht verstrickt, sondern mehr und mehr befreit. Das will aber gelernt sein, braucht Übung und die Bereitschaft, mehr als einmal über den eigenen Schatten zu springen.

208. Anders in Indien: Da ist die Hauptassoziation schwarze Magie.

Durch maßvolles und weises Anwenden der tantrischen Techniken und der nichtdualen offenen Lebensphilosophie wird der Tantra-Praktizierende mehr und mehr von der Sexualität im Sinne eines Drucks oder Zwangs befreit – er wird frei, es zu tun oder zu lassen. Weil Sex von innen her verstanden und erkannt wurde, verliert er seine manchmal dämonische Macht über den Menschen. In den alten Schriften bezeichnete man das mit „den Tiger reiten" – das Raubtier und seine Wildheit ist in voller Kraft vorhanden, aber gebändigt, gezähmt, wird es zum Freund. Die tantrische Grundhaltung wird in diesem Zitat von Osho Rajneesh (der eine besondere Gabe hatte, Dinge auf den Punkt zu bringen) offenbar:

> *„Nur wenn sich dein innerer Mann mit deiner inneren Frau vereinigt hat, kann man von echtem Zölibat sprechen. Alle anderen Formen des Zölibats sind nur Perversionen und bringen ihre eigenen Probleme mit sich. Wenn dieser Kreis im Inneren hergestellt wird, fühlst du dich befreit."*[209]

Tantra ist für mich auch der weise und gesunde Umgang mit den Lebensenergien, mit den Mysterien von Geburt, Tod und Sexualität. In tantrischen Ritualen kann man lernen, die Kraft anzurufen, sie in Bahnen zu leiten, zu lenken und sinnvoll zu nutzen, z.B. um im Herzen die Fähigkeit zu Liebe und Mitgefühl zu erhöhen oder die Meditationstiefe zu verbessern.

Die Ansätze aus dem tantrischen und vor allem neo-tantrischen Umfeld, das Liebesleben zu verbessern, zu erweitern und zu harmonisieren, sind wertzuschätzen; Programm des integralen Tantra muss es sein, all diese Ansätze zu sammeln, zu systematisieren und angemessen in Form einer Liebesschule zu vermitteln. Wenn ich also im Weiteren von tantrischer Sexualität spreche, deute ich auf die Möglichkeiten, die das traditionelle Tantra, aber auch das erotisch-therapeutische Tantra erarbeitet haben, um das Sexualleben zu verfeinern und zum Zwecke von Ekstase und Transformation zu nutzen.

Eine integrale Sicht auf die Sexualität

Bevor ich die tantrischen Sexualtechniken vorstelle, möchte ich kurz ein integrales Bild der menschlichen Sexualität entwerfen. Das kann unseren Blick für die Voraussetzungen schärfen, die gegeben sein müssen, um Tantra-Techniken überhaupt sinnvoll zu nutzen. Die vier Quadranten des AQAL-Modells von Ken Wilber (siehe Kap. 2) können uns behilflich sein, die Vielschichtigkeit des Phänomens Sexualität zu würdigen.

---

209. Rajneesh, Orakel der Meditation, 2001, S. 111

Im **oberen rechten** Quadranten, der die individuell objektive Dimension beschreibt, finden wir erstmal das biologische Geschlecht, das genetisch festgelegt ist: Mit ganz wenigen Ausnahmen wird man als Mann oder Frau geboren. Wir finden im oberen rechten Quadranten die physiologischen Komponenten der Sexualität wie den Erregungs- und Orgasmusreflex und die Erregungskurve, mit der die Steigerung der Erregung bis zum Orgasmus und ihr Absinken nach dem Höhepunkt beschrieben werden kann und die individuell verschieden ist, aber auch zwischen Mann und Frau variiert. Auch die bei sexuellen Handlungen beteiligten Hormone gehören in diesen Quadranten.

Im **oberen linken** Quadranten steht die individuelle subjektive Dimension, das sexuelle und erotische Erleben einzelner Männer und Frauen. Dazu gehört der Aspekt der Lust: Wie weit ist jemand in der Lage, die körperliche Erregung im Körper subjektiv als Lust zu empfinden? Wie ausgeprägt ist die Fähigkeit, emotionale Intensität wahrzunehmen und zu steigern? Auch das subjektive Gefühl der Geschlechtszugehörigkeit und die damit zusammenhängende sexuelle Selbstsicherheit gehören in diesen Quadranten. Die kognitiven Komponenten der Sexualität werden auch links oben eingeordnet. Hierzu gehören meine Kenntnisse des Körpers und seiner erogenen Zonen, mein Wissen über Sexualtechniken und Sexualität im Allgemeinen. Zu den kognitiven Komponenten zähle ich aber auch die persönliche Einstellung, Urteile und Glaubenssätze bezüglich der Sexualität, die lustfördernd oder -hemmend sein können.

Im **unteren linken** Quadranten (kollektiv-subjektiv) stehen zum einen die kulturellen Einflüsse der Gesellschaft und des subkulturellen Milieus auf die Sexualität des Einzelnen, die sich in Glaubenssystemen, Ideologien und sprachlichen Konventionen äußern. Dazu gehören auch die partnerschaftlichen Komponenten, die Einflüsse von Kommunikation, Verführung und Paar-dynamischer Faktoren.

Der Quadrant **unten rechts** schließlich steht für die kollektiv objektiven Einflüsse auf die Sexualität, wie etwa soziale Schicht, äußere Probleme wie Arbeitslosigkeit etc., aber auch Institutionen, die sich mit Sexualität beschäftigen: Gesundheitsämter, die Werbeindustrie, die Tantra-Szene mit ihren Seminaren usw.

Stufen der Sexualität

Der tantrische Guru Satyananda Saraswati spricht von drei Stufen, wie Sexualität praktiziert werden kann:

In der ersten Stufe geht es vor allem um die Zeugung von Nachkommen.

In der zweiten Stufe hat Sexualität den Sinn, Vergnügen zu erzeugen und die Bindung zwischen Partnern zu vertiefen.

In der dritten oder tantrischen Stufe wird die Sexualität veredelt, um mit ihr spirituell zu arbeiten.[210]

Ähnlich, aber differenzierter, ist das Modell des integralen Autors David Deida,[211] der sechs Stufen unterscheidet:

1. Genetische Ebene (Erfüllung des Programms zur Zeugung von Nachkommen)
2. Physiologische Ebene (Lust und Orgasmus)
3. Kulturelle Ebene (am wichtigsten ist das Gefühl, akzeptiert zu werden)
4. Psycho-Emotionale Ebene (emotionale Erfüllung)
5. Yogische Ebene (Energiekanalisierung)
6. Spirituelle Ebene (Verbindung mit allen Wesen in Licht in Liebe durch Sex mit einem Partner)

Die Entwicklung der Sexualität ist eng mit den anderen Entwicklungslinien des Menschen verbunden und immer auch ein Spiegel der Ebene, die jemand in seiner Gesamtentwicklung erreicht hat. Sie ist aber besonders anfällig für Schatten-Phänomene, zumal es in den meisten Gesellschaften viele kulturelle und soziale Faktoren gibt, die eine gesunde Entwicklung der sexuellen Linie nicht begünstigen: Allzu oft sind Erotik und Sexualität immer noch mit schlechtem Gewissen, Heimlichtuerei und Spaltung verbunden.

Die letzten beiden Stufen des Modells von Deida sind die tantrischen Stufen. Falls die vorhergehenden Stufen zu sehr mit Schatten besetzt sind, können sich die höheren Stufen nicht voll entfalten oder würden die Schatten mitnehmen. Bevor ich über die tantrischen Stufen spreche, möchte ich mich den Voraussetzungen widmen, die gegeben sein sollen, damit tantrische Praxis wirklich auf fruchtbaren Boden fällt.

Voraussetzungen für tantrische Sexualität

Voraussetzung für höheres Tantra ist, dass jemand die vorherigen Stufen von Sexualität einigermaßen gemeistert hat; dass er also fähig ist, Lust und orgastische Entladung zu erfahren, dass er in der Lage ist, beim Sex Liebesgefühle und emotionale Erfüllung zu erleben und dass er eine positive Einstellung zur Sexualität hat. Leider ist all dies heute gar nicht mehr so selbstverständlich. Viele Männer leider unter vorzeitiger Ejakulation oder Phasen von Impotenz, und auch viele Frauen können den Orgasmus nicht erfahren und haben oft gar keine Lust mehr auf Sex. Auf der Einsteigerstufe

210. Satyananda Saraswati (2008) S. 113

211. Vgl. Deida, *Enlightened Sex* (2007) Audio-Book, Session 7

soll vor allem erst die Lust befreit und harmonisiert werden und sexuelle Gesundheit und Lustfähigkeit in vollem Maße hergestellt werden. Deshalb sollte echter Tantra-Praxis eine auch längere Phase der Reinigung – im Westen wäre dies eher eine Form der Therapie – vorangehen.

Eine sexualtherapeutische Schule, die mich besonders beeindruckt, ist der sehr konkrete und praxisorientierte *Sexocorporel*-Ansatz von Jean-Yves Desjardins aus Montreal. Das Einüben der dort gelehrten ‚doppelten Schaukel' und Erfahrungen mit dem wellenförmigen Modus, die Wiederherstellung sexueller Selbstsicherheit und des Gefühls der Geschlechtszugehörigkeit sind aus meiner Sicht wichtige Basisbedingungen, um dann mit Tantra-Methoden weitermachen zu können.[212] Vor allem soll die Sexualität auch entmystifiziert und von Glaubenssätzen befreit werden. Weder eine zu mystische Haltung, die Sex komplett verklärt und überhöht, noch eine Haltung, die Sex als ähnlich profan wie Kartenspielen erlebt, sind sinnvoll für tantrische Praxis, und deuten, so Desjardins, in der Regel auch auf eine Störung der Sexualfunktion hin.

Einsteiger werden im integralen Tantra darüber hinaus sanft an Tantra-Massage-Erfahrungen herangeführt und lernen Basis-Elemente eines tantrischen Rituals kennen. Konsequente Yoga-Praxis, später im Zusammenhang mit Pranayama, Bandhas und intensivem Training der Beckenbodenmuskulatur legen die Grundlage für die sexuellen Kanalisierungsübungen, die einen zentralen Aspekt fortgeschrittener Tantra-Praxis ausmacht. Die anspruchsvollen und stark Persönlichkeits-umbildenden tantrischen Sexualtechniken wenden sich aus meiner Sicht an den eher fortgeschrittenen Praktizierenden. Anfänger sind mit starken sexuellen Kanalisierungen sowie mit der Komplexität eines Maithuna-Rituals oft überfordert.

Meines Erachtens gehört zur Ausübung des sexuellen Tantra auch eine gewisse Freiheit und Selbstmeisterung im Umgang mit der Sexualität. Man sollte in der Lage sein, den Tiger zu reiten, wie es in den alten Schriften heißt, und nicht komplett dem Sex und den dazugehörigen Emotionen verfallen sein. Es geht im Tantra, stimme ich Werner Stephan zu,

> *„nicht um die Befriedigung persönlicher Lust und Gier, sondern dahinter steht der Grundgedanke, dass die sexuellen Kräfte für viele Menschen eine Quelle für Anhaftung und daraus entstehende Abhängigkeiten darstellen. Anstatt sich nun von dieser Quelle abzuwenden, lehrt Tantra genau im Gegenteil einen bewussten, meditativ-achtsamen Umgang mit diesen Kräften!"*[213]

---

212. Zu den sexualtherapeutischen Konzepten von *Sexocorporel* vgl. http://www.ziss.ch/sexocorporel/grundlagen.htm (2011).
213. Stephan (1998), S. 11.

Integrales Tantra möchte die Sexualität mit einem ethischen Rahmen in Verbindung bringen, der dazu dienen soll, dass die Kräfte des Eros, einmal befreit, tatsächlich der spirituellen Entwicklung zum Wohle aller dienen und die verschiedenen Fallen vermieden werden, in die man mit einer von Konventionen befreiten und offenen Sexualität tappen kann.

Tantrisch-integrale Sexualethik

Das integral-tantrische Konzept wäre nicht vollständig, wenn es keine zeitgemäße und integrale Sexualethik liefern könnte, die sich einerseits im Zeitlosen gründet, andererseits auch die neuesten Entwicklungen berücksichtigt. Eine tiefschürfende Arbeit zu integraler Sexualethik ist 2011 von Emily Ann Baratta[214] veröffentlicht worden, auf die ich mich auf den nächsten Seiten mehrfach beziehen werde. Sie analysiert verschiedene Aspekte der Sexualität mit einer ethisch-integralen Fragestellung, indem sie versucht, so viele Perspektiven wie möglich zu berücksichtigen, aber auch nach Tiefe zu bewerten (prä-konventionell, konventionell, post-konventionell). Ich werde zuerst allgemeine sexualethische Fragen beleuchten, und dann auf spezielle Fragen und Probleme in tantrischen Zusammenhängen eingehen.

Verantwortung und Meisterschaft

Baratta plädiert für eine Renaissance des alten Ideals der Keuschheit als Möglichkeit, mit dem überbordenden Angebot des Sex-Marktes umzugehen. Keuschheit wird hier verstanden als die Kunst, das Sexuelle in die Gesamtperson zu integrieren. Eine gewisse Selbstmeisterung dient als Training der inneren Freiheit und führt zu einem verantwortlichen Umgang mit der eigenen Sexualität. Der tantrische Ansatz erfordert zum einen ein hohes Level an sexueller Befreiung, zum anderen die Fähigkeit, die Sexualität gemeistert zu haben, um mit ihr verantwortlich und selbstbestimmt – und eben nicht süchtig-getrieben – umgehen zu lernen.

Wer den Weg des linkshändigen Tantra geht, wird immer wieder auf viele Angebote zu außerordentlich reichen und raffinierten Lusterfahrungen treffen. Im tantrischen Sinne ist es die ethische Aufgabe, all diese Möglichkeiten in eine ganzheitliche Persönlichkeit zu integrieren bzw. sich durch Selbstmeisterung den Versuchungen zu entziehen, die er oder sie nicht integrieren kann.

---

214. Vgl. Baratta (2010), unter http://s3.amazonaws.com/integral-life-home/EmilyAnnBaratta-IntegralSexualEthics.pdf.

Wenn das Becken „ja" und dein Herz „nein" sagt, (oder „noch nicht"), bedarf es der Reife, dem Herzen folgen zu können und zu warten. Daher empfehlen wir unseren Schülern auch zölibatäre Phasen, um den Willen zu trainieren und die Sexualität mit selbstloser Liebe verbinden zu lernen.

Für einen Tantriker ist es ohnehin entscheidend, möglichst viele ethische Qualitäten zu entwickeln und in den Weg der sexuellen Meisterschaft zu integrieren. Ein Zitat aus Makajas *Erleuchtetem Eros* ist für diese tantrische Sichtweise kennzeichnend:

> *„Sex bzw. die liebeserotische Partnerschaft als Hauptmethode schließt unbedingt auch die Entwicklung von Tugenden, Disziplin, die Kontrolle der Ernährung und die Kontrolle der sexuellen Energie ein ..., unabhängig, ob man diesen Weg nun monogam, polygam oder sexuell frei liebend geht ... Am meisten genießen die Tugendhaftesten. Wenn du durch Tugend zentriert bist, beginnt der orgastische Zustand mit den alltäglichen Aktivitäten zu verschmelzen. Von da an kannst du frei mit der sexuellen Energie spielen, oder auch nicht."*[215]

Ebenbürtigkeit

Wenn sich zwei Menschen sexuell begegnen, sollte die ethische Richtschnur die Ebenbürtigkeit sein. Je ebenbürtiger sich die Partner bezüglich persönlicher Entwicklung und Tiefe, aber auch in Macht- und Status-Aspekten sind, desto ethisch idealer ist die Verbindung. Wenn in einer sexuellen Situation ein Machtgefälle zwischen den Partnern besteht, wird es zunehmend problematischer.

Sex zwischen Lehrer und Schüler etwa verstößt meines Erachtens gegen den Grundsatz der Ebenbürtigkeit und sollte im integralen Tantra nicht geschehen. Das sage ich nicht aus moralinsauren Ressentiments, sondern weil ich häufiger Zeuge derartiger sexueller Beziehungen war und sich das Ganze immer wieder als wenig segensreich und problematisch erwiesen hat. Für mich spricht nichts gegen eine erotische Beziehung zwischen zwei Personen, die eine Lehrer-Schüler-Beziehung schon eine Weile beendet haben und bei denen die Ebenbürtigkeit gegeben ist.

Wer kommt nun für einen Fortgeschrittenen des Tantra als Liebes- und Sexpartner infrage? Tantrische Schriften sind sich darüber uneins, ob die geeignete Partnerin für das sexuelle Ritual die eigene Frau oder, wie es heißt, die „Frau eines anderen" sein soll oder ob beide Partner eingeweiht sein müssen, wenn sie miteinander tantrische Sexualität praktizieren wollen.

---

215. Makaja (2003), S. 124.

Für mich ist es eine gute Faustregel geworden, nur mit Personen Sex zu haben, die sich auch auf dem tantrischen Weg befinden oder dem auf jeden Fall sehr aufgeschlossen gegenüberstehen, und die auch schon eine bestimmte Entwicklung hinter sich haben.

Autonomie

Eine tantrische Erfahrung, die ich und andere immer wieder gemacht haben, ist, zu erkennen: Meine Sexualität gehört zu mir. Da sind keine Auslöser von außen nötig, um diese Kraft und Energie zuzulassen. Jeder hat das Recht, ein erotisches Wesen zu sein und trägt die Verantwortung, wie und wofür er/sie diese Kraft einsetzt, ganz allein.

Tantra ist der Ansicht, dass der Tantriker eine radikale Selbstverantwortung für seine Lust annehmen solle, komplett autonom in seiner Lust werden, d.h. er ist auch in der Lage, durch gesteigerte Techniken der Selbstliebe zu völliger sexueller Zufriedenheit zu kommen. Auch in anderen wesentlichen Lebensbereichen ist der Tantra-Adept so weit wie möglich autonom und selbstgenügsam. Somit ist er nicht auf Beziehungen angewiesen und so auch nicht erpressbar oder zu Kompromissen zu zwingen. Er ist sich im Klaren, dass alle Macht, Liebe und Lust in ihm steckt und nicht von außen an ihn herangetragen wird. So kann er frei entscheiden, mit wem und auf welcher Basis er sich einlässt.

Verbindlichkeit und Freiheit

Ich denke, dass eine Partnerschaft für eine konsequente und wirklich befriedigende tantrische Praxis sehr hilfreich ist. Es ist ein großer Segen, einen Partner oder eine Partnerin zu finden, mit dem man sich auf diese Reise begeben kann.[216] Was nun die Beziehungs-Konfiguration betrifft, gibt es in unserer postmodernen Kultur mittlerweile längst nicht mehr nur die Norm der sexuellen und partnerschaftlichen Monogamie. Hier ist evtl. die Unterscheidung angebracht, ob eine nicht-monogame Beziehung prä-konventionell oder postkonventionell ist. Erwächst das Bedürfnis nach mehr als einem Partner einer Unfähigkeit oder Weigerung, mit der Konvention umzugehen, oder wird das Konventionelle in Liebe transzendiert?[217]

Entscheidend ist hier ohnehin die Verbindlichkeit, die zwei Menschen bereit sind, in ihre Beziehung einzubringen. Es kann durchaus auch heute

---

216. Einige Lehrer, wie Makaja, sind der Ansicht, dass sich höhere tantrische Weihen nur innerhalb einer Partnerschaft entfalten könnten, wenn er auch Monogamie nicht als notwendig erachtet.

217. Baratta stellt bei der alternativen Szene in San Francisco eine Prä-Tendenz fest, den Kuchen zu essen und ihn gleichzeitig zu behalten.

noch als Tugend gewertet werden, wenn Menschen in der Lage sind, über lange Zeit, ja ein Leben lang zusammenzubleiben. Diese Fähigkeit ist doppelt wichtig, wenn man sich entscheidet, Kinder zu kriegen, denn viele Untersuchungen belegen den engen Zusammenhang zwischen kindlichem Wohlbefinden und der Stabilität der Beziehung der Eltern. Wer Kinder in die Welt setzen will, sollte diese Fähigkeit zumindest rudimentär entwickelt haben.

Im integralen Tantra wird die Möglichkeit eingeräumt, als Single, als monogames Paar oder als polyamore Mehrfachbeziehung den tantrischen Pfad zu beschreiten. Wenn man bei der Praxis tantrischer Sexualität die Grenzen der Monogamie überschreitet, spielt die Konfrontation mit Themen wie Eifersucht, Konkurrenz und Verlustangst eine wichtige und dominante Rolle. Diese Schatten müssen in einem oft konfrontierenden Prozess durchgearbeitet werden. Der rituelle Charakter tantrischer Begegnungen kann in diesem Fall eine Hilfe und Unterstützung sein. So ist man bei einem Tantra-Ritual ja bestrebt, sich in einem ersten Schritt von seiner persönlichen Geschichte zu befreien, um dann die Identität einer Gottheit, etwa Shiva oder Shakti, anzunehmen. Ferner bietet ein Ritual eine klare Form und ein definiertes Ende. Ziel eines Tantra-Rituals ist nicht das Eingehen einer neuen Beziehung, sondern das Erreichen hoher spiritueller Zustände. So ist es vorstellbar, dass ein Paar an sich monogam lebt, sich im Kontext tantrischer Praxis jedoch auch Dritten öffnet. Aus eigener Erfahrung kann ich sagen, dass dieser Weg herausfordernd, aber auch außergewöhnlich lohnend sein kann.

Polyamore tantrische Mehrfachbeziehungen sind für heutige Tantra-Praktizierende eine reale und oft segensreiche Möglichkeit. Die in tantrischen Kreisen stärker verbreiteten und diskutierten Versuche, polyamor zu leben, das heißt mehrere gleichzeitig und auch sexuell zu lieben, können auch zu einer vertieften Sexualität führen. Die Möglichkeit, in einem tantrischen Kontext auch Formen der Sexualität mit mehreren zu erleben, scheint mir eine wichtige kulturelle Frage der heutigen Zeit zu sein. So sehe ich Tantra-Seminare zurzeit als eine der wenigen Möglichkeiten, solche Erfahrungen in einem achtsamen, kultivierten und einigermaßen sicheren und respektvollen Umfeld zu machen. Die hinzugewonnene eines Paares, auch noch andere Sex- und Liebespartner in Liebe einzuschließen, kann der Beziehung im optimalen Fall noch mehr Qualität verleihen.

Man könnte in diesem Fall auch mit der ‚grundlegenden moralischen Intuition' argumentieren: größtmögliche Tiefe für die größtmögliche Spanne. Im Fall von Beziehung kann ich monogam in die Beziehungstiefe investieren (Strategie des „deep diver") und versuchen, in der bestehenden Beziehung neue Dimensionen gemeinsamer Intimität zu erreichen, oder aber die schon erfahrene Beziehungstiefe auf andere Beziehungen ausweiten (Strategie des „free floater") und so eine größere Spannweite zu kriegen. Ein deutlicher

Hinweis ist jedenfalls, dass die Erweiterung auf mehrere Partner nicht auf Kosten der Tiefe der Primärbeziehung gehen darf. Frei gewählte Polyamorie und selbstbestimmte Monoamorie sind auf einem postkonventionellen Ethik-Level wahrscheinlich eine Sache der freien Wahl und vielleicht eine Typ-Frage. Ich werde mich im Kapitel über Beziehungen noch ausführlicher mit dieser Frage beschäftigen.

Ehrlichkeit

Fremdgehen und Unehrlichkeit in Beziehungen bezüglich Sexualität sind aus tantrischer Sicht problematisch. Wenn jemand Freude an der Abwechslung verspürt oder sich in einen neuen Menschen verliebt hat, den Partner aber nicht verlassen möchte, sollte er auch die Integrität haben, es gegenüber dem Partner zu vertreten und um sein Liebesglück zu ringen, zu verhandeln und zu den Konsequenzen zu stehen, wenn das mit dem Partner nicht zu machen ist. Fremdgehen und Unehrlichkeit vermeidet zwar manche Konflikte, zerstört jedoch vielerorts das Vertrauen in Beziehungen und lässt kaum noch eine Entwicklungsperspektive zu. Unehrlichkeit erzeugt neue Schatten und neue Unbewusstheit, und der Aufwand, Wichtiges verstecken zu müssen, bindet Energien, die z.B. für das spirituelle Wachstum nötig wären.

Risiken vermeiden

Tantrischer Sex im Rahmen eines Seminars stellt hohe Anforderungen an die Leiter der Gruppe, ihre menschliche und psychologische Kompetenz, ihre Erfahrung im Umgang mit sexuellen Themen und ihr allgemeines Feingefühl. Gerade weil viele Aspekte der Sexualität in unserer Kultur immer noch tabuisiert sind, ist die Gefahr einer psychischen Verletzung hier recht hoch. Die Konfrontation mit eigenen Schuld- und Scham-Mustern kann schon sehr verstörend sein – im schlimmsten Fall kann es zur Wiederholung früherer Missbrauchserfahrungen kommen. Daher ist zu empfehlen, einen achtsamen und sensiblen Rahmen für solche Experimente behutsam und langsam aufzubauen. Andernfalls droht die durch solche Praxis empfundene Befreiung zu einer Art Schein-Befreiung zu werden, die beim näheren Hinsehen eine Art Abspaltung wird: Der Körper tobt sich, scheinbar ohne Hemmungen, auf dem Feld kollektiver Sexualität aus, während sich die empfindsame und zarte Seite zurückzieht, das Herz sich verschließt, und man in eine neue Spaltung hinein rutscht: eine Spaltung, die durch tantrische Praktiken ja überwunden werden soll.

Die vom Tantra-Guru Andro des Öfteren formulierte These etwa, dass man mit jedem Lust vollziehen können sollte gemäß des Mottos: „Niemand ist unwert, mit dir die Lust zu teilen", steht diametral zu unserem eben formulierten Grundsatz der Ebenbürtigkeit. In der neo-tantrischen Szene hat sich auch aufgrund des Einflusses von Andro ein Ideal entwickelt, dass im Tantra Sex mit jedem möglich sein könnte, ja müsste, und dass es die Lackmusprüfung für den Fortschritt im Tantrischen ist, dass man die Vereinigung mit jedem vollziehen kann, da man ja z.B. Shiva und Shakti, mithin Gott, in allen sieht. Meine Beobachtung ist eher, dass viele sich mit diesem Ideal hoffnungslos überfordern. In meiner Entwicklung zumindest konnte ich feststellen, dass mit zunehmender Praxis meine sinnlichen Sensoren immer feiner bezüglich des Partners und der Stimmigkeit der Situation wurden und eine immer genauere Auswahl stattfand, also eher eine Sensibilisierung als eine Desensibilisierung, eine Verfeinerung statt einer Vergröberung, eingesetzt hat.

Sex, Liebe und Herzöffnung

Viele Tantriker sehen sich als Künstler des Sexuellen: Es gehört zum Weg der linken Hand, sich Fertigkeiten in der Sexualität anzueignen, um sich selbst und anderen Freude schenken zu können. Dass zu den erotischen Fähigkeiten die Herzöffnung und Fähigkeit zu lieben dazu kommt, ja wichtiger ist als die technische Beherrschung der Sexualität, hat meines Erachtens niemand klarer gemacht als der Tantra-Meister Aba Aziz Makaja:

> *„Solange die Lebenskraft aus der Brust strahlt, der Brennpunkt des Bewusstseins im Herzen stärker ist als im Sex-Chakra, kannst du Sex machen, so viel du willst. Es gibt da keine Sünde, im Gegensatz: du wirst jeden erleuchten, mit dem du das tust. Doch die Bedingung ist: Liebe! Es muss mehr Energie im Herzen als in den Sinnen sein!"*[218]

Bei der sexuellen Vereinigung erleben fortgeschrittene Praktizierende dieser Technik starke Vibration im Herz- und Hals-Chakra, das Sexchakra füllt immer nur Energie nach. Sexualität und Verliebtheit wird so eins. Sex ohne Liebe und Herzöffnung wird von Makaja eher kritisch und als Weg in die Sucht gesehen.[219]

---

218. Makaja (2003), S. 207.

219. Mein Haupteinwand gegen die meiste taoistischen und tantrische Literatur ist, dass die meisten Autoren dem technischen bzw. physischen Aspekt zu viel Bedeutung schenken, z.B. der Verlängerung des Geschlechtsaktes und der Ejakulationskontrolle. Auch ich habe diese Übungen gemacht, doch meine Erfahrung ist, dass die Beherrschung dieser Übungen nur 20% des geistigen bzw. liebeserotischen Erfolgs ausmachen. 80% gründen sich hingegen auf den Ausbau des Charakters, der Entwicklung der Tugenden, vor allem der Liebe und der Verliebtheit – durch die Liebe zum Göttlichen!" (Makaja, 2003, 330).

Tantrischer Sex: eine Übersicht

Wenn heutzutage über tantrische Sexualität gesprochen wird, können damit mehrere Dinge gemeint sein. Wie ich festgestellt habe, ist es manchen Autoren neo-tantrischer Sex-Bücher nicht bewusst, dass sie sich nur auf einen kleinen Ausschnitt des tantrischen Universums beziehen. Deswegen halte ich es für wichtig, ein wenig Übersicht zu schaffen und die Ansätze, die mir bekannt sind, ein wenig aufzufächern.

Im traditionellen Tantra beschäftigen sich die älteren linken Wege hinduistischer wie buddhistischer Art mit spiritueller Sexualität. Oft werden Erotik und Sexualität in Verbindung mit speziellen Atemübungen, Mantras und Mudras angewendet. Dabei soll die Frau immer als Göttin und der Mann als Gott visualisiert werden. In den buddhistischen und manchen hinduistischen Schulen soll auf den Samenerguss zugunsten einer Ganzkörperekstase verzichtet werden.

Kennzeichnend für neo-tantrische Sexualität ist die Synthese zwischen tantrisch-yogischen Grundgedanken, moderner Sexologie und Sexualwissenschaft, verschiedenen Formen von Massage, Wissen über Partnerschaft und Sexualität, bioenergetischer Körperarbeit und Meditation. Die neo-tantrischen Praktiker haben außerordentlich viele Ansätze unterschiedlichen Ursprungs zusammen geführt – das gesamte Material ist hier so umfangreich, dass ich es in einem anderen Buch ausführlich beschreiben werde. Ich stelle nun die verschiedenen Ansätze etwas detaillierter vor und werde versuchen, ihre Bedeutung für den Ansatz des integralen Tantra zu skizzieren.

Energiekanalisierung

Die tantrisch-yogisch-taoistische Idee, die Sexualenergie zu entfachen, um sie dann zu spirituellen Zwecken zu nutzen, stellt, wenngleich den meisten westlichen Menschen am Anfang recht fremd, einen der wichtigsten Beiträge des Tantra zum Umgang mit Sexualität dar. Sexuelle Energie wird hier in erster Reihe als Rohmaterial gesehen. Wenn man sie auf geeignete Weise erweckt und im Körper wahrnimmt, lässt sie sich in weiteren Schritten kontrollieren und kanalisieren. Ihre Kraft lässt sich dann auf unterschiedliche Weise nutzen: für mehr Gesundheit und Wohlbefinden, um die Liebe zwischen den Partnern zu steigern, zum Erreichen magischer Ziele oder zum Ansteuern spezieller orgastischer oder spiritueller Zustände.

Dazu müssen die Praktizierenden in der Lage sein, hohe Energien beim Liebesspiel zu erzeugen und die übliche Weise der schnellen Lustabfuhr zu umgehen. Wenn die sexuelle Energie längere Zeit im Organismus kreist, kommen die meisten Menschen in eine außerordentliche Trance. Tantra-Lehrer gehen beim Anleiten dieser Methoden mehrgleisig vor: Einerseits soll der Körper durch Yoga-Übungen und Atemtechniken überhaupt erst in die Lage gebracht werden, länger in Vereinigung zu bleiben, ohne zu ermüden. Für die meisten Praktizierenden ist es deshalb notwendig, die Beckenbodenmuskulatur vorher durch geeignete Übungen zu stärken. Nach und nach kann man die Technik lernen, durch bestimmte Visualisierungen und Atemmethoden die Energie zu ganz bestimmten Zwecken zu kanalisieren, sei es nun zur Aufladung bestimmter magischer Sätze oder Symbole, sei es zum Erreichen bestimmter orgasmusähnlicher Ganzkörper-Ekstasen.

Selbstliebe und Orgasmuskontrolle

Von besonderer Bedeutung ist dabei die autoerotische Praxis, die z.B. im Taoismus und in der westlichen Sexualmagie reichlich, im indischen Tantra hingegen so gut wie nie erwähnt wird.[220] Im Selbstliebe-Ritual, von Ashley Thirleby überliefert,[221] wird die autoerotische Praxis mit dem Gefühl der Wertschätzung und Liebe zu sich selbst verbunden. Ein tägliches Selbstlieberitual kann das ganze Verhältnis zur eigenen Sexualität komplett transformieren.

Männer können durch Selbstbefriedigungstechniken lernen, Orgasmus von Ejakulation zu trennen und dadurch mehr Energie sammeln. Eine praktische Möglichkeit ist, zu lernen, wie man auf diese Weise mehrere Orgasmen hintereinander haben kann. Viele tantrisch geschulte Männer machen die Erfahrung, dass Ejakulation oft mit einem gewissen Kraftverlust einhergeht. Sex, bei dem man die Energien „hochzieht" (statt zu „kommen") lässt einen hingegen in einer kraftvollen und entspannten Stimmung zurück. Zu beachten ist hier auch der Einwand von David Deida, dass es viele Frauen sehr schätzen, wenn Männer in diesem Sinne tantrisch sind, weil sie ihnen dadurch sexuell gewachsen sind.

Andererseits braucht es auch die psychologische Bereitschaft der Teilnehmer, sich auf dieses Experimentieren mit der eigenen Sexualität einzulassen. Die meisten Männer etwa sind stark darauf konditioniert, die Ejakulation als Höhepunkt und Ziel der sexuellen Betätigung aufzufassen. Diese zu verzögern oder ganz aufzugeben, erfordert ein Umlernen, das oft auch Schattenprozesse lostritt. Wenn ich auch nichts davon halte, nie zu „kommen", ist für mich eine taoistische Formel sehr plausibel: Ein Mann sollte sein Lebensalter durch fünf teilen, das ist in etwa die Zahl der Tage, wie lange er keine Ejakulation haben sollte, um sich gesund und kraftvoll zu fühlen, ein Dreißigjähriger also alle 6 Tage, ein Sechzigjähriger hingegen alle 12 Tage.

---

220. Indische Schriften scheinen fast immer gegen Selbstbefriedigung zu sein, das Charaka Samhita z.B. behandelt Masturbation als schwere Verfehlung und dichtet ihr allerlei Folgen an, moralischen westlichen Schriften aus dem 19. Jahrhundert vergleichbar.
221. Vgl. Thirleby (1978).

Die meisten Tantriker sind der Ansicht, dass auch die Frau versuchen sollte, keine Energie zu verlieren und die sexuelle Lust nicht abebben zu lassen. Solange dies möglich ist, gibt es keine tantrischen Bedenken gegen die Erfahrung des Orgasmus. Wenn das aber eintritt, sollte die Frau vorher besser ähnliche Transformationstechniken wie der Mann verwenden.

Kundalini-Erweckung

Bei fortgeschrittenen Tantra-Yogis wird die sexuelle Energie explizit dazu genutzt, die Kundalini-Energie zu entfachen. Dazu wird die sexuelle Kanalisierung in der Regel mit bestimmten Atemtechniken, Pranayamas, Mudras und Bandhas sowie spezifischen Visualisierungen verbunden. Eine komplexe neo-tantrische Übung zur Energiekanalisierung, die auf harmonische Weise Atem, Körperbewegung, PC-Muskeltraining, Atem und Chakra-Visualisierung verbindet, ist die ‚Welle der Glückseligkeit' von Margot Anand.

Während Mann und Frau im Yab-Yum aufeinander sitzen, mit oder ohne Vereinigung, und versetzt ein- und ausatmen, stellen sie sich vor, wie ein Energieball durch ihre Körper vom Wurzelchakra bis zum dritten Auge zieht. Beide folgen dem Energieball, der sich in einer u-förmigen Bahn durch die Körper bewegt. Auf diese Weise kann sich eine feine und doch ekstatische Energie ausbreiten und die Grenzen des physischen Körpers durchdringen und erweitern.[222]

In fortgeschritteneren Stufen kann die Sexualität auch magisch zum Affirmieren benutzt werden.

Karezza, Making Love und Talorgasmus

Ein ganz anderer Ansatz hat sich unter dem Namen *Karezza* in den letzten beiden Jahrhunderten aus den USA verbreitet. Ursprünglich wurde dieser Name von J. H. Noyes geprägt, der ab 1850 in den USA die Oneida-Gemeinschaft mit christlich-humanistischen Ideen geleitet hatte. Mit Karezza ist eine Form des Sexualverkehrs gemeint, in dem beide Partner lange vereinigt bleiben, auf den Orgasmus verzichten und sich nicht zu viel und zu lustvoll bewegen. Die Idee dahinter ist außer dem Verhütungsaspekt, dass dadurch die Liebes- und Bindungskräfte des Paares gestärkt werden und dass diese Praxis auch gesundheitsfördernd sei.

Eine eigene Richtung, eher dem Karezza als dem klassischen Tantra ähnlich, hat der australische selbsternannte Meister Barry Long unter dem Label *Making Love* begründet. Damit ist eine spezielle Technik gemeint, Langsam-

---

222. Vgl. Margot Anand, *Tantra und die Kunst der sexuellen Ekstase,* München 1995, S. 313 ff. Ich denke, es ist unmöglich, die Welle aus einem Buch zu lernen, es bedarf der Anleitung durch kompetente Lehrer.

keit, hohe Präsenz und absolute Spontaneität zuzulassen und dadurch zu einer völlig neuen Qualität des Liebeserlebens zu kommen.

In kurzer Zusammenfassung: Das Paar soll sich für einige Stunden verabreden, in denen es auf keinen Fall gestört werden kann. Beide legen sich nackt ins Bett legt und bleiben präsent und im Augenblick verankert. Alle intentionalen Aktivitäten bezüglich des Sexes sollen unterlassen werden. Nach einiger Zeit würden Lingam und Yoni von selbst zusammenfinden. In dieser Umarmung, die z.T. sehr lang dauern kann, wäre die Sexualität ein Akt der Meditation, der geistiges Erwachen und völlige Zufriedenheit ermöglicht. In dem Fall, dass es nicht zu einer Erektion des Mannes kommt, soll der Lingam dennoch in die Yoni eingeführt und dort ruhig gehalten werden. Nach und nach kommt es zu einer Sensibilisierung der Genitalien und zu einem äußerst erfüllenden Liebemachen.

Die Lehre von Barry Long hatte einen erheblichen Einfluss auf die westliche Tantra-Szene, gerade auch im Umfeld ehemaliger Osho-Sannyasins. Für einige, wie die bekannte Autorin und Gruppenleiterin Diana Richardson, bilden diese Lehren gar die Essenz des wahren Tantra.

Auch Osho Rajneesh erwähnt in seinen Schriften immer wieder die qualitative Nähe von Sexualität und Meditation. „Sex ist eine Meditation zu zweit, ein Liebesakt zwischen dir und der Natur mittels deines Partners".[223] Für Osho kommt es besonders darauf an, den Sex mit Bewusstheit zu durchdringen und ihn zu transzendieren. Die Stelle im Sutra 48 des Vijnana Bhairava Tantra: „Richte zu Beginn der sexuellen Vereinigung alle Aufmerksamkeit auf das anfängliche Feuer. Und indem du dies fortsetzt, vermeide die Asche am Ende" wird von ihm kommentiert:

> *„Der Sexualakt hat zwei Teile - den Anfang und das Ende. Verharre beim Anfang ... Der Sexakt hat kein Ziel ... Bleibt in der Gegenwart. Genießt die Vereinigung zweier Körper, zweier Seelen, und taucht ineinander, verschmelzt miteinander. Vergesst alles Streben nach etwas ... wenn ihr es nicht eilig habt, den Akt abzuschließen, wird der Akt nach und nach immer weniger sexuell und immer mehr spirituell ... dann könnt ihr stundenlang zusammenbleiben ...Das wird zur Ekstase, zum Samadhi ....Wenn es nicht zu einer Ejakulation kommt, wenn keine Energie ausgestoßen wird, dann wird daraus eine Meditation ... Durch sie ist eure gespaltene Persönlichkeit nicht länger gespalten: Sie ist überbrückt."*[224]

Wir empfehlen insbesondere Paaren, ihre Erfahrungen mit langer Vereinigung und Karezza zu machen, um so ihr Liebesleben zu intensivieren und

---

223. Osho Rajneesh (2001), S. 105.
224. Osho Rajneesh (2001), S. 106f.

mehr Herzenergie erzeugen zu können. Es kann ein Weg innerhalb des tantrischen Universums sein, der sich sowohl mit den anderen tantrischen Methoden verbinden lässt oder auch als ganz eigener spirituell-sexueller Ansatz gelebt und praktiziert werden kann.

Tantrische Massage

Als wesentliches Element der neo-tantrischen Bewegung haben sich die Tantra-Massagen seit den 1980'er Jahren so stark in den westlichen Industrieländern verbreitet, dass Tantra insgesamt heute von vielen Menschen mit Massage assoziiert wird. Unter Tantra-Massagen[225] versteht man heute im Allgemeinen Ganzkörpermassagen, die tantrisches und taoistisches Wissen über Nadis, Chakras, Meridiane und den Energiefluss nutzen, um erotische und sexuelle Energie zu erwecken, anzufachen und harmonisch im Körper zu verteilen. Der Körper wird im ganzheitlichen Sinne als Tempel der Seele angesehen und mit großer Achtsamkeit und Respekt behandelt. Ein wesentliches Element ist es auch, die Massage mit einem tantrischen Bewusstseinszustand zu geben und zu visualisieren, einen Gott, eine Göttin, zu beschenken.

Im Gegensatz zu anderen Massageformen beziehen Tantra-Massagen auch die Genitalien mit ein. Bestimmte Formen der Tantra-Massage konzentrieren sich auch auf die heilende und liebevoll-stimulierende Berührung von Lingam bzw. Yoni. Empfänger sollen während der tantrischen Massage eine Oase der Ruhe und der sinnlichen Hingabe finden und bleiben ganz passiv. Den Abschluss der Massage bilden dann zumeist tantrische oder taoistische Techniken zur Energiekanalisierung – es soll in der Regel nicht mit einem herkömmlichen Orgasmus abgeschlossen werden.

Tantra-Massage ist eine besondere erotische Kunst-Form, die eine außergewöhnliche Bereicherung des Liebeslebens sein kann. Für die Empfänger einer guten Tantra-Massage ist es möglich, außergewöhnlich tiefe Trancezustände zu erfahren, die heilsam sein können, die man aber auch magisch oder spirituell nutzen kann.

Tantra und sexuelle Präferenzen

In den klassischen Tantra-Schriften findet man nichts zum Thema der männlichen Homosexualität.[226] Das zeitgenössische Neo-Tantra hingegen zeigt sich im Allgemeinen der Homo- und Bisexualität gegenüber aufge-

---

225. Von Massage-Formen wird in der tantrischen Tradition nichts berichtet. Daniel Odier behauptet jedoch, eine Form, die im Einklang mit dem kaschmirischen Shivaismus steht, von seiner Lehrerin Lalita Devi empfangen zu haben.
226. Vgl. Douglas/Slinger (1990), S. 297 ff.

schlossen und versucht, diese zu integrieren. In manchen Seminaren werden Teilnehmer auch ermutigt, sinnliche Erfahrungen mit dem eigenen Geschlecht zu machen, um Vorurteile abzubauen und flexibler zu werden.[227]

In Kreisen der westlichen Sexualmagie etwa ist das homosexuelle Ritual für die Meisterung einer bestimmten Stufe unerlässlich. Dort gilt grundsätzlich, dass die ‚kontrapräferente Methode' (d.h. homosexuell, wenn du normalerweise heterosexuell bist, und umgekehrt) besonders starke Ergebnisse zeugt, aber auch mehr Kraft erfordert. Ob es im tantrischen Kontext diese Rituale im Verborgenen auch gibt bzw. gegeben hat, kann hier weder bejaht noch ausgeschlossen werden.

Auch anale Sexualität wird in den alten Tantra-Schriften abgelehnt, von den Neo-Tantrikern aber wiederentdeckt und kultiviert, z.B. in der Form der Prostata-Massage. Das Einbeziehen der analen Lust in das Liebesspiel kann im tantrischen Kontext zu ausgesprochen intensiven Trancezuständen führen.

Was in den alten Schulen hingegen von großer Bedeutung war, ist das Sammeln verschiedener Sexualessenzen als Grundlage für quasi-alchimistische Experimente. Das Menstruationsblut z.B. gilt den Tantrikern als besonders wertvolles und heiliges Elixier, besonders, wenn es mit Samen vermischt wird.

Seit der Jahrtausendwende kommt es auch zu einer stärkeren Vermischung der Neo-Tantra- und der SM-Szene und zu einer Integration sanfter SM-Praktiken. Gemeinsam haben diese Subkulturen ein Interesse an intensiven Grenzerfahrungen im Bereich der Sexualität und eine Freude an der Inszenierung und Kultivierung von Sex und Erotik. Wenngleich viele Neo-Tantra-Lehrer stark anzweifeln, ob SM mit Tantra kompatibel ist, scheint das einer der deutlichsten Trends Anfang der 2010'er Jahre zu werden.[228]

Tantrisches Sexual-Fasten

Meiner Ansicht nach sollte man gerade als Tantra-Ausübender auf einen maßvollen Umgang mit Sexualität achten. Die sexuelle Energie ist von ihrer

227. Andro hat die Integration homosexueller Rituale geradezu zu einem Kernkonzept seiner Lehre gemacht. Er ist der Ansicht, dass die in jedem Menschen angelegte bisexuelle Anlage bei den meisten Menschen nur blockiert ist und durch tantrische Praxis freigelegt werden kann. Daraus sich ergebende Liebesnetzwerke wären ein idealer Nährboden für zufriedenstellende weltliche Aktivitäten wie für spirituelle Praxis. Davon ausgehend stellt sich die bisexuelle Triade für ihn und seine Anhänger als optimales Beziehungsgeflecht dar.

228. In verschiedenen Internet-Umfragen wurde festgestellt, dass Menschen mit Interesse an Tantra sich, statistisch gesehen, auch verstärkt für BDSM interessieren.

Essenz her heiß und hat mit den starken und manchmal chaotischen Kräften des zweiten Chakra zu tun. Ihre dauerhafte Ausübung ohne Zeiten der Beruhigung, des Fastens und Veredelns führt bei den meisten Menschen nach einer gewissen Zeit eher zu Überemotionalisierung, Abhängigkeit und Sucht.

Weil das in vielen Neo-Tantra-Schulen nicht ausreichend beherzigt wird und viele Menschen diese Seminare vor allem im Sinne sexueller Selbsterfahrung nutzen, ist die Kritik aus traditioneller Ecke in vielen Fällen doch gerechtfertigt.

Tantra soll den Menschen harmonisieren und befreien. Intensive sexuelle Praxis ist eine Gratwanderung, die aufgrund der vielen Gipfelerfahrungen ein starkes transformatorisches Potenzial hat. Sie muss jedoch immer wieder von Elementen des Sattva flankiert werden, um nachhaltige Ergebnisse der integralen Entwicklung zu stabilisieren. Solche sattvischen Elemente können sein: regelmäßige Praxis, ein regelmäßiges und diszipliniertes Alltagsleben, vegetarische Ernährung außerhalb der Rituale sowie bestimmte Perioden der sexuellen Enthaltsamkeit.

So werden in manchen Tantra-Schulen maßvolle asketische Praktiken gelehrt, um sexuelle Energie zu veredeln und in Liebe zu transformieren. Der schon erwähnte kroatische Meister Makaja etwa empfiehlt Individuen und Paaren im Rahmen seines tantrischen Trainings, sich jährlich einen Zeitraum von etwa 30-50 Tagen von Koitus und Orgasmus zu enthalten. In dieser Zeit darf man ruhig Nähe mit dem Partner haben und kuscheln, gleichzeitig ist es wichtig, in dieser Zeit mehr zu meditieren als sonst und die Energie vom Sexualchakra bewusst in die Zone des Herzens hinauf zu leiten. Diese Übung verjüngt, kräftigt und regeneriert und bereitet die Tantriker mehr auf tiefe Strömungsgefühle im Herzen vor. Als langfristiger Effekt stellt sich ein, dass man bei der Ausübung der Sexualität nicht mehr so egoistisch und selbstzentriert ist, sondern mehr auf das Wohl der anderen schauen kann.

Fazit

Aus meiner langjährigen Praxis als Schüler und Lehrer des tantrischen Wegs denke ich, dass es ein spannendes und lohnendes Abenteuer sein kann, sich im Rahmen von Tantra-Seminaren und – Ausbildungen auf neue sexuelle Erfahrungen einzulassen. Tantrische Sexualität kann einen wichtigen Beitrag zu einer sexuellen Kultur der Zukunft leisten, in dem Menschen ihr sexuelles Liebes-Potenzial voll entfalten können, hin zu einer Kultur der sinnlichen Nächstenliebe mit Herz, Sex und Geist. Ich denke, dass Menschen zunehmend freier von einschränkenden Glaubenssätzen geworden sind. Als nächsten Schritt gibt es die Möglichkeit, zu lernen, wie die sexuelle Kraft denn in den Dienst der Liebesfähigkeit und des spirituellen Wachstums gestellt werden kann.

18. Beziehungen

In Freiheit und Liebe verbinde ich mich mit dir und mit euch – im Geben, im Nehmen und im Teilen.

Beziehungen beinhalten den wichtigen interpersonellen Aspekt; hier entfaltet sich das Wachstum in erster Reihe im unteren linken Quadranten (siehe Wilbers AQAL Modell Kap 1). Als Wachstumsfeld ist erst mal jede Art von Beziehung möglich: zu den Kindern, den Eltern, den Freunden, den Arbeitskollegen, der Gemeinschaft. Hier möchte ich insbesondere die intime Beziehung zwischen Liebespartnern in den Vordergrund stellen. Ein korrekter tantrischer Ansatz müsste Menschen dazu befähigen, dauerhafte, liebevolle Beziehungen zu führen.

Wozu intime Beziehungen?

Bevor wir uns den integralen und den tantrischen Beziehungen zuwenden, möchte ich mich damit auseinandersetzen, welche guten Gründe es heutzutage geben kann, überhaupt in intimen Beziehungen zu leben. In den meisten westlichen Ländern herrschen ja Lebenssituationen, die es nicht unbedingt erforderlich machen, in Liebesbeziehungen zu leben, wo es früher lebensnotwendig war, zusammenzuhalten und gemeinsam zu wirtschaften. Es gibt dennoch einige gute Argumente, die für das Eingehen intimer Beziehungen sprechen:

Empowerment

Eine gute Beziehung kann unterstützen, den anderen in seinen kraftvollen Punkten zu bestätigen und zu bestärken, sich gegenseitig zu regelmäßiger und konsequenter Praxis zu motivieren, gemeinsame Aufgaben anzugehen und an ihnen zu wachsen (Kinder, Hausbau, gemeinsame Tätigkeiten, Beruf, Hobbies).

Wachstum

In Beziehungen kommt man in der Regel ziemlich schnell an seine Schatten, wunden Punkte und ungeklärten Kindheitsängste heran. In einem konsequent wachstumsorientierten Setting wird man versuchen, das zu nutzen, um die inneren Wunden zu heilen. Dazu müssen sich beide Partner stark erstens um ihr eigenes Wachstum kümmern und zweitens lernen, ihre Spiegel zum anderen auf eine sanfte und verantwortliche Art zu kommunizieren.

Aufziehen von Kindern

Für das Aufwachsen von Kindern, so scheint es, ist eine stabile Beziehung von Mutter und Vater nach wie vor das optimale Umfeld. Als Fazit aller Experimente mit alternativen Lebensformen der letzten 40 Jahre muss man festhalten, dass Kinder sich immer noch dann optimal entfalten können, wenn sie sich auf Mutter und Vater beziehen können, die beide für sie erreichbar sind. Es ist also sehr wünschenswert, wenn Paare es schaffen, zumindest für die Zeit, bis ein gemeinsames Kind flügge wird, in einer liebevollen Weise zusammen zu sein.[229]

Herausforderungen unserer Zeit

Was wir aus Statistiken, aus Zeitschriften oder auch aus unserem Bekanntenkreis entnehmen können, ist, dass wir in einer Zeit leben, in der Beziehungen vielfach scheitern. Während in der traditionellen, blauen Stufe, das Konzept der lebenslangen Ehe noch weitgehend unangetastet ist, scheint sich die so genannte serielle Monogamie im grünen Mem schon als Hauptform durchgesetzt zu haben. Die Komplexität der gegenseitigen Erwartungen, so scheint es, hat in der postmodernen Kultur in einem Ausmaß zugenommen, dass sie nicht mehr erfüllt werden kann. Die Regale der Bücherläden sind voll von Beziehungsratgebern, die sich damit beschäftigen, wie Beziehungen andauern können, und wie es zu bewerkstelligen ist, dass sie auch nach Jahren noch Freude bereiten und sinnstiftend sind. Diese Ratgeber sind von sehr unterschiedlicher Qualität und wenden sich an Männer und Frauen auf unterschiedlichen Entwicklungsstufen und mit unterschiedlichen spezifischen Fragen und Problemen.[230]

Beziehung und Mem

Ein in der bisherigen Literatur interessanterweise wenig erwähnter Zusammenhang ist, dass jedem der von Spiral Dynamics beschriebenen Meme eine

229. Das wird auch durch die Forschung gestützt, siehe etwa Wallerstein et al (2002) *Scheidungsfolgen - Die Kinder tragen die Last: Eine Langzeitstudie über 25 Jahre.*

230. Aus der Unmenge von Ratgebern möchte ich zwei Bücher aufgrund ihrer umfassenden Perspektive und vielseitigen Hilfestellungen hervorheben: John Gottman (2004): *Die 7 Geheimnisse der glücklichen Ehe* und David Schnarch (2009): *Die Psychologie sexueller Leidenschaft.*

ganz bestimmte Familien- und Beziehungskonstellation als Teil des rechten unteren Quadranten eigen ist.

So entspricht dem roten kriegerischen Mem das polygame Beziehungsprinzip, bei dem einzelne Männer mit sehr hohem sozialen Status viele Frauen haben, während anderen Männern der Zugang zu Sex ganz verwehrt bleibt oder nur innerhalb der Möglichkeiten der Prostitution haben.

Die lebenslange arrangierte Einehe gehört zum blauen, traditionellen, konventionellen Mem, ebenso wie die Einstellung, dass Partner füreinander Gefährten sein sollen, um die Probleme des Wirtschaftens gemeinsam zu lösen und sich in ihrer Sittlichkeit im Einklang mit den ewigen gottgewollten Gesetzen zu befinden.

Im orangenen Mem der Aufklärung und Moderne setzt sich das Konzept der Liebesehe durch. Sie gilt auch nicht mehr als unauflöslich, sondern kann beendet werden, wenn die Partner das beide wollen.

Typisch für das grüne, postmoderne Mem ist die zunehmende Komplexität des Innenlebens. Liebe, Intimität und Beziehung werden zum Zentrum der Sinnsuche und vielfach so überfrachtet, dass eine lebenslange Beziehung gar nicht mehr möglich ist. So ist die typische Struktur die schnell wechselnde serielle Monogamie und eine rege Beziehungs-Konfliktkultur. Leidtragende dieser Entwicklung sind vor allem die Kinder, die oft in größerer Unsicherheit von Allein-Erziehende- oder Patchwork-Familien aufwachsen, ohne die Sicherheit regelmäßiger Bezugspersonen.

Hier ist der nächste dialektische Schritt interessant. Im Rahmen des sich entwickelnden gelben Mems werden sich im rechten unteren Quadranten mit Sicherheit neue und interessante Möglichkeiten ergeben, die Fragen und Probleme des Zusammenlebens von Männern und Frauen zu beantworten. Ob es dabei zu einem Revival der verpflichtenden lebenslangen Monogamie kommen wird oder weiterhin serielle Monogamie, die Lebensabschnittspartnerschaft, die dominante Form sein wird, kann zurzeit niemand wirklich voraussagen. Eine Möglichkeit könnte auch sein, dass es zu einer Emergenz polyamorer Beziehungsmodelle kommt, in denen mehrere Menschen in relativ stabilen Beziehungsnetzwerken zusammen sind.

Vorteile einer integralen Perspektive

Eine integral informierte Sicht auf Beziehungen lässt einem vielleicht das eine oder andere Licht aufgehen. In seinem Buch *Integrale Beziehungen* untersucht Martin Ucik in einer bemerkenswerten Tour de Force mit Hilfe des integralen Modells, warum manche Beziehungen funktionieren und andere scheitern, und kommt zu recht erhellenden Schlüssen:

„Paare mit ähnlichen Lebensstilen, Interessen, Begabungen und Leidenschaften, die auf derselben Ebene ihrer … spirituellen und sexuellen Entwicklung stehen, mit gegensätzlichen Weiblich-Männlich-Polaritäten und komplementären Persönlichkeitstypen erleben die erfüllendsten Langzeitbeziehungen. Diese Kompatibilitäten erlauben ihnen, die sexuelle Attraktion und Synergie zu genießen und Konflikte mit ähnlichen Mitteln zu lösen, bis sie sich in ihren Entwicklungslinien voneinander entfernen oder ihre sexuelle Polarität verlieren. Partner mit kleineren Differenzen in ihrer Stufenentwicklung kommen unter Umständen miteinander klar und können einander in ihrem Wachstum unterstützen, während Paare mit größeren Diskrepanzen unlösbaren Konflikten begegnen werden, sobald sich der ursprüngliche Hormonrausch, der ihre rationale Wahrnehmung trübte und sie aufeinander durch rosarote Brillen schauen ließ, gelegt hat und sich die Alltagsrealität niedersenkt."[231]

Eine wichtige Rolle spielt nach Ucik die ‚primäre Fantasie', die die meisten Männer nach Jugend und Schönheit bei ihrem weiblichen Gefährten suchen lässt, die Frauen aber nach Status und Einkommen bei den Männern. Wenn ein potenzieller Partner dieser Fantasie entspricht, kommt es zu hormonellen Reaktionen, die manchmal verschleiern, dass die Partner gar nicht zusammenpassen, weil ihre Persönlichkeitseigenschaften, Werte aber auch allgemeinen Entwicklungsstufen nicht einander entsprechen. Ein integral informierter Mensch wird bei seiner Partnersuche nicht nur diese Fantasie integrieren, sondern auch die Werte, Charaktereigenschaften, Ziele und Entwicklungsstufen, wenn er oder sie nach einem passenden Partner Ausschau hält.

Menschen, die in glücklichen Partnerschaften leben, hatten nach Uciks Analyse entweder einfach Glück und gehören zu den außergewöhnlichen 7%, denen eine passende Beziehung beschieden ist, oder sie haben ihre Erfahrung genutzt, um einen passenden Partner anzuziehen, oder aber sie haben an ihrem Wachstum gearbeitet, um eine gesunde Beziehung gemeinsam zu erschaffen.

Nach dieser Einführung möchte ich nun auf zwei Fragen eingehen:

1) Was heißt es, eine integrale Beziehung zu führen?

2) Und was heißt es, eine tantrische Beziehung zu führen?

---

231. Ucik (2010), S. 119, Übersetzung von mir.

Integrale Liebesbeziehungen

Eine integrale Beziehung ist dann gegeben, wenn beide Partner wenigstens ansatzweise auf der gelben Entwicklungsstufe des Bewusstseins stehen, einander an ihrer jeweiligen Position in der Entwicklungsspirale unterstützen und bestrebt sind, den anderen auch wirklich zu sehen und nicht nur die eigenen Projektionen und unerfüllten Hoffnungen. Dazu möchte ich einige Aspekte betonen, zu denen mich u.a. David Schnarch und Martin Ucik inspiriert haben.[232] Die genannten Punkte kann man als Beziehungsleitfaden für Fortgeschrittene auffassen, die eine intime Liebesbeziehung nutzen wollen, um sich weiterzuenwickeln. Diese Aspekte werden dann eher kontraproduktiv, wenn man sie nur als unerreichbares Ideal vor sich sieht, ohne dass der Wille und die Basisfähigkeiten überhaupt stark genug sind.

1. Voraussetzung für eine integrale Beziehung ist, dass beide Partner eine evolutionäre Entwicklungsperspektive haben, sich umfassend weiterentwickeln wollen und die Beziehung als Lernfeld erkennen, in dem sich ihr eigenes Wachstum und das ihres Partners beschleunigt und vertieft.

2. Eine bewusste Beziehung sollte auf gemeinsamen Werten gegründet sein. Das ist in unserer Kultur, in der man von „sich Verlieben" spricht, noch eine seltene und erstaunliche Möglichkeit. Dies ist ein entscheidender Punkt, da es meistens sexuelle, emotionale oder finanzielle Unsicherheiten, Bedürftigkeiten oder Sehnsüchte sind, die unseren Wunsch nach Beziehung auslösen. Wenn solche Bedürfnisse auch zu einem gewissen Grad legitim sind, kommt es im Verlauf einer Liebesbeziehung unweigerlich zu dem Punkt, wo der Partner sie nicht mehr in diesem Ausmaß befriedigt, wie wir es gerne hätten. Dann sind wir mit diesem Schattenthema konfrontiert und tun gut daran, uns damit in Eigenarbeit, mit oder ohne Hilfe, gründlich zu beschäftigen.

3. Je mehr die Beziehung einer Vereinbarung entspricht, füreinander zum Zweck gegenseitigen Lernens und Wachstums da zu sein, desto stabiler und kraftvoller wird sie sich mit der Zeit anfühlen.

4. Eine integrale Partnerschaft geht über das behagliche Zusammensein hinaus und hat immer auch eine in die Welt gewandte Ausrichtung. Das Wohl der darin geborenen Kinder kann so ein Kontext sein, aber meist geht es noch um etwas anderes – wie etwa ein gemeinsames Projekt in der Welt. Als Paartherapeut erkenne ich, dass es oft an diesem mangelnden Beziehungssinn hapert, wenn eine Partnerschaft scheitert.

5. Eine integrale Fähigkeit ist die zur Differenzierung.[233] Damit ist die Fähigkeit gemeint, bei sich zu bleiben, seine Werte und Ideale offensiv zu vertreten und doch die Intimität und Nähe zum Partner aufrechtzuerhalten,

---

232. Vgl. Schnarch (2009), Ucik (2010).
233. Vgl. David Schnarch (2009).

ohne sich weiter zu verstricken. Zwei differenzierte Partner stehen beide zu ihrer inneren Wahrheit, machen keine vorschnellen faulen Kompromisse, halten nichts zurück und stehen doch in einer intimen und auch sexuell spannungsreichen Beziehung. Dazu gehört natürlich auch der Grundsatz, dem Partner gesunde Grenzen zu setzen und seine auch zu akzeptieren.

6. Zu einer integralen Beziehung gehört auch die Praxis fortgeschrittener, also tantrischer Sexualität. Integrale Paare sagen ja zu ihrer erotisch-sexuellen Polarität und praktizieren gemeinsam eine Form der spirituellen körperlichen Liebe.

Tantrische Beziehung

Was bedeutet es nun, eine tantrische Beziehung zu leben? – das ist eine Frage, die mich seit Jahren theoretisch wie praktisch sehr interessiert. Unter tantrischer Beziehung verstehe ich eine Wachstumsbeziehung, in der sich beide Partner auf dem tantrischen Weg befinden und in der sich beide verpflichtet haben, dem eigenen Wachstum und dem des Partners zu dienen. Insbesondere geht es darum, die Sexualität als Vehikel zu nehmen, sein Bewusstsein und seine Liebe zu erweitern und zu vertiefen.

Mann/Frau-Dynamik

Tantrische Partnerschaft bedeutet auch, die sich darin entfaltende Mann/Frau-Dynamik explizit als spirituelles Lernfeld zu nehmen. Verschiedene tantrische Autoren haben wertvolle Beiträge geliefert, wie man die Dynamik von männlich und weiblich ausloten kann, um zu einer gleichzeitig gleichberechtigten, aber auch dynamischen Partnerschaft zu kommen, in der man weder vom Becken noch vom Herzen her depolarisiert wird.

Zwischen den extremen Positionen eines konservativen Biologismus alter Schule und dem postmodernen Ansatz der Genderstudies, der behauptet, alle Unterschiede zwischen Männern und Frauen seien eine bloße Frage kultureller Zuschreibungen, plädiert das integrale Tantra dafür, zu akzeptieren, dass Männer und Frauen an sich unterschiedlich sind. Jedoch sollte man berücksichtigen,

1) dass jeder Mensch, Mann wie Frau, aus männlichen und weiblichen Anteilen besteht,

2) dass die individuellen Verschiedenheiten sehr groß sind,

3) und dass die Identifikation mit der Geschlechtsrolle im Falle des Zugangs zur nichtdualen Dimension mehr und mehr abnimmt.

Nichtsdestotrotz macht es für viele Menschen Sinn, sich zu ihrer Männlichkeit bzw. Weiblichkeit zu bekennen und diese grundlegende Polarität zu genießen und mit ihr zu spielen.

Sexuelle Polarität

David Deida,[234] ein weiterer Wegbereiter des integralen Tantra, dessen Lehre durch Kraft und Direktheit besticht, plädiert für ein neues Männer- und Frauenbild, das die Unterschiede zwischen den Geschlechtern wieder mehr betont. Er ist der Ansicht, dass es in einer post-postmodernen Kultur zu einer Erneuerung der Polarität von männlich und weiblich kommen wird, ohne dass es ein Rückfall in alte konservative Rollenklischees geben muss.

Aus Deidas Sicht gibt es bei all den Unterschieden so etwas wie männliche und weibliche Essenz. Etwa 80% der Männer haben in ihrem Inneren eine männliche Essenz, 10% eine neutrale und 10% eine eher weibliche, bei den Frauen ist es umgekehrt. Es ist wichtig, diese Essenzen zu erkennen, zu leben und zu verwirklichen, um wirklich eins mit sich zu sein und auch wachsen zu können.

Beim Mann ist die wichtigste Eigenschaft Präsenz, also geistig und körperlich wirklich da zu sein, das Leben zu umarmen und mit seinem tiefsten Lebenssinn dauerhaft in Verbindung zu stehen. Seine Gefühlstiefe soll in seinem Körper zu spüren sein. Wenn er am Ende des Tages ein inneres Gefühl hat, sein Bestes gegeben zu haben, ist er im Einklang mit seiner Essenz. Diese Präsenz zeigt sich im Berufsleben wie in der Verbindung mit anderen Menschen.

Die zentrale Eigenschaft der Frau ist Strahlkraft und Anmut. Eine Frau, so Deida, steht in Verbindung zu ihrer Essenz, wenn sie sich sorgenfrei im Augenblick entspannen kann. Sie findet dann zu einer einladenden Ausstrahlung, spürt ihren Körper gut und kann das heilige Licht der Liebe und sinnliche Wonne ausstrahlen. Das kann momentweise mitten in den Turbulenzen des Alltags geschehen.

Probleme der Depolarisierung

Ein Problem vieler Liebesbeziehungen ist ja der langsame sexuelle Wärmetod. Irgendwann hat man Kinder und Familie, hat alle Probleme gelöst, einen guten Alltag hingekriegt, und es fließt so gut wie keine erotische Erregung mehr zwischen den Partnern. So entsteht nur allzu oft eine Partnerschaft von zwei befreundeten Neutren, die nur noch wenig sexuelle Polarität

234. Vgl. Deida, David, *Der Weg des wahren Mannes* (2006), sowie andere Bücher des Autors.

miteinander teilen.[235] In der Regel ist das die Folge einer Depolarisierung: Der Mann verlässt den männlichen Pol, die Frau den weiblichen Pol. Der Mann hat nicht mehr die Aufmerksamkeit, Zielrichtung, Präsenz und Abenteuerlust in die Beziehung einzubringen, die Frau vernachlässigt ihre Schönheit, ihr Strahlen, die Harmonie und emotionale Fülle.

Deida verortet die Ursache in den eigentlich sinnvollen, aber nicht abgeschlossenen Entwicklungen der letzten Jahrzehnte. Seither haben Männer und Frauen im Westen zwar überholte Rollenklischees über Bord geworfen, dabei aber das Kind mit dem Bade ausgeschüttet und ihre Essenz-Aspekte verleugnet.

So finden wir im grünen Mem immer mehr den Typus der beruflich erfolgreichen Frau, die alles managt und kontrolliert und nicht mehr in der Lage ist, sich zu entspannen und das Steuer abzugeben. Auf der anderen Seite gibt es immer mehr Männer, die weibliche Eigenschaften kultiviert haben, denen es aber an Kraft, Mut und Widerstandsfähigkeit fehlt, um Erfolg im Leben zu haben oder eine Frau erotisch ausreichend zu inspirieren. Als Leiter von Frauen- und Männerseminaren begegnen meine Frau und ich immer wieder dieser Depolarisierung und den enormen Problemen, die das bereitet.

Eine Frau, sagt Deida, muss dem maskulinen Pol ihres Partners mehr vertrauen als ihrem eigenen. Dann kann sie sich in Liebe öffnen. Der Mann soll das Strahlen der Frau anziehender finden als sein eigenes. Dann kann die Sexualität mitreißend werden.

Unterschiedliche Wege für Mann und Frau?

Der Mann sucht Leere und Freiheit, die Frau Fülle und Liebe. Das Maskuline lenkt, das Feminine lädt ein. In diesem Zusammenhang stellt sich die Frage, ob spirituelle Wege für Männer und Frauen möglicherweise verschieden aussehen müssen. Für Männer scheinen sich eher Wege zu eignen, die auf ein klares Ziel zustreben und in denen Aktivität und Wille vorherrschend sind. Bei Frauen geht es vielleicht weniger um das Ziel als um den Weg. Sie streben oft nicht so intensiv nach Erleuchtung oder Selbstverwirklichung, sondern eher nach Harmonie und Fülle im Hier und Jetzt.

Andere spirituelle Lehrer wie Andrew Cohen sind hingegen der Ansicht, dass mit zunehmender spiritueller Entwicklung die Identifikation mit dem Geschlecht ohnehin abnimmt und es letztlich nur eine Art des spirituellen Weges gibt. Ken Wilber unterscheidet zwischen weiblichem Mitgefühl, das eher hegend und umsorgend ist und alles in Liebe einschließen kann, und

---

235. Die Sexologie spricht in der Tat von einem beständigen Libidoverlust in den Industriestaaten und nennt dieses Phänomen ‚low sexual desire'.

männlichem Mitgefühl, das zwar ebenso aus großer Liebe handelt, aber klar und unbestechlich bei der Wahrheit bleibt und Missstände anspricht. Im Laufe der persönlichen Entwicklung stehen jedem Menschen die zwei Formen des Mitgefühls mehr und mehr zur Verfügung.

Zusammenfassend kann man sagen, dass es vielleicht unterschiedliche Wege gibt, denselben Berg zu erklimmen, und dass manche eher Männern leicht fallen und manch andere eher Frauen; doch auch da gibt es viele Ausnahmen! Der tantrische Weg jedenfalls kultiviert die Polarität auch noch auf sehr hohen Stufen der Entwicklung.

Aus der Sicht von Deida gelten die Gesetze der Polarität auch für homo- und bisexuelle Beziehungen. Natürlich gibt es in diesen Subkulturen wieder eine eigene Dynamik. Grundsätzlich gelten aber die ganzen Prinzipien des integralen Tantra selbstverständlich auch für Schwule, Lesben und Bi-Menschen und ist ein schwules oder lesbisches integrales Tantra sehr gut vorstellbar.

Partnerschaft und Sexualität

Für den Tantriker ist die stetige Kultivierung der erotischen Anziehung in der Beziehung von zentraler Wichtigkeit. Das Ziel dabei ist, die Liebe stets frisch zu halten, für den anderen attraktiv zu bleiben, die Wärme im Herzen und das Kribbeln im Bauch nicht zu verlieren. Dazu bietet der tantrische Pfad verschiedene Möglichkeiten. Eine davon ist das beständige Üben, den Partner als Gott und die Partnerin als Göttin anzusehen.

Die Haltung eines Mannes gegenüber der Frau spiegelt seine Haltung zum Leben wider. Deshalb sollte der tantrische Mann drauf achten, das Shakti-Prinzip in seiner Partnerin und in allen Frauen zu respektieren und zu ehren und die Partnerin das auch täglich fühlen zu lassen. Entsprechend sollte auch die Frau dieses Prinzip in sich entdecken und entzünden und versuchen, die Göttin zu verkörpern.[236]

Für die Frau gilt, den Mann als Shiva zu sehen, ihn anzuerkennen, in seiner männlichen Kraft zu sehen und auch zu prüfen. Laut Deida ist es ein Liebesdienst der Frau am Mann, dass sie ihn immer wieder auf die Probe stellt und sich nicht mit Mittelmaß zufriedengibt.

Tantra und Beziehungsformen

Tantra ist in seiner Essenz ein radikaler und nichtdualer Weg, der sich in vielerlei Hinsicht stets jenseits der Konventionen bewegt hat. Vor allem linkshändige tantrische Praxis scheint mit sich zu führen, dass im Bereich

---

236. Douglas/Slinger (1999), S.148.

von Liebe und Sexualität umfassende Dekonditionierungen stattfinden. Als solcher bietet er auch Raum für ungewöhnliche Lösungen in der Frage der Beziehungsgestaltung.

Alle Beziehungsformen, monogam oder polyamor, auch das Alleinstehen im geistigen Zölibat, sind mit der Lehre des integralen Tantra vereinbar. Im integralen Tantra sind wir dementsprechend bemüht, Angebote zu machen, die sowohl monogamen Paaren als auch Menschen, die ihre Sexualität für mehrere Menschen öffnen wollen, zugänglich sind. Entscheidend ist es eher, dass diese Beziehungen einen passenden Kontext für kraftvolles spirituelles Wachstum bieten.

Monogamie

Tantrische Sexualität kann eine Möglichkeit sein, in exklusiven, monogamen Beziehungen zur Intimität und Differenzierung beizutragen. Paare können lernen, sich in ihrer Intimität in ekstatische Gipfel einzuschwingen, indem sie sich mit ihren erotischen Energien genau aufeinander einstimmen. Besonders die Möglichkeiten der Karezza- und Talorgasmus-Praktiken der gemeinsamen Entspannung können Paaren helfen, ein geradezu organisches Verständnis füreinander aufzubauen. Das kann im Einzelfall soweit gehen, dass beide in orgastische Zustände geraten, wenn sie nur voreinander sitzen und sich anschauen.

Wie ich es schon im Zusammenhang mit dem Ritual gesagt habe, gibt es einige gute Gründe, tantrische Sexualität in erster Reihe in der Partnerschaft zu leben. Im idealen Fall ist der Fluss der Liebe voll gegeben und der Herz-Genital-Kreislauf intakt. Somit sind auch die Voraussetzungen da, in der Sexualität in die Tiefe zu gehen. Darüber hinaus fördert Tantra sehr das sensible Hinspüren zu den subtilen Energien. Lass uns die Sache beim Namen nennen: Kondome unterbrechen den Fluss der subtilen Energien in vielen Fällen schon sehr. Weil Safer-Sex aber aus vielfachen anderen Gründen dringend notwendig ist, haben Menschen vor allem in einer festen Partnerschaft die Voraussetzungen, Sex ohne Kondome zu haben, was ich im Rahmen tantrischer Praxis befürworte.

Tantrische Partnerschaft erfordert allerdings die Fähigkeit, innerlich allein zu stehen, sich nicht völlig vom Partner abhängig zu machen und zu sehr an ihm anzuhaften. Beziehungssüchtige Strukturen voll gegenseitiger Abhängigkeit, wie sie in unserer Kultur leider öfter die Regel sind als die Ausnahme, sind ein Hindernis für das spirituelle Wachstum. In diesem Fall ist möglicherweise einiges an Schattenarbeit nötig, um hier eine heilsame Loslösung und Differenzierung zu vollziehen.

Erotischer Kontakt mit mehreren Menschen

Vorneweg gesagt: Es ist nicht jedermanns Sache, seine sexuelle Energie mit mehr als einem Menschen zu teilen, und es ist eine Fehlinterpretation des Tantra, wenn das generell gefordert wird. Die Frage, mit wie viel Menschen ich meine Sexualität teilen will, ist sehr intim und nur meiner Entscheidung und der meines Partners unterstellt. Eine zumindest vorsichtige sinnliche Öffnung zu Dritten hingegen dürfte eine notwendige Bedingung sein, um überhaupt den linkshändigen tantrischen Pfad gehen zu können. In unseren Gruppen gibt es immer wieder Momente, in denen heilige, rituelle Nacktheit in der Gruppe geteilt wird, und es findet auch Berührung, Umarmung und Zärtlichkeit statt. Wir ermutigen die Teilnehmer auch zu mehrhändigen Massagen.

Auch bei den sexuellen Ritualen, die man mit einem Partner vollzieht, teilt man gemäß den tantrischen Vorgaben den Raum mit den anderen Paaren, mit Leitern, Helfern und Zeugen. Es gibt immer die Möglichkeit, als Paar bei einem Seminar als *Free-Floater* mitzumachen, wo man sich entscheidet, manche Übungen auch mit Dritten zu machen, oder als *Deep-Diver*, als welche man alle erotischen Übungen mit dem Partner machen möchte. Partnerwechsel bei manchen sinnlich-erotischen Übungen ist eine wichtige Lernerfahrung und kann den Horizont der Einzelnen sehr erweitern, gerade auch dann, wenn dies einen Tabubruch darstellt. Solche Rituale sind ein guter Schritt aus der Konventionalität hinaus, bergen aber auch immer das Risiko, dass sich unterdrückte Gefühle oder der Machtimpuls des Ego einschaltet und das Ritual unter den Einfluss negativer Kräfte gelangen kann.

Für die meisten Menschen bedeutet eine erotische Öffnung, mit dem großen Lebensthema der Eifersucht konfrontiert zu werden. Die Wenigsten gehen da freiwillig gerne hin. Im Zusammenhang des Tantra sieht man allerdings Chancen, verschiedene Arten von Eifersucht teilweise oder ganz zu überwinden oder einigermaßen in den Griff zu kriegen. Bei manchen reicht es, sich geistig mit einem neuen Lebensparadigma auseinanderzusetzen, für andere führt die Begegnung mit diesem Schatten zu alten schmerzlichen Wunden. Dann empfiehlt sich eine Psychotherapie, um sich das anzuschauen. In manchen Fällen ist die Eifersucht auch noch zu hoch, und man muss auf solche Experimente verzichten. Schmerzhaft und problematisch wird es natürlich da, wo die Partner sich nicht einig sind.

Polyamorie

Mit dem Modell der Polyamorie[237] hat sich in den letzten Jahren eine ethische Idee zur Gestaltung intimer Beziehungen verbreitet, die die Beständigkeit und Sicherheit monogamer Beziehung mit dem Wunsch vieler

237. Vgl. dazu auch meine Webseite www.polyamorie.de.

Menschen nach Abwechslung und neuer Inspiration verbinden möchte. Unter Polyamorie versteht man den nicht besitzergreifenden, ehrlichen und verantwortungsbewussten Lebensstil, mehrere Personen gleichzeitig und offen zu lieben. Polyamorie umfasst sexuelle Gleichberechtigung und strebt nach einem erweiterten Kreis von partnerschaftlicher Intimität und Liebe. Den polyamoren Weg im tantrischen Kontext konsequent zu gehen, kann als eigener Pfad angesehen werden. Alleine führt er nicht zur Vervollkommnung, aber die damit verbundenen Konventionen zu durchbrechen und Mehrfachbeziehung in Liebe zu meistern, kann sich als enormer Wegbeschleuniger erweisen.

Eine Warnung: Der polyamore Weg ist ähnlich wie der monogame auch voller Brüche, voller Gefahren und auch voller Lügen und Halbwahrheiten. Wenn Menschen zu mir kommen und Rat suchen, weil sie sich polyamor öffnen wollen, weise ich sie darauf hin, dass Polyamorie bedeutet, sich und dem Partner zuzumuten, auch mal in der Position des Ausgeschlossenen zu stehen und die damit einhergehende Einsamkeit schultern zu können.[238]

Dafür sind vielleicht vielfältigere Freuden möglich, gewiss aber auch ein größeres Maß an Auseinandersetzung, die auch ein gutes Maß an Selbstsicherheit und Kommunikationsfertigkeiten voraussetzen. Polyamorie soll nicht als Möglichkeit missverstanden werden, Defizite in der Beziehung durch eine Art Ergänzungspartner auszugleichen. Tantrisch verstandene Polyamorie heißt für mich, dass ein Paar in der Lage ist, einen großen energetischen Überfluss zu schaffen, auf der Körper-, der Herz- und der Geistebene und dazu bereit ist, diesen Überschuss auch mit anderen zu teilen.[239]

Praktische Vereinbarungen

Für wichtig halte ich in diesem Zusammenhang vor allem, dass Partner sich dem Thema explizit stellen, wie viel Sicherheit und wie viel Abenteuer sie brauchen, bis hin zu festen Nebenbeziehungen. Bewusste tantrische Partnerschaft schließt ein, dass ein Paar fähig ist, diese Fragen für sich wahrheitsgemäß zu beantworten, Kompromisse zu finden und Vereinbarungen zu treffen, die beiden gut tun. Die gängige Praxis in unserer Kultur, die monogame Exklusivitätsvereinbarung vorauszusetzen, ohne darüber zu sprechen, wird wahrscheinlich schon bald einer anderen Norm weichen. Auch Monogamie sollte eine bewusste Wahl darstellen und nicht aus Angst, sondern aus Inspiration heraus motiviert sein.

Von der Vielzahl an möglichen Vereinbarungen zähle ich hier einige auf:

a) Eine feste Zweierbeziehung mit sexueller Treue.

---

238. Vgl. Widmer (1998), Essenz schauen – hier werden diese Fragen sehr sensibel erörtert.
239. Makaja (1998), S. 248 f.

b) Wie a., aber mit Ausnahmen im Falle von Massagen oder anderen Formen von eher sanfter Erotik.

c) Monogame Partnerschaft mit Freigabe nur zu tantrischen Settings, wo beide anwesend sind/nur einer von beiden anwesend ist.

d) Offene Beziehung, in der nur Sex mit anonymen oder weniger vertrauten Partnern erlaubt ist „Sex ja, Liebe nein" (viele Swinger handhaben das so.)

e) Poly-Beziehung mit einem oder mehreren Nebenpartnern, wobei aber klar ist, wer die Nummer eins ist, auch dies ist möglich mit oder ohne Veto-Recht des primären Partners.

f) Mehrfachbeziehungen ohne einen Hauptpartner.

Der Vollständigkeit halber: Es gibt auch die „Don't ask, don't tell"-Vereinbarung. Hier kann man Erotik und Sex mit anderen bei absoluter Verschwiegenheit und Diskretion teilen. Ich habe so meine Zweifel, dass eine solche Vereinbarung wirklich die Nähe und Intimität zwischen Partnern unterstützt – es kann aber eine Möglichkeit sein, das Bedürfnis nach Abwechslung dort zu leben, wo die Partner noch nicht bereit sind, sich mit den Schattenseiten auseinanderzusetzen, die mit Mehrfachbeziehungen verbunden sind.

Aus meiner Sicht ist es auch wichtig, zu vereinbaren, welche Voraussetzungen ein eventueller Nebenpartner mitbringen soll. Man könnte z.B. die Bedingung haben, dass er auch mit dem tantrischen Weg vertraut ist, dass er auch hinter der Polyamorie steht, sich auf einem spirituellen Weg befinden soll, Nichtraucher ist usw. Polyamorie muss nicht heißen, dass man jede Art von Energie in seinem Feld willkommen heißt. Ich kann tantrischen Poly-Paaren nur empfehlen, solche Vereinbarungen ernst zu nehmen, sich dafür Zeit zu lassen und sie evtl. sogar schriftlich zu fixieren. Sie sind dann ein Ausdruck des gemeinsamen Wollens der Partner und zeigen, dass man sich gegenseitig ernst nehmen will und nicht einfach den Beziehungsmodus vergangener Jahrhunderte unbewusst kopieren möchte.

Integrale Debatte um Polyamorie

Im integralen Umfeld findet eine Debatte über Monogamie und Polyamorie statt. Der transpersonale Therapeut Robert A. Masters etwa formulierte die These, dass mit einer integralen Weiterentwicklung der Wunsch nach sexuellen Nebenbeziehungen transzendiert würde, da Mehrfachbeziehungen immer einen Verlust an Verbindlichkeit und Tiefe bedeuteten. Ich finde Masters Einwände nur insofern richtig, als er das prä-konventionelle Experimentieren mit unverbindlichen Beziehungen bei gleichzeitiger Angst vor Nähe und Einlassen meint. Dafür aber, könnte man argumentieren, stellt unsere Gesellschaft doch schon eine optimale Form zur Verfügung: die serielle Monogamie, die in vielen Kreisen ja eher die Norm als die Ausnahme bildet. Auch die schon genannten David Deida und David Schnarch sehen die Polyamorie skeptisch, unter dem Gesichtspunkt, dass die meisten Menschen dazu noch nicht in der Lage wären. „Die meisten Männer sind schon mit einer Frau überfordert“[240]„Um Polyamorie zu leben, braucht es einen sehr hohen Differenzierungsstand aller Beteiligten. Ich treffe aber meistens Poly-Menschen, die wenig differenziert sind.“[241]

Dass es oft Umsetzungsprobleme gibt, widerlegt meines Erachtens jedoch nicht die Idee als solche. „Verbindliche Beziehungen mehrerer Menschen, die sich in Achtsamkeit und Liebe begegnen, bringen das Beste zusammen: Tiefe und Spanne“ schreibt Emily Baratta.[242]

Der dem integralen Spektrum zuzurechnende Autor Hardy Fürch argumentiert für eine integrale polyamore Liebe. Polyamorie verhält sich zur Monogamie emergent, weil sie die Monogamie transzendiert und einschließt. In der Polyamorie soll die Verbindlichkeit und Tiefe der Monogamie gewahrt werden und noch etwas Neues dazu kommen. Indem eine so verstandene Polyamorie andere Menschen in die Beziehung hineinnimmt, erhöht sich der Komplexitätsgrad. Durch die Konfrontation und letztliche Überwindung von Enge und Angst ist sie auch ein spiritueller Wachstumspfad.[243]

Der kroatische Tantra-Lehrer Makaja ist der Ansicht, dass die polyamore Vielehe – die er *Zajedna* nennt – eine evolutionäre Emergenz zur Ehe darstellt und die Form, in der die Probleme der kommenden Jahrzehnte am ehesten gelöst werden können, da sich dort die Bedürfnisse nach Verbindlichkeit und Harmonie sowie die Bedürfnisse nach Abwechslung gegenseitig ergänzen.[244]

Ich plädiere hier entschieden für ein Nebeneinander von frei gewählter Monoamorie und frei gewählter Polyamorie und finde letztlich beide Möglichkeiten wachstumsfördernd; ebenso wie ein frei gewählter Zölibat das sein kann. Möglicherweise ist es eine Typ-Frage, zu welcher Beziehungsform man mehr tendiert, man kann sich da auch im Laufe seines Lebens ändern. Entscheidend ist eher, wie man diese Beziehungsformen lebt: Alle drei Varianten können Teil einer integralen Kultur sein, möglicherweise kann man aber je nach Lebensform unterschiedliche Lektionen lernen: Verbindlichkeit und Verzicht auf egoistische Befriedigung in der Monogamie, Verbindlichkeit und Teilen in der Polyamorie, Verzicht und völlige Konzentration auf ein spirituelles Ziel im Zölibat.

---

240. Vgl. Deida (2006), S. 107
241. Schnarch, pers. Mitteilung, 2011.
242. Baratta (2010), S. 116 f.
243. Fürch, in Amarque (2010).
244. Sein Buch *Der erleuchtete Eros,* in dem die Zajedna-Idee ausführlich erläutert wird, möchte ich dem interessierten Leser hier unbedingt ans Herz legen.

Andere wichtige Beziehungen

Die Qualität eines integralen Weges misst sich immer auch danach, ob man mit seinen wichtigen menschlichen Beziehungen gut klarkommt oder hier immer wieder an die gleichen Schwierigkeiten und Schatten-Themen stößt: zu Kindern, zu Eltern, zu Freunden und zu Kollegen. Ein integraler Ansatz kann und soll diese einzelnen Beziehungen und die darin auftretenden Themen wie etwa ‚integrale Elternschaft' oder ‚Zusammenleben mit älteren Menschen aus integraler Sicht' in den Fokus rücken und beleuchten. Das passt aber nicht mehr in den Rahmen dieses Buches, daher lassen wir es bei der kurzen Erwähnung.

Gruppendynamik

Durch das Neo-Tantra ist die Dynamik des tantrischen Gruppenfelds als Wachstumsmöglichkeit stärker in den Fokus gerückt. In der Regel entsteht durch das erotische Thema eine intensivere Gruppendynamik als bei Yoga- oder Zen-Trainings. Die Frage, wie eine tantrische Wachstumsgruppe ein kraftvolles Gruppen-Wir entwickeln kann, in dem Lern- und Bewusstseinsprozesse beschleunigt passieren können, ist dabei besonders interessant. Dieses Phänomen habe ich in meiner Praxis als Lehrer oft und gründlich erfahren, meistens, als der Vertrauensbildungsprozess abgeschlossen war und die Positionierungs- und Identitätskämpfe aufgehört hatten. Es scheint, als ob tantrische Praxis in der Gruppe durch ihre Nähe zu den Fragen um Liebe und Sexualität ein besonders starkes gemeinschaftliches Lernfeld schafft, in dem der Einzelne getragen wird und anstrengungsfreier lernen kann. Dieses Phänomen wollen wir in der Praxis des integralen Tantra natürlich verstehen und nutzen lernen.[245]

Fazit

Die wahre Kraft der tantrischen Praxis zeigt sich, wenn andere Menschen ins Spiel kommen. Tantra, wenn es authentisch ist, wird einen Menschen, Mann oder Frau, dazu befähigen, verbindliche, kraftvolle und ekstatische, aber auch gut differenzierte Beziehungen einzugehen, die von Intimität, Großzügigkeit und Inspiration geprägt sind. Man könnte auch sagen, Beziehung zu leben und das gut zu machen, ist die eigentliche tantrische Kunst.

---

245. Exzellente Bücher zu diesem Thema: Thomas Hübl (2009), *Sharing the Presence* und Kosha Anja Joubert (2010), *Die Kraft der kollektiven Weisheit.*

19. Ins Tun kommen

Nur durch Handeln kommt meine Liebe und mein Segen in die Welt.

Arbeit

Im Rahmen der Integralen Lebenspraxis versteht man unter Arbeit alle Aspekte der Tätigkeit in der materiellen Welt. Dabei kann es um folgende Fragen gehen: Tue ich wirklich das, was ich möchte? Nehme ich den richtigen Platz ein, von wo aus ich mit meinen Talenten optimal in der Welt wirken kann? Habe ich mit meinen Unternehmungen den Erfolg, den ich mir wünsche? Oder, einfacher, bin ich in der Lage, mich und die Menschen, für die ich Verantwortung trage, materiell gut zu versorgen? Erfülle ich meine sonstigen Verpflichtungen, die ich eingegangen bin? Wie steht es um meine ehrenamtlichen Tätigkeiten? Verschenke ich mich an die Welt oder bin ich geizig? Jemand, der für sich das Modul Arbeit in den Wachstumsfokus gerückt hat, wird bestrebt sein, hier sein Bestes zu geben.

Der explizite tantrische Ansatz zu dieser Frage kann vielleicht darin gefunden werden, dass jemandem, der die tantrischen Lehren gemeistert hat, auch zuzutrauen ist, weltlichen Erfolg zu haben. Im Tantra soll weder das Geistige noch das Weltliche vernachlässigt werden. Es ist also durchaus erlaubt, ja sogar geboten, sein Wissen um die Zusammenhänge des Lebens auch im Ökonomischen zu entfalten. Tarthang Tulku, der zur alten tantrischen Schule der *Nyingmas* gehört und ein Musterbeispiel für einen sehr konkreten und geerdeten tibetischen Lama ist, hat in seinem schönen Buch *Die innere Kunst der Arbeit* viele Beispiele genannt, wie die tägliche Arbeit jenseits von Routine und Langeweile gestaltet werden kann und sich mit spiritueller Praxis verbinden lässt.[246]

Die meisten, die sich von integralem Tantra angesprochen fühlen, befinden sich innerlich irgendwo zwischen der grünen und gelben Stufe der Bewusstseinsentwicklung. Charakteristisch für Grün ist eine gewisse Vernachlässigung des materiellen Bereichs, oft aus echter Betroffenheit, weil man erkannt hat, wie viel Unheil der Schatten von Orange auf der Welt angerichtet hat. Meistens vermischt sich das aber auch mit einer Verweigerung, Verantwortung für sich selbst zu übernehmen, und einem Verharren in einer Opferstruktur. Wer sich auf dem Weg zu Gelb macht, wird nicht umhin können, gesundes Orange zu integrieren, und das bedeutet meistens, wirtschaftlich auf die Beine zu kommen UND in seiner Arbeit auch grüne Werte zu leben.

---

246. Vgl. Tarthang Tulku (1992).

Das kann bedeuten, dass man sich eine Arbeit sucht, die das Gute in der Welt mehrt, es kann auch heißen, dass man versucht, am Arbeitsplatz und in der Weise, wie man arbeitet, für Frieden und Harmonie zu sorgen und für seine Mitmenschen ein offenes Ohr zu haben (das geht auch in einer Fabrik oder in einem Amt). Es kann auch bedeuten, das Geld, das man mit seiner Arbeit verdient, in einem ethischen Sinne zu nutzen und zu investieren. Manche kanalisieren auch die zusätzliche Kraft, die sie durch die Praxis erhalten haben, um in einem Ehrenamt tätig zu sein, oder indem sie sich im Feld der Politik für eine bessere Welt engagieren.

Das spirituelle Indien kennt den Weg des Karma-Yogas, der in dem heiligen Buch der *Bhagavadgita* beschrieben ist: Selbstloses Handeln, ohne an die Früchte des Handelns, seien sie nun gut oder schlecht, anzuhaften, führt zur Befreiung. In diesem Sinne haben auch viele tantrische Meister gehandelt. Karma-Yoga als Tätigkeit im Dienste der Gruppe und darüber hinaus zum Wohle der Wesen wird auch in unseren Kursen immer wieder praktiziert, auch um die hohen Energien, die durch Meditation, Körperarbeit und Erotik entstehen, immer wieder zu erden und zu harmonisieren.

Kunst

Kunst und Kreativität sind in der tantrischen Tradition von herausragender Bedeutung. Im Zusammenhang mit den tantrischen Lehren entstanden und entstehen eine Vielzahl von Kunstwerken, die in Verbindung mit der spirituellen Praxis und dem Ritual stehen: Bauwerke und Tempel, Skulpturen, Meditationsbilder, Yantras, Mandalas, spirituelle Literatur, Gedichte und Musik, um nur einiges davon zu nennen. Aus diesem Grund fällt es mir besonders leicht zu begründen, warum Kunst (und damit Kreativität) als zusätzliches Modul in das Programm des integralen Tantra aufgenommen werden soll.

In der integralen Szene wird dies schon seit einer Weile diskutiert. Steht Kunst und Kreativität bei Ken Wilber noch im Emotions-Modul untergebracht, werden sie in der neuen Einteilung von Patten und anderen im Buch *Integrale Lebenspraxis* als eigenes Modul genannt, was dem vielschichtigen Wesen der Kunst und ihrem transformativen Potenzial besser gerecht wird.

Für das zeitgemäße integrale tantrische Sadhana empfehle ich (mindestens) eine kontinuierliche kreative Praxis in einem Gebiet, in dem man vielleicht ohnehin schon individuelle Talente hat. Das kann im musikalischen Bereich sein – in unserem Institut pflegen wir beispielsweise das gemeinsame Mantra- und Bhajan-Singen als rituell-spirituelle Kunstform, die auch sehr herzöffnend ist. Es kann auch in den Bereich von Musik machen oder produzieren, Singen oder Arbeit mit einem Instrument gehen. Auch das intensive Musikhören kann zu einer spirituellen Praxis verfeinert werden.

Im bildnerischen Bereich haben wir uns in unserem Institut auf das Anfertigen von Yantras spezialisiert, von denen wir sowohl ganz traditionelle Formen anfertigen als auch Gelegenheit lassen, eigene Symbole in die yantrische Form einzubringen. Talentierten Menschen rate ich, Gottheitsbilder oder Skulpturen zu erstellen. Grundsätzlich ist hier alles möglich, auch Fotografie oder Videokunst- solche Betätigungen können einen wesentlichen Teil der eigenen Sadhana ausmachen.[247]

Tantra und Tanz

Zur Zeit ist ein Trend festzustellen, Tantra und Tanz zu verbinden. Immer mehr tantrische Institute bieten Seminare und Ausbildungen an wie ‚Tantra und Tanz', ‚Tantra und Tango' etc. Speziell die von Steve Paxton und anderen in den frühen 1970er Jahren eingeführte Kontakt-Improvisation scheint sich gut mit tantrischem Gedankengut kombinieren zu lassen. Oft werden auch Tanz-Meditationen wie die ‚Fünf Rhythmen' von Gabrielle Roth im Zusammenhang mit neo-tantrischen Workshops angeboten. Auch der schon genannte Tandava oder ‚Shiva-Tanz', der auf Daniel Odier zurückgeht und der kaschmirischen Tradition entstammen soll, lässt sich an der Schnittstelle von absichtsloser, nichtdualer tantrischer Praxis und künstlerischen Tanzausdruck lokalisieren. Die Kunstfertigkeit mancher tantrischer Masseure erinnert ohnehin auch an einen bewegenden Tanz zweier Körper. Wie ich feststellen konnte, sind einige Tantra-Anbieter auch als Tänzer tätig, sei es im Ballett und Modern Dance, sei es im Standardtanzen.

Tantra, Literatur und bildende Kunst

In der tantrischen Tradition sind viele Gedichte und Lieder geschrieben worden, um der ekstatischen nichtdualen Dimension Ausdruck zu verleihen. Aus meiner Sicht haben auch einige der bekanntesten Dichter der letzten Jahrhunderte, wie Walt Whitman oder Rainer Maria Rilke, tantrische Züge. Die indische und tibetische Tradition verzeichnet vielerlei tantrische Geschichten und Erzählungen über das Leben bedeutender Gurus und Praktizierender. Meine Frau Mara Fricke-Wirth, Kunsttherapeutin und Tantra-Lehrerin, schrieb in einem Beitrag für die Zeitschrift Connection:

> *„Kreativität und künstlerische Betätigung, sei es im Malen, Tanzen, Singen oder Theater spielen, gehören zu den archaischen Ausdrucksformen des Menschen. Jeder Mensch hat Zugang zu diesem Energiestrom. Der kreative Ausdruck, der Wunsch zu gestalten, gehört sogar zum Grundbedürfnis eines Menschen. In der tantrischen Chakra-*

247. Ich schätze hier z.B. den Fotografen Jan Saudek als intuitiven ‚tantrischen' Künstler.

Lehre wird die Kreativität im Zusammenhang mit der Sexualität gesehen. Hier liegt unsere Kraft, die Welt und unser Leben zu befruchten und in Schönheit zu gestalten. Und hier liegt auch unsere Kraft, zu zerstören."[248]

Ein wichtiger Aspekt tantrischer Kunst, den ich im Kapitel 6 schon erwähnt habe, ist, dass sie vom persönlichen, oft narzisstisch Gefärbten, wegführt, und versucht, das Allgemeine, Verbindende und Archetypische darzustellen. Der Künstler selbst tritt bescheiden hinter sein Produkt zurück. Tantrische Kunst hat oft auch eine Verbindung zum tantrischen Ritual. So ist das kreative Ausgestalten eines tantrischen Ritualraums selbst schon ein kreativer Akt, an dem sich am besten die ganze Gruppe liebevoll beteiligt. Kunstobjekte wie Yantras, poetische, musikalische oder tänzerische Schöpfungen können ins Ritual integriert werden. So webt eine tantrische Gruppe an immer tieferer Verbindung und Sinnhaftigkeit.

Kunst verbindet uns mit der schöpferischen Quelle und führt uns in Räume hoher Konzentration und großer Mühelosigkeit. Meine Erfahrung als Tantra-Lehrer ist, dass Momente kreativer Betätigung oft das ganze Gruppenfeld in einen äußerst angenehmen Raum führen, in dem es nicht mehr so viel um die Beschäftigung mit dem Personalen geht. Ich denke, dass das Potenzial des Kreativen im modernen Tantra noch nicht genug erkannt wurde und Tantra-Praxis in Verbindung mit einem kreativen Weg sicherlich zu schnelleren und nachhaltigeren Ergebnissen führt.

Fazit

Handlung und kreatives Tätigsein sind eine wichtige Schnittstelle von Praxis und umgebender Welt. Die Lehren des Tantra zielen darauf hin, dass sich Praktizierende kraftvoll nach außen wenden und tätig werden. Sowohl die Arbeit als auch die künstlerische Betätigung sind zwei Spielfelder, die viele Möglichkeiten bieten, das Erfahrene mit anderen zu teilen.

---

248. Mara Fricke, *Kunst und Tantra,* Connection Spezial Kunst, 2004.

20. Die Praxis im Alltag verankern

Wie wir alle wissen, nützt die beste spirituelle Lehre nichts, wenn wir es nicht schaffen, sie so in unserem Leben zu verankern, dass sie anfängt, zu wirken und Früchte zu tragen. Die Integrale Lebenspraxis ist so konzipiert, dass letztendlich das ganze Leben zur Praxis wird. Denn letztendlich kommt es darauf an, was für ein Mensch ich bin, wie bewusst ich im Alltag bin, wie ich mich in meiner Arbeit und meiner Freizeit verhalte, wie ich meine Partner, Freunde, Eltern und Kinder behandle und ob meine Anwesenheit im Leben anderer einen Fluch oder einen Segen darstellt.

Die meisten Menschen brauchen Phasen von formaler Praxis in ihrem Alltag, also Zeiten, in denen sie sich durch Meditation, Yoga usw. intensiv dem eigenen Wachstum widmen. Das Ziel ist jedoch, die dort erfahrene Bewusstheit immer mehr in den ganz normalen Alltag zu bringen. Wenn jemand nun integrales Tantra in seinem Leben verankern will, sollte er sich regelmäßige Zeiten freistellen, in denen er die vier Hauptmodule übt: Körper, Verstand, spirituelle Praxis und Schatten/Emotion. Die Module des Willens und der Ethik sind das Scharnier, wie diese Praxis in den Alltag umzusetzen ist. Als Tantriker bietet es sich natürlich an, das sexuelle Modul regelmäßig zu üben und seine Fähigkeiten dort beständig zu erweitern, und wenn vorhanden, auch im Bereich der Beziehungen.

Wie lassen sich aber, werde ich immer wieder gefragt, all diese Dinge in einen ohnehin schon vollen Alltag voller Verpflichtungen auf eine gute Weise einbauen? Nun, wer sich schon mal auf eine kontinuierliche Praxis eingelassen hat, macht die Erfahrung, dass der Zeitverlust auf andere Weise wettgemacht wird. Oft wird ein Teil der Lebenszeit auf sinnlose Weise vor dem Fernseher oder im Internet vertrödelt. Und wie viel Zeit geht durch unnötige Beziehungsstreitigkeiten oder unkonzentriertes und ineffizientes Arbeiten verloren? Regelmäßige Meditation, Yoga oder Pranayama, verbunden mit einer therapeutischen Begleitung, hilft uns oft, verborgene Ressourcen in unserer Zeiteinteilung zu finden und führt- nicht nur in meinem Fall – zum paradoxen Effekt, mehr und nicht weniger Zeit zu haben.

Wenn man die Praxis in den Alltag einpflanzen will, ist vorher eine genaue Analyse notwendig. Dafür ist es sinnvoll, richtig einzuschätzen, was man denn bereits in den einzelnen Modulen tut, aber auch Lücken zu identifizieren, sei es jetzt im körperlichen Bereich, beim Schatten oder wo auch immer. Als nächster Schritt ist es wichtig, sich bestimmte Praktiken für alle Module auszuwählen und die dann auch wirklich zu praktizieren. Dabei wird es wohl nötig sein, die Praxis mit dem Alltag wiederholt abzustimmen und auch immer wieder flexibel anzupassen. Je nach Person und eigener Motivation und Willensstärke wird es nötig sein, sich Hilfe und Unterstützung entweder bei Gleichgesinnten oder auch bei Lehrern zu holen. An Tagen, in denen man unter Zeitdruck steht, ist es besser, nur wenig und kurz zu praktizieren als es ganz sein zu lassen. Zwei Minuten Yoga sind besser als nichts, und man kann sich auch nach fünf Minuten Meditation schon wieder erfrischt fühlen (obwohl das wahrscheinlich nicht ausreicht, um spirituell wirklich Fortschritte zu machen).

Zur regelmäßigen täglichen bzw. wöchentlichen Praxis sollen zur Ergänzung dann auch Retreats, Einzelretreats, Workshops und Intensivzeiten dazukommen, in denen man sich verstärkt der Praxis widmet, alleine oder mit der Begleitung fachkundiger Lehrer. Diese Zeiten sind nötig, um Abstand von einem immer gleichen Alltagstrott zu kriegen, in denen man des Öfteren meint, auf der Stelle zu stehen. Gerade in der tantrischen Tradition sind intensive Zeiten des spirituellen Übens, die man langfristig plant und in denen man sich nur den geistigen Zielen widmet, stark verankert.

Praxisanforderungen

Ich denke, selbst bei einem gut gefüllten Alltag sollte versucht werden, sich etwa eine Stunde am Tag den regelmäßigen Modulen für Körper und Spiritualität zu widmen, etwa in einer Kombination aus Asanas, Pranayama und Meditation. Dazu kommt eine gewisse Zeit für geistige Beschäftigung sowie eine therapeutische oder selbsterfahrungsbezogene Begleitung (etwa einmal die Woche oder etwas öfters). Tantriker versuchen auch die Sexualität, die man alleine oder mit dem Partner verbringt, als Praxiszeit anzusehen und mit einer entsprechenden Achtsamkeit und Präsenz auszuüben.

Wenn man mehr Zeit hat, etwa am Wochenende oder im Urlaub, lässt sich sicherlich noch mehr für die Praxis einplanen. Manche Menschen nehmen sich einmal im Monat Zeit für einen intensiven Praxistag, evtl. auch verbunden mit Fasten oder Schweigen, bzw. widmen sich einer ganz bestimmten Praxis für bestimmte Abschnitte intensiver.

Wichtig ist hierbei, die Praxis frisch und freudvoll zu halten, also Flow und Freude zu spüren und nicht in einen fruchtlosen Trott zu verfallen, der sich nach Anstrengung, Kampf und Mühe anfühlt. Dazu gehört, dass man sich selbst kennt und sich weder über- noch unterfordert. Letztlich ist es immer eine Kunst, die Praxis ans eigene Ich anzupassen und sie so zu formen, dass es für einen selbst funktioniert.

Weil die meisten Menschen keinen ausreichend starken Willen dafür haben, entwickeln viele sich mit einem geeigneten Lehrer, der die Aufgabe übernimmt, seine Schüler zu motivieren, sehr viel schneller. Im Sektor der tantrischen Praxis, vor allem im fortgeschrittenen Bereich, wird es kaum möglich sein, wirkliche Fortschritte ohne kompetente Lehrer zu machen.

Wenn man jedoch die Idee der integralen Module im Alltag konsequent einsetzt, ist die Chance sehr hoch, ein gut balanciertes und ganzheitliches Leben zu führen, das einen ohnehin schon mal optimal auf tiefere tantrische Weihen vorbereitet und andererseits auch das Niveau zu halten, das man vielleicht durch Kurse und Jahrestrainings schon erreicht hat.

Integrales Tantra konkret

Nun stellen sich manche nun vielleicht die Frage, wie weit das integrale Tantra in der Praxis schon verwirklicht ist und wo man so etwas lernen kann.

1. Integrales Tantra ist so konzipiert, dass man es als Leitlinie für seine eigene Praxis nehmen kann. Wer nun bei seiner Übung zu Hause ein ILP-Training nach Baukastensystem macht, das insbesondere die Arbeit mit den Körperenergien berücksichtigt und dabei auch die Module Sexualität und Beziehung im Fokus hat, praktiziert schon eine Art integrales Tantra. Diesen Menschen möchte ich durch diese Buch Anregungen auf ihrem Weg mitgeben. Ich denke aber, tieferes Tantra-Wissen braucht einen Lehrer oder eine Lehrerin, die selbst Erfahrungen gemacht hat und das vermitteln kann.

2. Einige Schulen genügen schon zu großen Teilen den Gütekriterien des integralen Tantra. Ich möchte hier eine Aufzählung machen, die natürlich nicht vollständig sein kann: Sicherlich zählt die schon erwähnte Komaja-Schule dazu, aber auch Institute, die vom Neo-Tantra herkommen wie das Istituto Maithuna in Italien und die Tantrische Vision in Kassel. Als integrale Hatha-Yoga Institute, die ein eher rechtshändiges Tantra lehren, wären zu nennen: Das Yoga-Vidya-Institut in Bad Meinberg, die rumänische Schule MISA, die Agama-Schule in Thailand, sowie die Skandinavische Yoga-Schule um Swami Janakananda.

3. In Zukunft soll es möglich sein, Kurse in integralem Tantra auch online und über E-mail zu buchen. Unterweisungen werden dann in Video- oder Audio-Form geliefert. Dieses Projekt soll in der nächsten Zeit verwirklicht werden.

4. An unserem Institut Secret of Tantra biete ich mit meiner Frau Mara Fricke-Wirth jetzt schon ein ein-bis zweijähriges Training an, um die Basics des integralen Tantra zu vermitteln. Interessierte sind herzlich eingeladen, sich dafür anzumelden bzw. zu bewerben. Genauere Infos sind unserer Webseite www.secret-of-tantra.de zu entnehmen.

Module des integralen Tantra- ein Beispiel

Die schon existierende Form, die wir in unserem Institut lehren, soll beispielhaft illustrieren, welche Methoden mit Erfolg kombinierbar sind und eine Idee davon vermitteln, wie diese manchmal doch abstrakten Gedanken in der Praxis dann aussehen. Hier möchte ich die verschiedenen Methoden benennen, die wir in unserer Synthese nutzen und in einen Zusammenhang mit den Modulen (s.u.) setzen.

Das Jahrestraining 1 wendet sich an Menschen, die den tantrischen Weg kennenlernen wollen und sich entschieden haben, ein Jahr lang diesem Weg eine hohe Priorität in ihrem Leben einzuräumen. In vier Blöcken a fünf Tagen werden die Lerninhalte vermittelt. Gleichzeitig findet ein intensiver Gruppenprozess statt. Die Methoden und Lerninhalte sind an den Modulen des integralen Tantra orientiert. Die wichtigsten Elemente sind:

- Im Körpermodul Hatha-Yoga, Pranayama und Massage;
- Im Verstandes-Modul tantrische Grundlagen, das Konzept des feinstofflichen Körper und integrale Inhalte wie das AQAL-Modell und Spiral Dynamics;
- Im Spiritualitätsmodul innere Mantra-Meditation, Komaja und verschiedene Stufen tantrischer Rituale;
- Im Psychodynamik-Modul das ZEGG-Forum, Bonding und Quantum Light Breath;
- Im Punkt der Sexualität zuerst sexualtherapeutische Methoden, Einüben der doppelten Schaukel, von dort aus immer mehr n in den tantrischen Bereich der Transformation der Sexualkraft;
- Im Beziehungsmodul die Begleitung der existierenden Partnerschaften, Arbeit mit Männer- und Frauenkreisen, Beschäftigung mit den Fragen der Monogamie und Polyamorie;
- Im Kreativitätsmodul freien Tanz, Mantra- und Bhajan-Singen, die Anfertigung von Yantras.

Hauptmodule

Körper	Spiritualität	Verstand	Psychodynamik	Wille
Asanas	Innere Mantra-Meditation	Geschichte des Tantra	Forum nach ZEGG	Motivationen klären
Pranayama	Komaja-Meditation	Der feinstoffliche Körper	Bonding-Methode	Willensentwicklung
Beckenboden-Übungen	Yantra-Visualisierung	AQAL-Modell von Wilber	Sexualtherapie	Phasen des Schweigens
Tandava	Mikro-Meditationen	Integrale Lebenspraxis	Integrale Verhaltenstherapie	Phasen des Zölibats
Osho-Kundalini	Yoga Nidra	Kreative Haltung einnehmen	Intensive Atemarbeit	Integrität
Sinnlichkeitstrainung	Luzides Träumen	Magische Kreation	Aktive Meditationen	Regelmäßige Praxis
Ernährung	Kundalini-Yoga	Buddhistische Philosophie	Projektionen auflösen (3-2-1)	
Hrani-Yoga	Gottheiten-Yoga	Trika-Philosophie	Essenzarbeit	
Ayurveda-Praxis	Sexuelle Rituale	Nichtdualität	Selbstbefreiung der Emotion	
	Todes-Rituale		Tonglen	
	Öl-Ritual		Bhakti-Yoga	

Nebenmodule

Ethik	Sexualität	Beziehungen	Tätigkeit/Kreativität	Weitere Module
Integrale Ethik	Doppelte Schaukel	Integrale Partnerschaft	Karma-Yoga	Traditionelles Tantra
Tantrische Sexualethik	Sexuelle Selbstsicherheit	Differenzierung	Gutes in der Welt bewirken	Ökologie
Konsequent ethisch leben	Tantrische Massage	Mann/Frau-Dynamik	Musik	Magie
Gewaltfreiheit	Energiekanalisierung	Polarisierung	Tanz	Mann- Sein
Ernährung	Karezza und Making Love	Tantrische Verehrung	Mantra-Singen	Frau-Sein
Genuss und Sucht	Tantra und Orgasmus	Mono- und Polyamorie	Yantra-Malen	Heilung
Nicht-duale Ethik	Tantrische Askese	Integrale Elternschaft		
	Sex, Chakras und Kundalini	Gruppendynamik		

Grafik 5: Die Module des integralen Tantra

Das Jahrestraining 2 wendet sich an Menschen, die es mit dem tantrischen Weg ernst meinen und weiter wachsen wollen. In diesem Kurs geht es tiefer nach innen und in die Stille hinein. Längere Yoga- und Meditationssitzungen führen zu einer vertieften Präsenz und stärkerer Begegnung. Dabei werden nach und nach intensivere Formen des Kundalini-Yoga sowie fortgeschrittene tantrische Rituale eingeführt. Dabei passieren bei vielen der Teilnehmer intensive Transformationsprozesse geistiger und energetischer Art. Auch hier werden die Lerninhalte nach dem Modulsystem aufgebaut. Die Methodik ist hier sehr viel fortgeschrittener.

Im Jahr der Aufbaustufe wird mehr Wert auf die persönliche Praxis gelegt, auf die besonderen Talente und Fähigkeiten, die jemand mitbringt. Die Fähigkeiten zur Selbsteinsicht sind bei den meisten Schülern nun viel mehr gewachsen, die Schattenarbeit nimmt nun weniger Raum ein, nicht zuletzt, weil auch die Menschen, die sich nicht für diesen Weg entschieden haben, herausgegangen sind. Man hat es als Lehrer also hier mit sehr motivierten Teilnehmern zu tun, die es wissen wollen. Die sanfte Aktivierung der tieferen Körperenergien steht nun ebenso im Mittelpunkt der Praxis wie die Vermittlung nichtdualer Praktiken und Sichtweisen. Im Modul der Sexualität können tantrische Transformationstechniken nun auch mehr in den Vordergrund rücken und im Ritual angewendet werden.

Vision einer Tantra-Akademie

Als nächste Stufe der Vermittlung eines integralen Tantra stelle ich mir eine Tantra-Akademie vor, die von ihrer Konzeption her über das bisher im westlichen Tantra übliche Setting von Wochenend-Workshops und Jahrestraining hinausgeht. Neben einem Stamm von Tantra-Lehrern/Therapeuten, die fest an der Akademie arbeiten, werden wir hochkarätige Experten als Referenten zu einzelnen Kursen einladen. Dabei soll mit anderen integralen Kreisen ebenso zusammengearbeitet werden wie mit traditionellen und neuzeitlichen Tantra-Instituten sowie möglicherweise auch Universitäten und wissenschaftlichen Institutionen.

Das Ziel einer solchen Akademie soll sein, Tantra als spirituell-integralen Weg vollends zu etablieren und die Schüler zu befähigen, sich auf diesem Wege ernsthaft ihrem eigenen Wachstum zu widmen. Am Ende der dreijährigen Ausbildung soll der Schüler in der Lage sein, alleine und mit anderen den Weg selbstständig gehen zu können und sich evtl. auch beruflich im Bereich des Tantra oder in einer der vielen Schnittstellen der spirituell-therapeutischen Kultur engagieren zu können. Nach Abschluss der Akademie können die Absolventen eigene Gruppen aufbauen und leiten. Der weitere Austausch mit der Akademie soll begünstigen, dass man gemeinsam eine integrale tantrische Lern- und Lehrgemeinschaft bleibt.

Ich möchte interessierte Leser, potenzielle Studenten, Yogis, Tantriker und integral Praktizierende zu einer solchen Art von Projekt einladen. Auf www.tantra-integral.de werden wir über den Stand des Projekts informieren und das genaue Konzept und die Referenten vorstellen.

Schlusswort

Wie sehen die Chancen für ein westliches Tantra aus? Helmut Poller stellt in einem 2010 geschriebenen Essay fest:

> *„Ein westliches Tantra ist bislang nicht existent, was nicht heißt, dass so etwas für alle Zukunft ausgeschlossen ist. Um westliches Tantra hervorzubringen, müsste sich ursprüngliches indisches Tantra im Westen dauerhaft etablieren, um dann eine Weiterentwicklung aufgrund der im Westen herrschenden Bedingungen zu finden - davon kann bislang keine Rede sein."*[249]

Ich versuche in diesem Buch, einen weiteren Schritt zu einem echten Tantra im Westen zu gehen, das tatsächlich die magische, transformative und spirituelle Kraft der Traditionen enthält. Ich habe dazu die mir bekannten diesbezüglichen Ansätze zu systematisieren versucht. Die integrale Theorie von Ken Wilber hat mir dabei als Leitfaden und Praxisanleitung gedient.

Ich hoffe, mit diesem Buch eine Idee davon vermittelt zu haben, welches Potenzial der tantrische Weg in sich trägt. Vielleicht ist der eine oder andere Leser inspiriert, sich einem solchen Pfad zu öffnen. Insbesondere war es mir ein Anliegen, das Vorurteil, dass wirkliches Tantra in Europa ja gar nicht praktizierbar ist, ins Wanken gebracht zu haben.

Tantra ist und bleibt eine Methode für Menschen, die das Unkonventionelle und die Grenzerfahrung lieben. Dennoch möchte ich betonen, dass dieser Weg von seinen indischen Ursprüngen her nichts Unethisches in sich trägt, sondern sich an Übende richtet, die den moralischen Kompass schon im Inneren tragen. Es geht im Tantra nicht um Gruppensex, sondern um Bewusstseinserweiterung!

Ich lade Tantra- und Yogalehrer der traditionellen wie der westlich-therapeutischen Schulen ein, in Kontakt zu treten, diese Ideen zu prüfen und sie auch weiter zu optimieren. Ich hoffe, dass traditionelle und yogische Lehrer eine Möglichkeit finden, erotisches Tantra doch nicht von vornherein als ungeistig und oberflächlich zu verdammen, sondern zu prüfen, ob es sich nicht mit ihren Lehrinhalten kombinieren lässt. Ich lade Menschen ein, die schon viel Erfahrung mit Tantra haben, die aber noch das gewisse Etwas suchen, zu schauen, ob sie es hier finden können, und Anfänger, die sich von diesen Ideen inspirieren lassen, an der integral-tantrischen Sangha mitzuwirken und dadurch ihre persönliche Evolution zu beschleunigen. Und ich

---

249. Poller, *Erotische Gnosis*, siehe: www.kiaos.net/text/t.erognosis2.html (2011).

lade Menschen aus der integralen Bewegung ein, diesen Ansatz zu prüfen, zu diskutieren und ihn möglicherweise in ihre Kreise mit einzubringen.

Ich schließe mit tantrischem Segensgruß: Mögen alle Wesen in Kontakt mit ihrer grundlegenden Natur kommen. Mögen sie die Einheit der relativen und absoluten Eigenschaften ihres Geistes erkennen. Mögen sie Weisheit und Wonne erfahren!

Literaturliste:

Aivanhov, Omraam M.: Alchimie und Magie der Ernährung - Hrani Yoga. Rottweil 2008

Almaas, A.H.: Essenz. Der diamantene Weg zur inneren Entwicklung. Freiburg 2008

Almaas, A.H.: Essenzielle Befreiung. Freiburg 1999

Amarque, Tom: Der Wille. Hamburg 2009

Amarque, Tom: Entwicklung als Passion. Hamburg 2011

Amarque, Tom/ Markert, Bernd (Hrsg.): Was ist Liebe? Hamburg 2010

Anand, Margot: Tantra und die Kunst der sexuellen Ekstase. München 1995

Anand, Margot: Tantra-Weg der Ekstase. Berlin 1990

Anandamayi Ma: Worte der glückseligen Mutter. Heiligkreuzsteinach 2010

Andro: Berühre mich. Anregung für erotische Massagen. Freiburg 1998

Andro: Tantra-ein Leben. Die geheimen Rituale der Dhyani-Buddhas. Lübeck 2000

Andro/ Devatara: Andro und Devatara´s Orgasmusschule. Freiburg 1995

Assagioli, Roberto: Die Schulung des Willens. Bielefeld 2008

Assagioli, Roberto: Handbuch der Psychosynthese. Rümlang 2004

Aurobindo, Sri: Synthesis of Yoga. Twin Lakes 1992

Avalon, Arthur: Mahanirvana Tantra of the Great Liberation. Whitefish 2010

Avalon, Arthur/ Pandit, M.P.: Kularnava Tantra. Delhi 1999

Baratta, Emily Ann: INTEGRAL SEXUAL ETHICS. http://s3.amazonaws.com/integral-life-home/EmilyAnnBaratta-IntegralSexualEthics.pdf. Pleasant Hill 2010

Bäumer, Bettina: Vijnana Bhairava – das göttliche Bewusstsein. Grafing 2004

Beck, Don/ Cowan, Christopher: Spiral Dynamics. Bielefeld 2010

Bhagwan Shree Rajneesh: Das Buch der Geheimnisse. München 1981

Bhagwan Shree Rajneesh: Die tantrische Vision. München 1985

Bhagwan Shree Rajneesh: Sex und Tantra. Margarethenried 1977

Bharati, Agehananda: Die Tantra-Tradition. Freiburg 1977

Bohrer, Karl-Heinz (Hrsg.): Mythos und Moderne, Frankfurt 1983

Bretz, Sukadev V.: Die Kundalini-Energie erwecken. Kreuzlingen 2007

Bretz, Sukadev V.: Das Yoga Vidya Asana-Buch. Horn-Bad Meinberg 2008

Campbell, June: Göttinnen, Dakinis und ganz normale Frauen. München 1997

Chia, Mantak/ Arava, Douglas A: Öfter, länger, besser-Sextips für jeden Mann. München 1997

Chia, Mantak: TAO YOGA der Liebe. Interlaken 1985

Christinger, Doris/ Schröter, Peter: Von Nehmen und Genommenwerden. Für eine neue Beziehungserotik. München 2009

Cook-Greuter, Suzanne: Neun Stufen zunehmenden Erfassens (2008), http://bit.ly/qcV1hL

Dam, Jyotishman: Shiva-Yoga. Indiens großer Yogi Gorakshanatha. München 1998

Deida, David: Der Weg des wahren Mannes. Bielefeld 2006

Deida, David: Du bist Liebe. Ein Ratgeber (nicht nur) für Frauen. Bielefeld 2008

Deida, David: Enlightened Sex. Audio-Book, Session 7. Louisville 2007

Deida, David: Warum sind Männer so schwierig?. Bern 1996

Delay, Nathalie, Der kosmische Tanz des Shiva. http://www.nathaliedelay.com/deutsch/shivaismus.html. 2009

Dixon, Jana: Biology of Kundalini. http://www.biologyofkundalini.com. 2008

Douglas, Nik/Slinger, Penny: Das große Buch des Tantra. Sexuelle Geheimnisse und die Alchimie der Ekstase. München 1999

Dowman, Keith: Der Heilige Narr, München 2005

Dowman, Keith: Die Meister der Mahamudra. Leben, Legenden und Lieder der 84 Erleuchteten. München 1991

Duhm, Dieter: Der unerlöste Eros. Berlin 1991

Easton, Dossie/ Hardy, Janet W.: The Ethical Slut. 2009

Eliade, Mircea: Yoga. Unsterblichkeit und Freiheit, Frankfurt a.M. 1985

Esbjörn-Hargens, Sean: Eine Übersicht integraler Theorie, http://bit.ly/i2uKK5

Farrow, G.W./Menon, I.: The Concealed Essence of the Hevajra Tantra, Delhi 2001

Feuerstein, Georg: Die Yoga-Tradition, Wiggensbach 2008

Finn, Louise M.: The Kulacudamani Tantra and the Vamakesvara Tantra. Wiesbaden 1986

Frater V.D.: Sexualmagie. Freisetzung und gezielte Anwendung der Kräfte des Eros. München 2008

Fricke, Mara: Kunst und Tantra. Zeitschrift Connection, 2004, S. 23-25

Fries, Jan: Kali Kaula- A Manual of Tantric Magick, London 2010

Fuchs, Dr. Christian: Yoga im Spiegel der Wissenschaft. Göttingen2010

Fürch, Hardy: Von der Liebe zur LIEBE. In Amarque/Markert: Was ist Liebe?. Hamburg 2010 S. 161-190

Fürch, Hardy: Wie Green Yoga die Welt verändert. Hamburg 2009

Gäng, Peter: Tantrischer Buddhismus: Experimentelle Mystik - radikale Sinnlichkeit. Berlin 2001

Gäng, Peter: Das Tantra der verborgenen Vereinigung. München 1988

Falk, Geoffrey David: Stripping the Gurus. Glandale 2009

Gottman, John: Die 7 Geheimnisse der glücklichen Ehe. Berlin 2004

Habecker, Michael: Ken Wilber – die integrale (R)Evolution. Einführung in Theorie und Praxis eines neuen spirituellen Ansatzes. Frankfurt 2007

Hennigs, Ulrich: Paratrisika. Die höchste Gottheit der Drei. Norderstedt 2005

Höberth, Gerhard: Subtile Körper von http://bit.ly/oeZ9uM. 2010

Hofer, Edgar OWK: Kundalini. Das Erbe der Nath-Yogis. Leipzig 2003

Hofer, Edgar OWK: Erleuchtung. Ausbruch aus der Matrix. Leipzig 2002

Hofer, Edgar OWK: Tantrische Erleuchtung. Sex, Drugs & Meditation. Norderstedt 2010

Hoberth, Gerhard: Evolutionärer Idealismus. Gottes Schatten im Zentrum des Regenbogens. Wasserburg 2010

Hübl, Thomas: Wie Präsenz dein Leben transformiert 2009

Jung, C.G.: Der Mensch und seine Symbole. Mannheim 2009

Kabat-Zinn, John: Gesund durch Meditation. Das große Buch der Selbstheilung. München 2011

Kiefer, Eva Maria: Visionen der Göttin. Ein Einweihungs-Set in den spirituellen Tantra-Yoga. Aitrang 2002

Kirchhoff, Jochen: Entzückte Weisheit: Tantra heute. Uhlig 1991 S. 257-294

Kleist, Mike: Geheimwissen männlicher Multi-Orgasmus. Taufkirchen 2005

Joubert, Kosha Anja: Die Kraft der kollektiven Weisheit: Wie wir gemeinsam schaffen, was einer alleine nicht kann. Bielefeld 2010

Kurtz, Ron: Körperzentrierte Psychotherapie- Die Hakomi Methode. Essen 1985

Küstenmacher, Marion und Werner Tiki/ Haberer, Tilmann: GOTT 9.0. Gütersloh 2010

Lama Thubten Yeshe: Inneres Feuer: Eine Meditationsübung aus den Sechs Yogas von Naropa. Arnstorf 2007

Lama Thubten Yeshe: Wege zur Glückseligkeit. Arnstorf 1993

Lambing, Julio: Der blutige Kuss der Göttin, http://bit.ly/o6g7Rq

Lerch, Frank: Black Light Pleasures. Lübeck 1999

Loosen, Lucian: Ero-Spirit Tantra. Das sanfte Geheimnis der Liebe. Engelskirchen 2001

Low, James: Hier und Jetzt sein. Gutenstein 2005

Lowen, Alexander: Bioenergetik. Reinbeck 2002

Makaja, Aba Aziz: Der erleuchtete Eros.Zürich-Konstanz 2003

Makaja, Aba Aziz: Komaja-Die geistige Liebes- und LebensKUNST. Zürich-Konstanz 1998

McIntosh, Steve: Integrales Bewusstsein. Hamburg 2009

Mookerjee, Ajit /Khanna, Madhu: Die Welt des Tantra. Bindlach (1990),

Motoyama, Hiroshi: Chakra Physiologie. Bielefeld 1990

Mumford, Jonn: Chakras und Kundalini. Darmstadt 2006

Mumford, Jonn: Tantrische Sexualmagie. Basel 1988

Nayak, Anand: Die innere Welt des Tantra. Freiburg 2001

Nydahl, Ole: Wie die Dinge sind. Eine zeitgemäße Einführung in den Buddhismus. München 2004

Odier, Daniel: Das entflammte Herz. Grafing 2009

Odier, Daniel: Tantra. Eintauchen in die absolute Liebe. Bergisch Gladbach 1997

Osho: Orakel der Meditation. Köln 2001

Osho: Tantra, die höchste Einsicht. Köln 1995

Ott, Ulrich: Meditation für Skeptiker. München 2010

Pfau, Hubert: Tantra. Kreuzlingen 2003

Poller, Helmut: Erotische Gnosis. Unter www.kiaos.net/text/t.erognosis2.html (2011)

Poller, Helmut: Nonduale Meditation, nonduale Sichtweise. Unter http://www.kiaos.net/text/t.nonduale.meditation.html

Precht, Richard David: Liebe – ein unordentliches Gefühl. München 2010

Reich, Wilhelm: Charakteranalyse. Köln 1971

Reich, Wilhelm: Die Entdeckung des Orgon. Die Funktion des Orgasmus. Köln 1969

Reinelt, Joachim: Das Große Kundalini-Buch. Grafing 2006

Richardson, Diana und Michael: Zeit für Gefühle. Köln 2006

Richardson, Diana und Michael: Zeit für Liebe. Sex, Intimität und Ekstase in Beziehungen. Köln 2009

Riedl, Michaela: Lingam Massage. Freiburg 2008

Riedl, Michaela: Yoni Massage. Freiburg 2006

Russel, Stephen: Der Barfußdoktor. Handbuch für den gewitzten Stadtkrieger. Hamburg 2000

Sannella, Lee: Kundalini-Erfahrung und die neuen Wissenschaften. Rheinberg 1977

Saraswati, Sunyata/ Avinasha,Bodhi: Juwel im Lotus- Tantrischer Kriya-Yoga. Freiburg 1995

Schnarch, David: Die Psychologie sexueller Leidenschaft. München 2009

Schnarch, David: Intimität und Verlangen. Sexuelle Leidenschaft wieder wecken. Stuttgart 2011

Schneider, Sugata W.: Tantra-Spiele der Liebe. Reinbek 1994

Schott, Oliver: Lob der offenen Beziehung, 2010 Berlin

Schratt, Michaela (2009) Chakras- nur ein esoterischer Spleen http://www.balanceakademie.at/downloads/

Schwäbisch, Lutz/Siems,Martin: Selbstentfaltung durch Meditation. Reinbek 1983

Sheldrake, Rupert: Das schöpferische Universum, Hamburg 2009

Silburn, Lilian: Kundalini und Tantra. Grafing 2005

Singer, Peter: Praktische Ethik. Ditzingen 1994

Sogyal Rinpoche: Das Tibetische Buch vom Leben und vom Sterben. München 1993

Stauss, Konrad: Bonding-Psychotherapie. München 2006

Stephan, Werner: Regenbogen-Tantra. München 1998

Swami Janakananda Saraswati: Yoga, Tantra und Meditation im Alltag. Hamneda 1994

Swami Satchidananda: An introduction to Integral Yoga. Yogaville 1975

Swami Satyananda Saraswati: Kundalini-Tantra. Köln 2008

Swami Satyananda Saraswati: Yoga Nidra. Köln 2005

Swami Sivananda: Erfolg im Leben und Selbstverwirklichung. München 1984

Swami Sivananda: Japa Yoga- Theorie und Praxis der Mantras. Horn-Bad Meinberg 2003

Tarthang Tulku: Die innere Kunst der Arbeit. Basel 1992

Tenzin Wangyal Rinpoche: Den feinstofflichen Körper aktivieren. München 2011

Tenzin Wangyal Rinpoche: Übung der Nacht – tibetische Meditationen in Schlaf und Traum. München 2008

Thirleby, Ashley: Das Tantra der Liebe. Einführung in die altindische Liebeskunst. Bern 1978

Thirleby, Ashley: Der Tantra-Reigen der vollkommenen Lust. Bern 1986

Tolle, Eckart: Jetzt! Die Kraft der Gegenwart. Bielefeld 2003

Trimondi, Victor und Victoria: Der Schatten des Dalai-Lama. Sexualität, Magie und Politik im tibetischen Buddhismus. Düsseldorf 1998

Trungpa, Chögyam: Spirituellen Materialismus durchschneiden. Bielefeld 2009

Tucci, Giuseppe: Geheimnis des Mandala. Düsseldorf 1989

Ucik, Martin: Integral Relationships: A Manual for Men. Santa Rosa 2010

Uhlig, Helmut: Tantra-Magie. Das Leben als Kosmisches Fest. Bergisch Gladbach 2001

Urban, Hugh: Magia sexualis, Los Angeles, 2006

Urban, Hugh: Tantra: Sex, Secrecy, Politics, and Power in the Study of Religion. Ewing 2003

van Lysebeth, Andre: Tantra für Menschen von heute. München 1990

Wallerstein, Judith et al.: Scheidungsfolgen - Die Kinder tragen die Last: Eine Langzeitstudie über 25 Jahre. Weinheim 2002

Watts, Alan: Zeit zu Leben. München 1984

Weinreich, Wulf Mirko: Integrale Psychotherapie. Leipzig 2005

Weinreich, Wulf Mirko: Das andere Totenbuch: eine praktische Anleitung zur Sterbebegleitung. Berlin 2011

White, David Gordon: Kiss of the Yogini."Tantric Sex" in its South Asian Contexts. Chicago 2003

Widmer, Samuel: Du bist Schönheit. Krishnamurti – angewandt im Alltag. Basel 1998

Widmer, Samuel: Essenz schauen. Vom Ruhen im Urgrund allen Seins. Basel 1998

Wilber, Ken: Eros, Kosmos, Logos. Frankfurt 1996

Wilber, Ken: Excerpt G: Toward A Comprehensive Theory of Subtle Energies. www.integralworld.net.

Wilber, Ken: Integrale Psychologie. 2001

Wilber, Ken: Integrale Spiritualität, München 2007

Wilber, Ken/ Patten, Terry/ Leonard, Adam/ Morelli, Marco: Integrale Lebenspraxis. München 2010

Wilson, Robert A.: Der neue Prometheus. Die Evolution unserer Intelligenz. Reinbek 2002

Wirth, Silvio: Maithuna-die große Vereinigung. Connection Spezial Juni 2010, unter http://bit.ly/nWRcfr

Wirth, Silvio: Präsenz, Zärtlichkeit und Feuer. Connection Spezial 2010, unter http://bit.ly/naWyvU

Wirth, Silvio: Wie ein Fisch im Wasser. 2002, unter http://bit.ly/qwsY3W

Zadra, Elmar und Michaela: Tantra. Bewusstseinsentwicklung und sexuelle Ekstase. München 2000

Zadra, Elmar und Michaela: Tantra und Meditation. Freiburg 2008

ZISS: Grundlagen des Sexocorporel: http://www.ziss.ch/sexocorporel/grundlagen.htm (2011)

FSC
www.fsc.org